Helmut Uhlig

BUDDHA

Helmut Uhlig

BUDDHA

Die Wege des Erleuchteten

Gustav Lübbe Verlag

Bild- und Fotonachweis
Sofern nicht anders vermerkt, stammen die Abbildungen in den Tafelteilen aus dem Privatarchiv von Helmut Uhlig, Berlin.

Das Wagner-Zitat auf der Umschlagrückseite wurde entnommen aus: *Textsammlung Deutsche Pali-Gesellschaft.* Breslau 1910.

Lektorat: Arnd Kösling, Köln
Umschlaggestaltung: KOMBO KommunikationsDesign GmbH, Köln, unter Verwendung eines Fotos von Michael Henss, Zürich
Satz: Kremerdruck GmbH, Lindlar-Hartegasse
Gesetzt aus der 10 Punkt Centennial der Linotype-Hell AG
Druck und Einband: Friedrich Pustet, Regensburg

Printed in Germany
ISBN 3-7857-0716-9

Meinen Enkelsöhnen
Gerrit Alexander und Jan Christopher

Die Menschen sind in ihrem tiefsten Wesen Buddha,
Wie Wasser Eis ist. Und wie es kein Eis gibt
Ohne Wasser, so gibt es ohne Buddha
Nicht einen Menschen.
Weh den Menschen, die in weiter Ferne suchen
Und, was nahe liegt, nicht wissen!
Sie gleichen denen, die mitten im Wasser stehen
Und doch nach Wasser schreien.
Als Söhne des Reichsten und Vornehmsten geboren,
Wandeln sie gleichwohl in Armut und Elend
Trostlos dahin.
Die Ursache des ewiges Kreislaufes im sechsfachen Reich
Ist der düstere Weg eigener Stumpfheit und Blödheit.
Doch immer dunkler und dunkler wird es um sie
Im Dunkel des Irrtums.
Wann sollten sie je sich lösen
Von Leben und Tod?

Zen-Meister Haku-in (1683–1768 n. Chr.)

INHALT

EINE BEWEGUNG GEHT UM DIE ERDE

Es geht eine machtvolle Bewegung um die Erde. Wir empfinden sie in ständig wachsendem Maße seit mehr als hundert Jahren. Doch ihr Ursprung ist viel älter. Sie kommt aus den Dschungeln Indiens, aus der Ganges-Ebene und den Tälern des südlichen Himalaya. Dort entstand vor zweitausendfünfhundert Jahren eine Lehre, die seither lebendig ist und vielen Menschen zum Zentrum ihres Daseins wurde – damals wie heute.

Ein Prinz, heißt es, habe sie ausgelöst, habe ein imaginäres Rad in Bewegung gesetzt: das Rad der Lehre.

Doch da beginnen schon die Widersprüche, die Zweifel. Der in einer von typisch indischer Phantasie geprägten Legende Prinz genannt wird – unter Wundern geboren und in einem Palast mit Traumgärten und Lotosteichen, umgeben von den schönsten Gespielinnen und von tausend Dienern umsorgt, aufgewachsen sein soll –, war in Wirklichkeit der Sohn eines abhängigen, gewählten Kleinfürsten, eines Raja – ein Kind aus vornehmer Familie zwar, aber doch von Herkunft kein Großer dieser Welt, wie es uns die Legende suggeriert. Siddharta Gautama war sein Name. Die Welt kennt ihn als Buddha Shakyamuni – den Erwachten aus dem Geschlecht der Shakya. Buddha ist ein Ehrentitel, den auch die Erleuchteten vor und nach dem historischen Buddha Shakyamuni tragen. Im Gegensatz zu seinen Vorgängern wie den auf ihn folgenden Trägern dieses Titels wird Buddha Shakyamuni als *der* Buddha, aber auch als Buddha der Lehrende bezeichnet. Daraus ergeben sich die beiden in diesem Buch verwendeten Benennungsformeln, die Buddha jeweils als Erleuchteten oder als erhabenen Menschen unter Mitmenschen meinen.

Siddharta Gautama, der spätere Buddha, wurde nach sorglosen Jugendjahren durch eine sein bisheriges Leben total verändernde Entscheidung nicht nur zur bekanntesten Persönlichkeit der indischen Geschichte, sondern auch zu einer der großartigsten Erscheinungen dieser Erde. Aus heutiger Sicht erkennen wir in ihm einen der bedeutendsten Menschen, der je geboren worden ist, dabei anspruchslos und bescheiden wie kaum einer. In dieser Bescheidenheit drückte sich schon früh seine gelebte Erkenntnis aus. Ihre Wirkung war gewaltig. Über kaum einen Menschen wurde soviel geredet, geschrieben, gerätselt, spekuliert. Keiner wurde so oft bildlich dargestellt wie er. Doch das begann erst nach seinem Erdenleben. Damals fing man auch an, ihn als Gott zu verehren, obwohl er sich selbst nie als Gott oder Gottessohn bezeichnete und niemals Verehrung oder gar Anbetung erwartet, geschweige denn verlangt hat.

Buddha sah sich als Lehrer, und auch das erst nach langer innerer Prüfung. Er fragte sich, ob es richtig sei, seine Erkenntnisse den Menschen mitzuteilen, Menschen, von denen er wußte, daß sie zum größten Teil gar nicht fähig waren, seine Einsichten zu verstehen und seinem Weg zu folgen. Wie berechtigt diese Überlegungen waren, erkennen wir rückschauend am Verlauf der Geschichte der Menschheit – am gesamtmenschlichen Verhalten. Und doch ist Buddhas Lehre für viele Wegweisung und Lebenshilfe geworden und kann es auch in Zukunft immer wieder werden. Darum fragen wir nach der Ursache, nach den Gründen – erforschen seinen Lebensweg und seine Reden.

Dreifach erscheint uns Buddha in der Geschichte der Menschheit: als historische Person, als Weisheitsverkünder und als Zentralfigur eines wunderbaren Legendenkranzes. Sein Erdenwandel vor zweitausendfünfhundert Jahren war lange Zeit umstritten; um so mächtiger wirkte seit damals in weiten Teilen Asiens seine Lehre. Seine Legende fand sogar in einer christlichen Dichtung des Mittelalters – in dem Roman *Balaam und Josaphat* – ihren Niederschlag.

Buddhas Lebensgeschichte ist immer wieder erzählt und in vielen Ländern verbreitet worden – von Indien bis Turkestan, von Sri Lanka bis China –, in den letzten hundert Jahren auch in der westlichen Welt. Von seiner Legende gibt es zahlreiche Varianten. Und seine von Mönchen zunächst mündlich überlieferten Reden sind aus dem Pali und dem Sanskrit in viele Sprachen übersetzt und in Tausenden von Büchern kommentiert worden.

Wozu also noch ein Buch über Buddha? Sein Leben ist erforscht und vielfach dargestellt. Seine Reden sind gedruckt – auch in Deutsch. Viele von den ihn umwebenden Legenden wurden wiederentdeckt und nachgedichtet. Reiches Material über den Erwachten kam zutage und wurde publiziert.

Die Folge: Buddha hat in den letzten Jahrzehnten, besonders seit dem Zweiten Weltkrieg, eine große Zahl neuer Anhänger gefunden, vor allem auch bei uns im Westen.

Eine Bewegung geht um die Erde, ausgelöst von einem, der vor zweitausendfünfhundert Jahren gelebt hat. Dabei bin ich nicht sicher, ob die vielen, die sich heute zu Buddha bekennen, die sich von seiner Lehre fasziniert zeigen, ihn auch wirklich verstehen. Denn sein Lebensweg ist für einen Nichtasiaten nur schwer nachvollziehbar. Schwieriger ist es noch mit dem Verstehen seiner Lehre. Seine überlieferten Reden bestehen aus endlosen Wiederholungen, und seine weitgesponnene Legende klingt in unseren Ohren wie ein Märchen aus *Tausendundeiner Nacht*.

Wenn Buddha trotzdem weltweit so viele Anhänger hat, muß man sich fragen, wie es dazu kommen konnte. Es scheint, daß seine Lehre, die auch bei uns – zum Teil vereinfacht, leider oft verfälscht – immer mehr Verbreitung findet, von vielen als ein möglicher Wegweiser zur Bewältigung des immer schwieriger werdenden Lebens empfunden wird. Und das kann sie sicher auch sein. Deshalb dieses Buch. Es will aus der dreifachen, ganz aus asiatischem Geist geprägten Erscheinung Buddhas und seiner bis in die Gegenwart wirkenden Nachfolge eine Einheit formen, die auch bei uns jeder verstehen kann, obwohl dahinter eine zweitausendfünfhundert Jahre alte Geschichte und eine selbst für den Überzeugten nicht ganz leicht umzusetzende Lehre stehen. Den Weg Buddhas und seiner Interpreten für den heutigen Menschen zu erschließen und verständlich zu machen ist, wie ich meine, eine Aufgabe, die sich lohnt.

SIDDHARTA ENTSCHLIESST SICH

Und so fing es an. Vom Vater geliebt und verwöhnt, hatte Siddharta Gautama, der wohl im Mai 563 v. Chr. geborene Sohn eines nordindischen Wahlfürsten – des Raja Suddhodana aus Kapilavastu an der heutigen Grenze zwischen Indien und Nepal –, eine sorglose Kindheit und Jugend verbracht. Als Sechzehnjähriger heiratete er auf Wunsch seines Vaters seine Kusine Yasodhara, die Tochter eines Bruders seiner an den Folgen der Geburt verstorbenen Mutter. Nach dreizehnjähriger offenbar glücklicher Ehe gebar ihm Yasodhara einen Sohn: Rahula.

Siddharta war damals neunundzwanzig Jahre alt. Er galt als weltabgewandter Grübler, dem das aufwendige, anspruchsvolle Leben im Hause seines Vaters nicht behagte. Ihm waren schon früh die großen Gegensätze zur Umwelt, die erschreckende Kluft zwischen Arm und Reich durch eigene Anschauung bewußt geworden. Und er spürte sehr deutlich die Flachheit, das Unbefriedigende eines rein gesellschaftlichen, auf Lebensgenuß ausgerichteten Daseins.

Er sprach darüber mit seinem Vater, der aber wenig Verständnis für die Lebensvorstellungen seines Sohnes zeigte. Als besorgter, auf das Wohl seiner Familie bedachter, erfolgreicher Raja hoffte er, daß Siddharta eines Tages zu seinem Nachfolger gewählt würde. Doch Siddharta hatte anderes im Sinn. Er erlebte, wie immer mehr junge Menschen aus der Enge ihrer Häuslichkeit und den dort herrschenden konservativen Denkformen der älteren Generation ausbrachen, um in der freien Natur den rechten Sinn ihres Daseins zu finden.

Nordindien, wo Siddharta zu Hause war, befand sich damals politisch und religiös in einem Umbruch. Das Gebiet war seit Jahrhunderten in der Hand der Nachfahren von Eroberern, den Aryas, die von Westen her in die Ganges-Ebene und nach Zentralindien eingedrungen waren. Sie hatten eine strenge Gesellschaftsgliederung, das Kastensystem, eingeführt, das besonders den Ureinwohnern – von denen noch heute fünfhundert Stammesgruppen verschiedener Größe in Indien überleben – angestammte Rechte nahm.

Die Macht lag bei den beiden oberen Kasten, den Brahmanen, die das Opferwesen beherrschten, und den Ksatriyas, die als Krieger und Grundherren die Besitzenden waren und Macht ausübten. Diese Herrschaftsstruktur hatte vor Siddhartas Zeit zur Ausbildung von Staaten geführt, die sich zum Teil als Fürstentümer etabliert, zum Teil aber auch zu einer Art von Republiken mit gewählten Führern – den Rajas – entwickelt hatten. In einem solchen Kleinstaat war Siddharta als Rajasproß aufgewachsen. Hier hat er die Konflikte der Zeit hautnah miterlebt.

Es gab Rivalitäten zwischen den einzelnen Staaten, die zuweilen kriegerisch, oft aber auch hinterlistig mit Intrige, Komplott und Täuschung ausgetragen wurden. Die Brahmanen als Herren der religiösen Ordnung und als Veranstalter der großen Opferhandlungen – besonders der traditionellen Pferdeopfer – hatten aus ihrer einstmals rituellen Aufgabe ein einbringliches Geschäft entwickelt, das die Bevölkerung wirtschaftlich ruinierte und viele Menschen an den Bettelstab brachte. Die Gewinnsucht der Großen und Mächtigen führte besonders in den neu erstehenden, schnell wachsenden Städten zu einer immer mehr um sich greifenden Rechtsunsicherheit. Ausbeutung der Schwachen durch die Mächtigen, der Armen durch die Reichen war an der Tagesordnung. Es entstanden erste Formen einer Mafia. Willkür, Korruption, Betrug, Erpressung, aber auch offene Gewalt beherrschten den Alltag. »Der große Fisch verschlingt den kleinen Fisch«, sagt dazu treffend ein indisches Sprichwort jener Zeit.

Dorfländereien wurden von den Herrschenden meistbietend an reiche Privatleute verschoben. Die Händler strebten nach höchsten Gewinnen. Die unteren Kasten und vor allem die Kastenlosen sowie die Nicht-Aryas verarmten mehr und mehr. Sie verloren ihre Hütten, viele hatten nicht einmal die tägliche Schale Reis.

Diese Zustände spitzten sich im sechsten vorchristlichen Jahrhundert so zu, daß selbst jüngere Menschen, die nicht unmittelbar davon betroffen waren, auch ohne wirtschaftliche Not ihre Stadt und ihr Dorf verließen, um in die »Hauslosigkeit« zu gehen. Sie wollten an dem nur noch auf materiellen Gewinn ausgerichteten, von Genußsucht beherrschten Leben und Treiben keinen Anteil mehr haben. So wuchs die Zahl der heimatlos durchs Land ziehenden Bettelmönche und Asketen von Tag zu Tag.

Wir wissen nicht, ob Siddhartas Vater als Raja zu den Übeltätern der Zeit gehörte. Aus seiner Lebensgeschichte hören wir nichts darüber. Aber Siddhartas Aufbruchsgedanken, die er lange durchdacht und in seinem Herzen bewegt haben mag, deuten darauf hin, daß er sich in der Position des bevorrechtigten Reichen nicht wohl fühlte. Das hat er, wie wir wissen, seinem Vater auch mehrfach gesagt.

Doch für Siddharta war weniger sein äußerer Widerstand gegen die üblen Lebensformen der Zeit als vielmehr die Unzufriedenheit mit seiner inneren Befindlichkeit ausschlaggebend, jene Entscheidung zu treffen, die das Leben des Neunundzwanzigjährigen von Grund auf veränderte. Denn er verabscheute nicht allein das ihn umgebende habgierige, genußsüchtige Treiben der Menschen. Er erkannte auch bereits die Sinnlosigkeit all dieses Tuns: seine Fragwürdigkeit. Und dieses ihn bedrängende Fragen-Müssen, das er als notwendig empfand, führte zu jenem unumstößlichen Lebensplan, den er gegen allen gesellschaftlichen Zwang des Hauses, aber auch gegen Vater, Frau und Sohn in die Tat umsetzte.

Er verließ eines Nachts nach einem letzten Blick auf die schlafende Yasodhara und seinen Sohn Rahula das elterliche Anwesen, entledigte sich vor der Stadt der teuren Kleider und der Standesinsignien, schnitt sich sein Haar ab und ging, wie so viele, in die Hauslosigkeit.

Das etwa ist es, was man über Siddhartas entscheidenden Entschluß und seine Ausführung historisch zuverlässig sagen kann, wobei auch hier, wie bei fast all unserem Wissen über sein Leben, die Reden des späteren Buddha die einzige zuverlässige Quelle sind.

Aus dieser Sicht ist Siddharta einer von Tausenden, ein Aussteiger, ein Rebell gegen den Ungeist seiner Zeit und dessen schreckliche Folgen. Doch bereits die wenigen Tatsachen machen deutlich, daß Buddhas Zeit der unseren nicht so unähnlich war. Und blättert man weiter im Buch der Geschichte, so erkennt man, daß diese Erscheinungen zu fast allen Zeiten auftraten, einmal stärker, einmal verborgener.

Siddharta hatte also nicht nur das Elend seiner Jahre und seines Landes entdeckt. Er hatte vielmehr erkannt, daß dieses Elend dem menschlichen Leben immanent ist, daß es angelegt ist im Wesen unseres Seins: Menschenschicksal.

Nun dürfen wir freilich davon ausgehen, daß weder Siddhartas Aufbruch in die Hauslosigkeit noch die Erkenntnisse, die ihn dazu veranlaßt haben, ihn allein den Weg führten, der ihn Buddha werden – und was noch wichtiger ist – ihn als solchen in die Geschichte eingehen ließen.

Doch dieser Weg mag hier bereits vorgezeichnet oder zumindest angedeutet sein. Zum Überdauern der Jahrtausende in der Erinnerung und Verehrung der Menschheit bedurfte es mehr, bedurfte es jener oben beschriebenen Dreiheit von Leben, Lehre und Legende, ohne die es heute keinen Buddhismus gäbe, wenngleich diese Dreiheit nicht historisch, sondern nur erscheinungsmäßig zu begründen ist.

Die Erscheinungs- und damit die erste Wirkungswelt des Buddha gehört der Legende an. Sie ist Vorstellung, Inbild und Abbild zugleich. In ihr spiegeln sich asiatisches Erleben und Sehen, die Welt des Sichtbaren wie des Unsichtbaren sowie das Wunder in vielfältiger, unüberschaubarer Gestalt.

Wir treten von der Nüchternheit der Historie ein in die Welt des Traums, der Illusion, der Täuschung – Maya genannt –, aber auch der letzten Wahrheiten, die uns schließlich aus Buddhas dreifacher Erscheinung als seine Lehre erkennbar werden.

Wir müssen deshalb unterscheiden zwischen dem, der als junger Mann sein Elternhaus sowie Frau und Kind verläßt, um seinen Weg zu suchen, und jenem, von dessen Glanz und Wundern die Legende berichtet, wenngleich sich die Konsequenzen aus beiden Erscheinungen für den heutigen Betrachter gleichen.

Das Ziel ist für den Neunundzwanzigjährigen noch fern. Aber Siddharta erreicht es: Er wird Buddha. Daß wir davon wissen, hängt mit seinen überlieferten, seit dem 19. Jahrhundert auch in europäische Sprachen übersetzten Reden wie mit seiner Legende und den Wundern zusammen, die sie prägen. Sie hat neben den Reden überlebt und den Buddha auch in unserem Gedächtnis unsterblich gemacht. Der Vorgang ist ohne Beispiel.

Da weitet sich das Haus zum Palast. Der Raja wird zum mächtigen König. Wir begegnen einem Leben wie im orientalischen Märchen. Eine Traumwelt tut sich auf. Das frühe Indien entfaltet seine Phantasie, und das Werden des Buddha ist ihr Produkt.

So begegnen wir schon hier dem Ansatz zur Teilung. Aus Eins wird Zwei. Ein Mensch zeigt zwei Gesichter: sein wirkliches und sein legendäres. Aus dem legendären wird dann das Buddha-Gesicht, das wir alle vieltausendfach kennen, das ihn spiegelt, ohne an Ähnlichkeit denken zu lassen. Sein wirkliches Gesicht aus achtzig Jahren Erdenwandel ist unwiederbringlich dahin – ein Bild, das keiner kennt. Und doch machen wir uns alle ein Bild von ihm, von seiner Jugend, von seiner Wanderschaft und von seinem Nirvana – was immer wir uns darunter vorstellen mögen. Doch etwas müssen wir uns darunter vorstellen, wenn wir verstehen wollen, um wen und um was es geht. Heißt Buddha nicht wörtlich übersetzt: der Erwachte?

Das Erwachen war die letzte Folge des Entschlusses zum Aufbruch, der auch ein Aufschließen des Kerkers der Häuslichkeit wie des Körpers, der eigenen, von ihm als Gefängnis empfundenen Leiblichkeit, war.

Auch hier jene Brechung der Bilder, der wir beim Buddha immer wieder begegnen, seit wir wissen, daß er mehr als Siddharta Gautama aus Kapilavastu war – ein nachdenklicher Ksatriyasproß von kaum vorstellbarem Tiefgang des Schauens.

Warum das so ist, erfahren wir aus der sein tatsächliches Leben überlagernden Legende seiner Herkunft. Wir werden sie nicht verstehen, wenn wir sie nicht als ein Stück indischer Realität, als Wirklichkeit im Sinne indischen Denkens und Glaubens nehmen. Deshalb wollen wir hier zwei Zugänge öffnen: erst durch die Legende selbst, dann durch den Versuch, ihr Eingebettetsein in die indische Weltanschauung – in einen Kreislauf von Wiedergeburten – zu erhellen.

EIN BODHISATTVA STEIGT HERAB – EIN PRINZ WIRD GEBOREN

Lange bevor das dritte, das Entscheidende aus Buddha hervortritt – seine Lehre, die heute das Wichtigste ist –, begegnen wir ihm immer wieder zweifach, so in seiner Geburtsgeschichte als Prinz und als Bodhisattva. Dabei steht der Bodhisattva als Erleuchtungswesen im Vordergrund. Als Prinz ist er nur dessen vorübergehende letzte Verkörperung, wie wir ihr in Kapilavastu begegneten. Dieses Prinzendasein ist wenig gemessen am Ganzen des Bodhisattva, der uns, folgen wir der Überlieferung, in einer für den Nichtasiaten kaum vorstellbaren Gestalt entgegentritt: eine glanzvolle Erscheinung, ein Wesen, ohne dessen Aura wir vom Buddha und seiner Lehre heute nicht wüßten.

Doch bevor wir vom Buddha sprechen, zu dem wir in unserem Buch noch einen weiten Weg gehen müssen, haben wir uns zunächst klarzumachen, was ein Bodhisattva ist. Auch dieser Begriff ist vieldeutig. Er meint außer Menschen, die zum Bodhisattva werden, auch zahlreiche spätere Vertreter des buddhistischen Pantheons, die nie körperlich auf dieser Erde gegenwärtig waren. Wir aber wollen hier von denen sprechen, die als Menschen auf Grund ihrer rechten Lebensführung, ihres Karma, nach vielen Wiedergeburten zu Bodhisattvas wurden und bis heute immer wieder neu unter uns erscheinen.

Erst im nächsten Kapitel, das von den Wiedergeburten spricht, wird sich uns verdeutlichen, wo die Bodhisattva-Idee herkommt. Hier wollen wir nur kurz resümieren, was das Wort bedeutet. Es bezeichnet ein Ziel, aber auch ein Programm. Der Mensch erreicht und erfüllt es, wenn er den Weg Buddhas geht, wenn er der Lehre des Erwachten folgt und die Welt überwindet. Damit erklimmt er die letzte Stufe zur Buddhaschaft, zum Nicht-mehr-

Wiedergeboren-Werden – zum Eintritt ins Nirvana. Doch im Gegensatz zu Buddha, der ins Nirvana einging, verzichten viele, die seinem Heilsweg folgen, auf Buddhaschaft. Sie werden zu Helfern der Menschheit auf ihrem Wege zur Erleuchtung. Und sie geloben, wie wir es in einer berühmten *Mahayana*-Sutra späterer Jahrhunderte lesen, als Bodhisattvas zu wirken, »bis auch der letzte Grashalm erlöst ist«.

In diesem Unterschied zwischen Buddhaschaft und Bodhisattva-Wirken liegt die Differenz zwischen dem Urbuddhismus mit seiner Lehre von der Erlösung des einzelnen, wie sie Buddha gelebt und verkündet hat, und den späteren Formen des sogenannten nördlichen Buddhismus, der zwischen Tibet, dem Himalaya, China, Korea und Japan lebendig ist und heute genauso viele Anhänger hat wie der südliche Buddhismus, der für sich in Anspruch nimmt, die Lehre Buddhas rein zu verkünden.

Wir sprechen beim südlichen Buddhismus vom »Kleinen Fahrzeug« (Hinayana), das zur Erleuchtung und damit zur Erlösung des einzelnen führt, und im Norden vom »Großen Fahrzeug« (Mahayana), das die Erlösung aller zum Ziel hat.

Die eigenständige Bodhisattva-Idee entfaltete sich fünfhundert Jahre nach Buddha und verbreitete sich im Norden. Sie ist die konsequente Fortführung der alten Wiedergeburtslehre.

Bodhisattvas werden wiedergeboren wie alle anderen Menschen, doch sie unterliegen nicht mehr dem durch ihr Karma bedingten Zwang zur Wiedergeburt. Sie gehen freiwillig in ein neues Helferleben ein. Auch Siddharta Gautamas letzte Wiedergeburt war ihm noch karmisch vorbestimmt. Darum bezeichnet ihn der spätere Buddhismus folgerichtig in der Zeit vor seiner Erleuchtung als Bodhisattva. Als solcher erscheint er deshalb auch in den nun folgenden Kapiteln.

Um uns nicht nur seine Legende, sondern auch ihre Sprache, ihren Geist zu vergegenwärtigen, wollen wir hier auf einen Originaltext zurückgreifen – die um 500 n. Chr. entstandene *Nidanakatha* –, den Julius Dutoit vor fast hundert Jahren zum erstenmal ins Deutsche übersetzt hat.

Dieser Text verbindet das Geschehen um Empfängnis und Geburt des Siddharta Gautama mit historischen Ereignissen der Zeit, wie dem Asalhi-Nakkhatta-Fest, zu einer sinnlich-übersinnlichen Einheit. Er erzählt, wie nach indischer Vorstellung ein Großer unsere Erde betritt. So entspricht diese Geburtsgeschichte ganz einer altindischen Erzählung, in der Realität, Traum und Wunder vielfältig ineinander verwoben sind. Für den, der sie hörte – die Geschichten wurden in langen Nächten am Feuer erzählt –, war sie ganz Wirklichkeit, aber auch ganz Traum. In diesem Sinne sollte man sie lesen – am besten laut.

»In der Stadt Kapilavastu war das Asalhi-Nakkhatta verkündet worden. Viel Volk beging festlich das Nakkhatta. Die erhabene Königin Maya nahm vom siebten Tage vor dem Vollmond an dem Feste teil, das prächtig mit Kränzen und Wohlgerüchen gefeiert wurde; dabei enthielt sie sich der geistigen Getränke. Am siebten Tage stand sie in der Frühe auf, badete sich in wohlriechendem Wasser und gab ein großes Almosen von vierhunderttausend Geldstücken. Dann, mit allem Schmuck geziert, nahm sie ein treffliches Mahl ein, faßte den Entschluß, die acht Tugenden zu betätigen, und begab sich hierauf in ihr prächtig geschmücktes Schlafgemach, wo sie sich auf ihr fürstliches Lager legte und einschlief.

Da hatte sie folgenden Traum: Vier Großkönige hoben sie samt ihrem Bett auf und brachten sie nach dem Himalaya; dort setzten sie sie in der Manosila-Ebene, die sich sechzig Meilen weit ausdehnt, unter einem sieben Meilen umspannenden großen Sala-Baum nieder und traten dann zur Seite. Darauf kamen ihre Gattinnen und brachten Maya nach dem Anotatta-See; hier badeten sie die Königin, um sie von der menschlichen Unreinheit zu befreien, bekleideten sie mit einem himmlischen Gewande, besprengten sie mit Wohlgerüchen und überstreuten sie mit himmlischen Blumen. Nicht weit von dort ist der Silberberg, dessen Spitze ein goldenes Haus ist; da machten sie ein nach Osten gerichtetes Lager zurecht und legten Maya darauf nieder.

Hierauf stieg der Bodhisattva, der in der Gestalt eines herrlichen weißen Elefanten auf einem nahegelegenen Goldberge sich aufgehalten hatte, von da herab, stieg den Silberberg hinan – er kam dabei von Norden her –, faßte mit seinem Rüssel, der die Farbe eines silbernen Bandes hatte, eine weiße Lotosblume und stieß ein lautes Gebrüll aus. Sodann trat er in das goldene Haus ein, umschritt dreimal von rechts das Lager seiner Mutter, berührte ihre rechte Seite und ging so gleichsam in ihren Leib ein. So nahm er am letzten Tage des Asalhi-Nakkhattas seine Wiedergeburt.

Als am nächsten Morgen die Fürstin erwacht war, erzählte sie dem König ihren Traum. Der König ließ vierundsechzig ausgezeichnete Brahmanen rufen und für sie auf der Erde mit grünem Laub und allerlei Blumen herrlich geschmückte, kostbare Sitze herrichten. Als die Brahmanen sich hier niedergelassen hatten, ließ er goldene und silberne Schüsseln mit Reisbrei, der mit Butter, Honig und Zucker bereitet war, anfüllen, diese wieder mit goldenen und silbernen Gefäßen zudecken und gab sie ihnen; und auch mit neuen Gewändern, roten Kühen und anderen Geschenken aller Art erfreute er sie. Als nun alle ihre Wünsche erfüllt waren, erzählte er den Traum und fragte: ›Was wird geschehen?‹ Die Brahmanen erwiderten: ›Sei unbesorgt, o Großkönig! Im Schoße deiner Gattin befindet sich eine Leibesfrucht, und zwar eine männliche Frucht, keine weibliche. Einen Sohn wirst du bekommen; wenn dieser das häusliche Leben wählen wird, wird er ein König werden, ein Weltherrscher; wenn er aber das Haus verlassen und Mönch werden wird, wird er ein Buddha werden, vor dem in der Welt alles Dunkel weicht.‹

In dem Augenblicke, da der Bodhisattva im Leibe seiner Mutter seine Wiedergeburt nahm, wankten, erzitterten und erbebten wie mit einem Schlage alle zehntausend Welten. Es zeigten sich die zweiunddreißig Vorzeichen: In den zehntausend Welten entstand eine unermeßliche Helle; die Blinden, die diesen Glanz zu schauen verlangten, erhielten ihre Augen wieder, die Tauben hörten, die Stummen redeten, die Buckeligen wurden gerade, die Lahmen konnten wieder gehen, alle, die in Banden waren, wurden von Ketten, Banden und dergleichen befreit. In allen Höllen erlosch das Feuer, bei den Pretas hörten Hunger und Durst auf, die Tiere verloren ihre Furcht, bei allen Wesen verschwand die

Krankheit, alle Wesen redeten lieb, mit lieblichem Laute wieherten die Pferde, brüllten die Elefanten; alle Instrumente ertönten, wiewohl nicht berührt, von selbst, Armbänder und andere Schmucksachen an den Körpern der Menschen klingelten. Alle Himmelsgegenden wurden heiter, ein den Geschöpfen wohltuender milder, kühler Wind wehte, eine Wolke ließ Regen herabströmen, obwohl es nicht Regenzeit war; auch aus der Erde sprang Wasser hervor und floß dahin. Die Vögel hörten auf, in der Luft zu fliegen, die Flüsse hemmten ihren Lauf, in dem großen Weltmeere war süßes Wasser, überall war seine Oberfläche mit fünffarbigen Lotosblumen bedeckt. Alle Land- und Wasserblumen blühten; an den Stämmen der Bäume blühten Stammlotosblumen, an den Ästen Astlotosblumen, an den Zweigen Zweiglotosblumen. Aus dem Boden kamen Baumlotosblumen, die die Felsen durchbrachen, je sieben übereinander hervor, vom Himmel hingen Schlinglotosblumen herab, überall regnete es Blumen. Im Äther ertönten himmlische Instrumente und das ganze System der zehntausend Welten drehte sich und war wie ein Ball ausgestreuter Blumen zusammengedrückt, wie ein Bündel zusammengebundener Kränze; es war wie ein mit Kränzen geschmückter Sitz, wie aus einem einzigen Kranz bestehend, wie ein Yak-Wedel funkelnd, mit dem Wohlgeruch von Blumen und Weihrauch parfümiert zu äußerster Herrlichkeit gelangt.

Als nun so der Bodhisattva seine Wiedergeburt genommen hatte, von der Empfängnis an, übernahmen vier Göttersöhne mit Schwertern in den Händen die Wacht, um den Bodhisattva und seine Mutter vor Unfällen zu bewahren. Die Mutter des Bodhisattva bekam keine Gelüste nach Männern; sie war hochgeachtet, hochgeehrt und glücklich, ihr Körper war nicht matt; und sie sah den in ihrem Leibe befindlichen Bodhisattva wie man in einem durchsichtigen Edelstein einen eingeschlossenen hellgelben Faden sieht.

Und weil der von einem künftigen Buddha bewohnte Leib einem Reliquienschreine gleich nicht mehr von einem andern bewohnt oder genossen werden darf, so segnete Bodhisattvas Mutter, als ihr Sohn sieben Tage alt war, das Zeitliche und ging in den Tusita-Himmel ein, wo ihr Sohn zuvor geweilt hatte. Und während andere Frauen entweder vor oder nach dem zehnten Monat im Sitzen oder Liegen gebären, war dies bei Bodhisattvas Mutter nicht so; sondern nachdem sie ihr Kind zehn Monate im Mutterleibe getragen hatte, gebar sie stehend. Dies ist eine Eigentümlichkeit der Mutter eines Bodhisattva.

Als nun die große Königin Maya den Bodhisattva, wie Sesamöl in einem Gefäße, zehn Monate in ihrem Schoße getragen hatte und zur Entbindung reif war, bekam sie Lust, sich nach der Stadt ihrer Verwandten zu begeben, und sie sprach zum Könige Suddhodana: ›Ich wünsche, Fürst, nach der meiner Familie gehörigen Stadt Devadaha zu gehen.‹ Der König gab mit den Worten ›Es ist gut‹ seine Zustimmung zu erkennen; und er ließ die Straße von Kapilavastu nach der Stadt Devadaha ebnen und mit Bananenzweigen, gefüllten Wassertöpfen, mit Fahnen, Flaggen und dergleichen verzieren. Dann ließ er die Fürstin auf einer goldenen Sänfte sich niederlassen, diese von tausend Dienern aufheben und ließ sie hierauf mit großer Gefolgschaft ziehen.

Nun befindet sich zwischen den beiden Städten, den Bewohnern beider Städte gehörend, ein herrlicher Sala-Wald, der Lumbiniwald mit Namen. Zu dieser Zeit war von der Wurzel bis zu den Enden der Zweige alles wie zu einer einzigen Frucht entwickelt, und zwischen den Zweigen und den Blumen weilten Schwärme fünffarbiger Bienen und allerlei Arten von Vögeln, die mit süßer Stimme zwitscherten. Der ganze Lumbiniwald glich einem Götterhaine und war wie eine wohlausgestattete Trinkhalle eines mächtigen Königs.

Als nun die Fürstin diesen Sala-Wald sah, bekam sie Lust, sich darin zu ergehen. Die Diener nahmen die Königin und betraten den Sala-Wald. Sie ging dann an den Fuß eines herrlichen Sala-Baumes und begehrte einen Sala-Zweig zu erfassen. Der Sala-Zweig bog sich herab wie die Spitze eines dampfdurchnäßten Rohres und kam ihrer Hand nahe. Und sie streckte die Hand aus und erfaßte den Zweig. Und nun begannen die Wehen. Viele Leute kamen herbei und verfertigten ein Zelt um sie. Und während sie so den Sala-Zweig haltend dastand, gebar sie ihr Kind.

In diesem Augenblick kamen vier Gottheiten reinen Herzens mit einem goldenen Netz und fingen den Bodhisattva mit dem goldenen Netze auf; dann stellten sie ihn vor seine Mutter und sagten: ›Sei gesegnet, Königin; ein hochmächtiger Sohn ist dir geboren.‹

Während aber andere Wesen, wenn sie aus dem Mutterleibe hervorgehen, mit widerlicher Unreinheit behaftet aus dem Mutterleibe hervorgehen, war dies nicht so bei dem Bodhisattva. Dieser ging, wie ein Prediger von der Kanzel oder wie ein Mann von der Leiter herabsteigt, aus dem Mutterleibe hervor, indem er beide Hände und Füße ausstreckte und dastand, ohne infolge seines Aufenthaltes im Mutterleibe durch eine Unreinheit befleckt zu sein, rein und weiß und strahlend wie ein auf ein Gewand aus feiner Baumwolle gelegter Edelstein.

Hierauf kamen, um den Bodhisattva und seine Mutter zu ehren, vom Himmel zwei Wolkengüsse herab und erfrischten seinen und seiner Mutter Körper.

Nun nahmen ihn aus der Hand der Götter, die ihn mit dem goldenen Netze aufgefangen und hingestellt hatten, vier Großkönige in Empfang und legten ihn auf eine kostbare, auserwählte, angenehm zu berührende Decke aus Fellen; aus ihrer Hand nahmen ihn dann die Menschen und legten ihn auf eine Rolle von feinem Tuch. Von der Hand der Menschen nun machte er sich los, stellte sich auf die Erde und schaute nach Osten. Einige tausend Welten waren seinem Auge wie ein einziger Raum. Da verehrten ihn die Götter und Menschen mit Wohlgerüchen, Kränzen und dergleichen und sprachen: ›Du großer Held, hier ist keiner, der dir gleich ist; wo soll ein höherer sein?‹

So schaute er nach den vier Himmelsrichtungen, nach den vier Nebenhimmelsrichtungen, nach unten und nach oben; und nachdem er die zehn Himmelsgegenden betrachtet und keinen seinesgleichen gefunden hatte, sagte er: ›Dies ist Norden‹, und machte sieben große Schritte, während ihm von dem Gott Brahma der Sonnenschirm, von Suyama der Yak-Wedel getragen wurde und die anderen Götter die übrigen königlichen Insignien und Auszeichnungen in den Händen hielten. Beim siebten Schritte stand er still, rief mit seiner Heldenstimme: ›Ich bin der erste der Welt‹, und ließ den Löwenruf erschallen.«

Fragen wir angesichts unserer vorangegangenen Darstellung von Siddhartas späterem Gang in die Hauslosigkeit nach den realen Hintergründen dieser Erzählung, so finden wir sie im Ort – der Stadt Kapilavastu –, dem Fest Asalhi-Nakkhatta und dem Lumbiniwald, wo die Geburt stattfand. Die Geburt im Hain von Lumbini war so lange umstritten, bis man den Platz 1896 entdeckte und dort eine der berühmten Säulen des Kaisers Aschoka fand, der Indien etwa 268 bis 232 v. Chr. regierte und sein Herrschaftsgebiet über weite Teile des Subkontinents ausdehnte.

Die 245 v. Chr. errichtete Steinsäule trägt in der nordindischen Magadhi-Sprache eine Brahmi-Inschrift folgenden Inhalts: »Kaiser Aschoka kam zwanzig Jahre nach seiner Krönung hierher zur Verehrung des Buddha, der hier geboren wurde. Er ließ diese Säule errichten, zum Zeichen dafür, daß der Erwachte an diesem Ort zur Welt kam...« Diese Inschrift wurde nicht nur zum späten Beweis für die Geburt des Buddha im Hain von Lumbini, sie zerstreute auch die letzten Zweifel an seiner lange bestrittenen historischen Existenz.

Wir sehen an diesem Beispiel die Verbindung von Wirklichkeit und Legende, wie sie in allen den Buddha betreffenden Geschichten zu finden ist. Die Übergänge sind fließend, wobei sich die Erzähler, die ihre Texte von Generation zu Generation mündlich weitergaben, der für uns offensichtlichen Brüche zwischen Realität und Phantasie wahrscheinlich gar nicht bewußt waren.

Die *Nidanakatha,* der unsere Geburtserzählung entstammt, hat ihre Wurzeln im tatsächlichen, tausend Jahre zurückliegenden Geschehen. Sie ist ein Stück überhöhter Lebensgeschichte, wie sie uns auch in Reden des Buddha als eine Art von autobiographischen Skizzen begegnen wird.

Aus ganz anderer Sicht schildert Buddhas Schüler Ananda in der 123. Sutra des *Majjhima-Nikaya* die letzte Rückkehr des Erwachten auf diese Erde. Sie zu verstehen, setzt das Wissen um die indische Wiedergeburtslehre voraus, die in Indien schon lange vor Buddha heimisch war – etwas Selbstverständliches für jeden Inder –, deren Entstehung und Bedeutung wir deshalb im nächsten Kapitel eingehend betrachten wollen. Ihre Kenntnis ist nicht nur die Voraussetzung für ein Verstehen der Lebensgeschichte Buddhas, sondern auch für den richtigen Zugang zu seiner Lehre.

Die Sutren – spätere buddhistische Lehrgedichte – haben mit den Reden Buddhas eines gemeinsam: die Wiederholungen, die das Gesagte vertiefen und unvergeßlich machen sollen. Dieser Form folgt auch die Sutra des *Majjhima-Nikaya*. Sie wiederholt ständig die Anfangsformel »Als der Bodhisattva…« und macht damit deutlich, daß sich alles, was hier geschieht und entsprechend ausgesagt wird, auf ihn bezieht: den künftigen Buddha.

Die Sutra geht nicht von Ereignissen auf dieser Erde aus, sondern vom Aufenthaltsort des Buddha vor seiner letzten Wiedergeburt. Das ist der Tusita-Himmel, eines der buddhistischen Paradiese, wo Götter und Bodhisattvas in für uns unsichtbarer, glückvoller Einheit zusammenleben bis zu ihrer nächsten Reinkarnation.

Obwohl sich uns hier eine ganz andere Betrachtungsweise für die Geburt des Siddharta Gautama bietet, ist die Verwandtschaft der beiden Texte doch unverkennbar. Sie kamen aus gleichem Geist und haben das gleiche Ziel: uns die Einmaligkeit und besondere Bedeutung dieses Bodhisattva vor Augen zu führen.

Wir lesen in der Sutra des *Majjhima-Nikaya*, die gleichfalls von Julius Dutoit ins Deutsche übersetzt worden ist:

»Gedankenvoll und gesammelt verließ der Bodhisattva den Tusita-Himmel und ging in den Schoß seiner Mutter ein.

Als der Bodhisattva den Tusita-Himmel verließ und in den Schoß seiner Mutter einging, da wurde in der Welt der Götter und Menschen, in der Welt Maras, in der Welt Brahmas, unter dem Geschlecht der Asketen und Brahmanen, der Götter und Menschen ein unermeßlich großer Glanz sichtbar, der noch die überirdische Macht der Götter überstieg. Und die Lüfte zwischen den einzelnen Sphären waren nicht mit Finsternis und düsterem Dunkel bedeckt; und dort, wo selbst Sonne und Mond, die so wunderkräftig, so mächtig sind, keine Helle haben, wurde unermeßlich großer Glanz sichtbar, der noch die überirdische Macht der Götter überstieg. Und die Geschöpfe, die davon getroffen wurden, die erkannten wegen dieses Glanzes gegenseitig: ›Auch andere Geschöpfe gibt es, die davon getroffen werden. Und das ganze System der zehntausend Welten wankt, erzittert und erbebt, und ein unermeßlich großer Glanz wird auf der Welt sichtbar, der noch die überirdische Macht der Götter übersteigt.‹

Als der Bodhisattva in den Schoß seiner Mutter eingegangen war, da kamen vier Göttersöhne, um auf allen vier Seiten Wache zu halten, indem sie dachten: ›Daß den Bodhisattva oder des Bodhisattvas Mutter kein Mensch, kein überirdisches Wesen noch irgend jemand sonst beschädige!‹

Als der Bodhisattva aus dem Leibe seiner Mutter hervorging, nahmen ihn zuerst die Götter in Empfang und nachher die Menschen.

Als der Bodhisattva aus dem Leibe seiner Mutter hervorging, kam der Bodhisattva auf den Boden; vier Göttersöhne nahmen ihn in Empfang, stellten ihn vor seine Mutter hin und sprachen: ›Sei gesegnet, Herrin; ein hochmächtiger Sohn ist dir geboren.‹«

Mit diesem Text sehen wir uns in eine der für den Buddhisten selbstverständlichen, außerirdischen Sphären versetzt, die eine Vorstellung von einem in Raum und Zeit unendlichen Kosmos vermitteln. Der Tusita-Himmel als Siddharta Gautamas Aufenthaltsort vor seiner letzten Wiedergeburt gehört zu diesen kosmischen Konstellationen jenseits unserer grobstrukturierten Erdbefindlichkeit, die aus westlicher Sicht bis heute als einzige Lebensrealität des Menschen gilt.

Siddharta Gautama wird nach seiner Erleuchtung, als Buddha, diese unsere abendländische Vorstellung von Realität, von Wirklichkeit, als Trugbild – als Maya – entlarven und die so schwer verständliche Anatta-Lehre vom Nicht-Selbst oder Nicht-Ich als geistige Basis seiner Weltbetrachtung begründen.

Die Anatta-Lehre, die dem Buddhismus zugrunde liegt, aber von vielen, die ihm zugeneigt sind, kaum zur Kenntnis genommen wird, geht von der Wandelbarkeit aller Erscheinungen aus. Sie besagt nach Nyanatilokas *Buddhistischem Wörterbuch*, »daß es weder innerhalb noch außerhalb der körperlichen und geistigen Daseinserscheinungen irgend etwas gibt, das man im höchsten Sinne als eine für sich bestehende unabhängige Ich-Wesenheit oder Persönlichkeit bezeichnen könnte. Wer die Unpersönlichkeit des ganzen Daseins nicht durchschaut hat und nicht erkennt, daß es in Wirklichkeit nur diesen beständig sich verzehrenden Prozeß des Entstehens und Vergehens geistiger und körperlicher Daseinsphänomene gibt, der ist außerstande, die Lehre Buddhas im richtige Lichte zu erfassen«.

LEBEN IM KREISLAUF DER WIEDERGEBURTEN

Für uns muß Siddharta Gautamas Geburtsgeschichte reines Märchen bleiben, wenn wir uns nicht auch um das Verständnis der ihr zugrundeliegenden Ideen ältesten indischen Denkens und Glaubens bemühen. Nur so können wir die Vielschichtigkeit und die Vielgesichtigkeit der Erscheinung begreifen, die wir Buddha nennen. Um sie nach Herkunft, Darstellung und Wirkung zu verstehen, müssen wir in der indischen Geschichte und Glaubenswelt weit zurückgehen, müssen Zusammenhänge erörtern, die uns Europäern völlig fremd sind, ohne deren Kenntnis wir aber keinen Zugang zu Buddha und seiner Lehre finden können. Gerade den aber zu erschließen, auch für den Menschen des Westens in unserer Zeit, ist ja die erklärte Absicht dieses Buches.

Indiens frühe Geschichte ist uns vor allem als Geistesgeschichte überliefert. Sie hat ihre Wurzeln im Denken und im Opfer, wobei das Opfer später zum Geschäft entartete und das Denken zur Spekulation wurde.

Eine Geschichtsschreibung, wie wir sie im Abendland kennen, hat es in Indien nie gegeben. Indische Anfänge sind in Mythen, Sagen und Legenden verborgen, die den Übergang von der Realität zur Traum-, Märchen- und Götterwelt verschleiern. Sie beherrschen bis heute das Geschichtsbild des einfachen Inders. Nur so erklärt sich der gewaltige Erfolg, den eine fünfzigteilige Fernsehserie zum berühmtesten altindischen Epos – dem *Ramayana* – in den letzten Jahren erzielen konnte. Doch was für das Volk schon immer die Zauberwelt der Götter- und Heldensagen bedeutete, war für die Oberschicht – vor allem für die Brahmanen – das Geistige.

Eines der ältesten indoarischen Wörter, »Veda«, bedeutet Wissen. Und Veden heißen die frühesten Dichtungen, die auf indischem Boden entstanden sind. Ihre Entstehungszeit ist umstritten. Doch als Texte sind sie uns überliefert. Sie zeugen von frühen Göttern – Indra, Agni, Surya, Soma, Varuna –, vom Brauchtum und den schon erwähnten Opfern, die seit vedischer Zeit eine große Rolle spielten und das Privileg der Brahmanen waren.

Die von jenen geprägte Kastengesellschaft wurde mehr und mehr zu einer Klassengesellschaft mit gewaltigen geistigen, wirtschaftlichen und gesellschaftlichen Unterschieden zwischen oben und unten; eine Situation, die sich im Laufe der Jahrhunderte zuspitzte.

Trotzdem oder gerade deshalb dürfen wir die gewaltige kulturelle Leistung nicht unterschätzen, die sich in den vedischen Dichtungen darstellt. Obwohl viele Brahmanen in konservativer Haltung am Geist der Veden und ihrem Ausdruck – dem Opfer – durch die Jahrhunderte festhielten, bedeutete das für das indische Geistesleben keine Stagnation: Es entfalteten sich sehr unterschiedliche Denkrichtungen zu einer Zeit, in der bei uns, aber auch im Mittelmeerraum, noch kaum von abstrakten Denkansätzen die Rede sein konnte.

Da wirkte, von heute aus gesehen, die frühe indische Geistigkeit wie eine Art Initialzündung, die in China, Persien, Israel und Griechenland etwa gleichzeitig ähnliche Impulse auslöste. Das war der Grund für Karl Jaspers, die weltgeschichtliche Epoche zwischen dem achten und dem fünften vorchristlichen Jahrhundert als Achsenzeit zu bezeichnen: eine Zeit des ersten Aufbruchs individueller geistiger Aktivitäten, die allerdings von sehr unterschiedlichen Ansätzen zu ganz verschiedenartigen Ergebnissen führten – zu Weltbildern jedenfalls, die zum Teil noch heute menschliches Denken und Handeln bestimmen.

Ob es sich bei den in fünf so weit auseinanderliegenden Regionen aufbrechenden geistigen Aktivitäten um zufällige Gleichzeitigkeit oder tatsächlich von Asien ausgehende Einflüsse gehandelt hat, werden wir wahrscheinlich nie einwandfrei klären können. Doch steht der Ursprung jener erstaunlichen Denkbewegungen im nördlichen Indien außer Zweifel.

Er führt uns zurück bis ins zweite vorchristliche Jahrtausend, eine Zeit, in der jener Umbruch begann, der vor allem im Norden des Subkontinents gesellschaftlich verheerende Folgen zeitigte. Zugleich leitete er die geistigen Aktivitäten ein, die in Indien zur Entstehung einer neuen literarischen Form – den Upanishaden – führten, was wörtlich mit Geheimlehren zu übersetzen ist.

Während sich das Volk weiter mit Opferdienst und religiösen Ritualen begnügte, so sehr es auch darunter wirtschaftlich leiden mußte, suchten die aktivsten der Brahmanen, aber auch der Ksatriyas nach Antworten auf letzte Fragen. Die indische Philosophie entstand.

Sie begann mit der Erforschung von Sinn und Ziel der traditionellen Opferhandlungen zur Götterverehrung. Doch bald schon lösten sich die Bestrebungen der besten Denker aus den konventionellen Banden der Religion und folgten allgemeineren, im Lebensablauf begründeten Zielen. Entsprechend unterschiedlich sind die Upanishaden und ihre überlieferten Texte. Zwei Begriffe rückten dabei ins Zentrum der Diskussion: Brahman und Atman.

In zahllosen Schriften haben sich die Gelehrten mit diesen beiden Begriffen auseinandergesetzt. Das verdeutlicht die Schwierigkeit ihrer Erklärung. Die Vorstellung vom Brahman geht in vedische Zeiten zurück. Es ist die Weltseele, aus der die Veden kamen und die später zum Gott Brahma – dem Weltenschöpfer – wurde, der auch in der Buddha-Legende, wie wir sehen werden, eine entscheidende Rolle spielt.

Mit dieser Personifizierung des Brahman gewinnt die Idee einer Weltschöpfung Gestalt, von der Buddha in seiner Lehre allerdings sehr deutlich abrückt.

Auch das Atman – die Einzelseele –, das Wort ist mit unserem Wort Atem verwandt, steht in Verbindung zum Schöpfungsgedanken, heißt es doch wörtlich soviel wie Schaffen, Hervorbringen. Zugleich ist es das Selbst: das Ich oder das Du – das »tat tvam asi« (Das bist du) – der Upanishaden, das Selbsterkenntnis bedeutet, lange bevor Descartes in Frankreich sein »Cogito ergo sum« (Ich denke, also bin ich) schrieb. Bei beiden Äußerungen geht es um den Menschen. Wie weit sie aber trotzdem voneinander entfernt sind, zeigt die weitere Entwicklung des indischen Denkens – seine Allverwobenheit, die im völligen Gegensatz zum abendländischen Rationalismus steht.

Und doch kommt es zunächst noch einmal auf ganz anderem Gebiet zu einer Annäherung der Problemstellung zwischen indischer und späterer europäischer Philosophie. Sie ist mit zwei uns namentlich bekannten indischen Denkern vor Buddha verbunden. Es sind Yajnavalkya und Uddalaka Aruni, beide in der zweiten Hälfte des siebten vorchristlichen Jahrhunderts wirkend, die gegensätzliche Positionen in der indischen Geistesentwicklung vertreten haben und damit an Konflikte in der deutschen Philosophie des 19. Jahrhunderts erinnern.

Yajnavalkya vertrat einen subjektiven Idealismus. Für ihn existierte die Welt nur als Vorstellung in unserem Bewußtsein, wie etwa bei Fichte. Uddalaka dagegen demonstrierte in einem Gespräch mit seinem Sohn Svetaketu zum erstenmal in der Philosophiegeschichte eine rein materialistische Position. Er betont die Existenz des Seienden und geht damit von einer auch unabhängig von unserem Bewußtsein bestehenden Welt aus.

Doch die indische Geistesgeschichte ging über ihn und seine Anhänger hinweg. Mit Karma und Samsara entwickelte sie Begriffe einer esoterischen Lebensbetrachtung, die zu einer abendländischem Denken völlig entgegengesetzten Geisteshaltung führten. Sie wurden zu Grundbegriffen des Kreislaufs der Wiedergeburten und damit auch der Lehre Buddhas. Diese ist ohne die Wiedergeburtsidee nicht vorstellbar, würde ohne sie ihren Sinn verlieren. Die Lehre von der Wiedergeburt war der Ansatz einer typisch indischen Denk- und Glaubensweise lange vor Buddha, die auch außerhalb des Buddhismus indisches Glaubensgut bis heute ist.

Betrachten wir zunächst ihre beiden Voraussetzungen Karma und Samsara, die zugleich das ganze Geheimnis der Wiedergeburtsvorstellung umschließen. Sie entwickelten sich aus den ältesten Todesvorstellungen der Indo-Aryas, die unseren eigenen Auffassungen sehr viel näher stehen als das spätere Wiedergeburtsdenken. Sie waren an ein starkes Diesseitsbewußtsein und ein Festhalten an den irdischen Glückserfahrungen gebunden, die man auch auf das Leben nach dem Tode übertrug. Dabei bot das Jenseits in den frühen indischen Glaubensvorstellungen den Vorteil, daß man dort den Tod nicht mehr zu fürchten hatte. Doch diesem naiven Gedanken war im vedischen Glauben keine Beständigkeit beschieden. Und es entwickelte sich die Befürchtung, daß der Verstorbene auch noch im Totenreich von Yama, seinem mächtigen Herrscher, ständig bedroht war.

Der Glaube an einen Wiedertod kam auf, bevor man an eine Wiedergeburt im Irdischen dachte. Darum galt es, sich von der ständigen Bedrohung durch den Tod freizumachen, damit man nicht immer wieder seine Beute würde. Opfergaben und beschwörende Rituale galten als hilfreiche Mittel gegen den Wiedertod, der offenbar lange Zeit als eine schlimme Gefahr für die verstorbenen Ahnen, damit aber auch für jeden lebenden Menschen betrachtet wurde, stand doch auch ihm der Weg ins Totenreich bevor.

Wie konnte man dieses unabwendbare Schicksal beeinflussen? Schon in vedischen Zeiten glaubte man, daß es unterschiedliche Aufenthaltsorte im Reiche Yamas gab, die unserer Vorstellung von Himmel, Fegefeuer und Hölle entsprachen, wobei das Verhalten auf Erden für den jenseitigen Aufenthaltsort bestimmend war.

Hier und in dem unbefriedigenden Glauben an einen Wiedertod mögen die ältesten Ansätze für die Ausbildung des Karma-Gedankens und schließlich des Samsara – des Geburtenkreislaufs – liegen. Damit sind wir der Wiedergeburtslehre auf der Spur. Vielleicht hat sie sich sogar aus der kritischen Einsicht in das häufige Fehlverhalten von Mitgliedern der oberen Kasten entwickelt.

Karma ist ein erster Begriff von persönlicher Verantwortung, von Selbstgestaltung des eigenen Schicksals, das wir hier eigentlich Wirksal nennen sollten. Es wirkt über den Tod hinaus in die Folge weiterer Leben. Denn Karma ist die Summe dessen, was jenseits unserer leiblichen Erscheinung von uns übrigbleibt: Gefühle, Gedanken, Taten. Es wird nach dem Gesetz von Saat und

Ernte von uns selbst erzeugt und kann auch wieder aufgelöst werden. So bedeutet Karma das Wirksalsbündel des einzelnen fürs nächste Leben. Es ist das, was bei der Entstehung eines Kindes in eine neue Existenz eingeht.

In der *Chandogya Upanishad* lesen wir zu dieser die Menschen mehr und mehr bewegenden Frage: »Wer hier auf Erden ein rechtes Leben geführt hat, der wird in einen guten Mutterschoß eingehen – in einen Brahmanenschoß oder in einen Ksatriyaschoß. Wer aber übel gelebt hat und einen stinkenden Wandel führte, der wird aus einem Hundeschoß oder aus dem Schoß einer Sau wiedergeboren.«

Drastischer kann man es kaum ausdrücken, was der alte Inder unter Wiedergeburt versteht. Samsara ist der umfassende Begriff für das, was hier gemeint ist: der Weg nicht nur im jetzigen, sondern in Hunderten, ja in Tausenden früherer und weiterer Leben. Dieser Samsara ist viel näher, viel bedrohlicher als der alte Wiedertod in Yamas uns wenig vertrautem Reich. Denn was hier auf dieser Erde geschieht, was wir selbst leben und erleben, das kennen wir. Wir wissen um unsere geheimsten Gedanken und Wünsche, wir wissen um die Taten, die wir ohne Zeugen begangen haben und immer noch begehen. Aus ihnen bündelt sich unser Karma, das unseren weiteren Samsara bestimmt. Es ist die Macht unserer Gefühle, Gedanken und Taten, die unsere Lebensläufe im Auf und Ab der Zeiten formt. Ohne Anfang und ohne Ende vollzieht sich diese Bewegung, der wir immer wieder neu eingeboren werden. An dieses ununterbrochene Wellenspiel des Seins, das in Wirklichkeit nichts als Bewegung, als Samsara ist, glauben auch heute noch die meisten Inder und all die vielen Menschen, die sich zum Buddhismus bekennen.

Diese Auffassung vom Leben hatte von Anfang an nicht nur religiöse, sondern auch soziale, gesellschaftliche Relevanz. Bietet sie doch eine Antwort auf die gerade in einem Land wie Indien mit seinen krassen Gegensätzen zwischen Arm und Reich, wie sie dort bis heute bestehen, verständliche Frage nach dem Grund des eigenen Schicksals. »Warum bin ich arm geboren, warum bin ich ein Krüppel, warum finde ich nicht wie andere den Weg nach oben?« – »Weil du es dir im vorangegangenen Leben selbst gewirkt hast, was dir jetzt widerfährt«, würde der Buddhist, aber auch der gläubige Hindu erwidern. Daher kommt der indische Fatalismus, das Sich-Abfinden des einzelnen mit seinem Schicksal.

Natürlich liegt hier der Gedanke nahe, kluge, verschlagene Brahmanen und andere an der bestehenden Ordnung interessierte Reiche hätten diese Lehre entwickelt und verbreitet zur Beruhigung der Massen, zur Beschwichtigung nachdenklicher Unterprivilegierter. Doch so einfach, wie es sich gewisse marxistische Kritiker der indischen Lebenswelt mit solchen Argumenten gemacht haben, ist es nicht. Man kann den Indern manches nachsagen, aber gewiß keinen Primitivismus. Dafür sind Veden und Upanishaden, Hinduismus und Buddhismus zu tiefgründig angelegt. Sie übertreffen vieles, was auf dieser Welt geistig und religiös entstanden ist und sich entfaltet hat. Auch können wir den Weg, den die Vorstellungen von Karma und Samsara in Indien genommen haben, in der Zeit vor Buddha recht gut nachvollziehen.

In vedischer Zeit und zu Beginn der Upanishaden-Epoche war das Wissen um karmische Zusammenhänge und den Weg des Einzelwesens im Samsara noch nicht voll ausgeprägt. Man ging vielmehr von fünf nicht am einzelnen haftenden Faktoren aus – dem Atem, dem Sehen, dem Hören, der Sprache und dem Verstand –, die sich mit dem Tode vom Körper trennen und sich immer wieder mit kosmischen Kräften vereinen: der Atem mit dem Wind, das Sehen mit der Sonne, das Hören mit dem Raum, die Sprache mit dem Feuer und der Verstand mit dem Mond.

Yajnavalkya war es, der von dieser alten Vorstellungswelt, die im Kosmischen gründete, die Brücke zur karmisch geprägten Einzelexistenz und damit auch zur Selbstverantwortung schlug. Insofern war er ein wichtiger Vorläufer, ein geistiger Wegbereiter des Buddha.

Seinen literarischen Niederschlag fand der älteste Karmagedanke in der berühmten *Chandogya Upanishad,* einer Sammlung unterschiedlicher Texte, die uns eine Art Seelenwanderung als früheste Vorstellung vom Weg des nicht mehr an seinen Körper gebundenen einzelnen nach seinem Tode vermittelt. Dieser Weg ist bilderreich in der Sammlung beschrieben, die der große Indologe Paul Deussen vor hundert Jahren ins Deutsche übersetzt hat. Der Text begleitet ein Verehrungsopfer:

»Die nun, welche solches wissen, und jene, welche im Walde mit den Worten: ›Der Glaube ist unsere Askese‹ Verehrung üben, die gehen ein in die Flamme des Leichenfeuers, aus der Flamme in den Tag, aus dem Tage in die lichte Hälfte des Monats, aus der lichten Hälfte des Monats in das Halbjahr, da die Sonne nordwärts geht, aus dem Halbjahre in das Jahr, aus dem Jahre in die Sonne, aus der Sonne in den Mond, aus dem Monde in den Blitz: Daselbst ist ein Mann, der ist nicht wie ein Mensch, der führt sie hin zu Brahman. Dieser Pfad heißt der Götterweg.

Hingegen jene, welche im Dorfe mit den Worten: ›Opfer und fromme Werke sind unser Tribut‹ Verehrung üben, die gehen ein in den Rauch des Leichenfeuers, aus dem Rauche in die Nacht, aus der Nacht in die dunkle Hälfte des Monats, aus der dunklen Hälfte des Monats in das Halbjahr, da die Sonne südwärts geht; diese gelangen nicht in das Jahr, sondern aus dem Halbjahre in die Väterwelt, aus der Väterwelt in den Äther, aus dem Äther in den Mond; der ist der König Soma, und er ist die Speise der Götter, die verzehren die Götter.

Nachdem sie dort, solange noch ein Bodenrest ihrer guten Werke vorhanden ist, geweilt haben, so kehren sie auf demselben Wege wieder zurück, wie sie gekommen, in den Äther, aus dem Äther in den Wind; nachdem einer Wind geworden, wird er zu Rauch, nachdem er Rauch geworden, wird er zu Nebel, nachdem er Nebel geworden, wird er zur Wolke, nachdem er Wolke geworden, regnet er herab. Solche werden hienieden als Reis und Gerste, Kräuter und Bäume, Sesam und Bohnen geboren. Daraus freilich ist es schwerer herauszukommen; denn nur wenn ihn einer gerade als Speise verzehrt und als Samen ergießt, so kann er sich daraus weiter entwickeln.«

Von der dunklen Seite der Wiedergeburten, aus Hunde- oder Schweineschoß, haben wir schon gehört. Sie mag die Menschen damals besonders beeindruckt, wenn auch vielleicht nicht geändert haben. Dazu fehlten Lehre und Lehrer sowie die volle Einsicht, die klare Erkenntnis.

Die kamen Siddharta Gautama in der Stunde seiner Erleuchtung. Er erkannte, daß die durch den Samsara bedingte Folge der Wiedergeburten keine Seelenwanderung ist. Da es für ihn kein Ich und somit auch keine unsterbliche Seele – wie im Christentum – gibt, kann es auch nicht die gleiche Person sein, die wiedergeboren wird. Nur das karmische Gefüge eines Menschen geht nach Buddha bei der Zeugung in ein neues Wesen ein und prägt seine Entwicklung.

Das drückt Buddha mit den uns zunächst befremdenden Worten aus: »Wenn drei zusammenkommen, dann entsteht eine Leibesfrucht.« Außer Vater und Mutter muß ein »Jenseitiger« – eines jener Karmabündel, die den Leib beim Tod verlassen – dazutreten, daß eine Leibesfrucht und damit ein neues Lebewesen entsteht, um auf Grund des in früheren Leben von ihm Gewirkten nun wieder in den Samsara, den endlosen Kreislauf, einzutreten. Darum ist Buddhas letztes Ziel auch nicht wie bei vielen Indern eine immer bessere Wiedergeburt, sondern die Beendigung des Kreislaufs, in dem uns Geburt, Krankheit, Alter und Tod als ständig wiederkehrende leidvolle Erfahrungen begegnen, von deren Entstehung und Überwindung Buddhas Lehre kündet.

FLUCHT UND ENTTÄUSCHUNG

Damit sind wir auf weiten Umwegen wieder am Anfang unserer Geschichte angelangt. Doch das ist indisch, ist auch buddhistisch. Wir erinnern uns an den aus seinem Elternhaus aufbrechenden Siddharta Gautama. Zu ihm kehren wir nun zurück in der Legende. Sie schließt sich an die wunderbare Geburt und an die ersten Schritte des Bodhisattva an. Wir begegnen ihm jetzt in seiner letzten Inkarnation. Und hier finden wir neben all dem Prunk auch das andere: das zu Erkennende und das zu Bedenkende – der Ansatz des Weges zur Erleuchtung. Prophezeit wird er bereits in der ersten Stunde nach der Geburt vom Seher Asita, einem Weisen dieser Zeit.

Wir lesen davon in der *Nalaka Sutra* des *Sutra Nipata*, wie sie Dutoit wiedergibt:

»Der Seher Asita sah, wie einmal den ganzen Tag über die Scharen der dreimal zehn Götter fröhlich und voller Freude waren, und wie die Götter, mit reinen Gewändern angetan, ihre Kleider faßten und Indra gar sehr ehrfurchtsvoll priesen.

Als er nun die Götter so entzückt und vergnügt sah, bezeugte er seine Ehrfurcht und sprach dann folgendes: ›Warum ist die Versammlung der Götter gar so fröhlich? Aus welcher Veranlassung faßt ihr eure Kleider und schwenkt sie?

Wenn auch ein Kampf mit dem Dämon stattfand und die Götter siegten, die Dämonen aber besiegt wurden, so entstand dann doch nicht eine solche Erregung; was noch nicht Dagewesenes habt ihr gesehen, ihr Götter, daß ihr so jubelt?

Sie schreien, sie singen und reden, sie schlagen die Arme aneinander und tanzen; ich frage euch, die ihr auf dem Gipfel des

Meru wohnt, brechet rasch meine Ungewißheit, ihr Ehrwürdigen!‹

›Der Bodhisattva, das edelste Kleinod, der Unvergleichliche, ist auf der Welt der Menschen zum Heil und Segen geboren in dem Sakya-Dorfe, im Lumbineyya-Lande; darüber sind wir befriedigt und überaus fröhlich.

Er, das höchste aller Wesen, der erste der Männer, der beste der Helden, das oberste aller Geschöpfe, wird sein Reich begründen in dem nach den Sehern genannten Walde, seine Stimme erhebend wie der gewaltige Löwe, der König der Tiere.‹

Als Asita diese Rede gehört hatte, verließ er den Tusita-Himmel und begab sich nach dem Hause des Suddhodana; dort setzte er sich nieder und sprach zu den Sakyas: ›Wo ist der Knabe? Ich möchte ihn sehen!‹

Darauf zeigten die Sakyas ihm, der Asita genannt wurde, das Kind, den Knaben, der wie Gold glänzte, das im Feuer durch einen geschickten Mann bearbeitet wurde, der in Herrlichkeit erstrahlte, der überaus schön war von Ansehen.

Als nun Asita den Knaben sah, der wie Feuer leuchtete, der wie der herrlichste Stern glänzte, der am Himmel wandelt, oder wie die glühende Sonne im Herbst, wenn sie frei ist von Wolken, da wurde er voll Entzücken und empfand große Freude.

Einen Sonnenschirm hielten die Götter in der Luft, der viele Zweige hatte und hundert Kreise; Wedel mit goldenen Stielen fächelten Luft und man sah niemand, der die Wedel und den Sonnenschirm hielt.

Als nun der Kanhasiri genannte Asket die gelben Steine sah, die einem Goldschmucke glichen, und den weißen Sonnenschirm, der ihm zu Häupten gehalten wurde, da nahm er mit freudigem Herzen und wohlgemut den Knaben in die Arme.

Und als er das Haupt der Sakyas in die Arme genommen hatte, da er ihn zu nehmen verlangte, er, der erfahren war in Zeichen und Sprüchen, da erhob er fröhlichen Mutes seine Stimme: ›Dieser ist unvergleichlich, der hervorragendste von den Menschen.‹«

Nach dem Seher Asita erschienen hundertacht Brahmanen, die König Suddhodana zum Namenstag des Prinzen eingeladen hatte. Hier, wie auch in den darauffolgenden Berichten, sind Realität und Legende unentwirrbar ineinander verwoben.

Wir erleben den Raja als mächtigen König und den Bodhisattva als überirdisch schönen Prinzen. Palast und Palastleben gewinnen phantastische Dimensionen. Glanz, Reichtum und Herrlichkeit sind die Charakteristika des Lebens von Siddharta Gautama. Es ist der Rahmen, in dem sich die erste weltliche Prophezeiung über die Zukunft des Neugeborenen vollzieht.

Die acht bedeutendsten der geladenen Brahmanen wurden nach dem Festmahl vom König aufgefordert, die körperlichen Merkmale des Prinzen zu deuten. Dabei stellten sie die zweiunddreißig Kennzeichen fest, die an Cakravartins – Weltherrschern oder Buddhas – zu erkennen sind.

Sieben von den Brahmanen ließen beide Möglichkeiten – Weltenherrscher oder Buddha – gelten. Aber der jüngste von ihnen erkannte in dem Kind eindeutig den künftig Erwachenden: den Buddha. Der König wollte diese letzte Vorhersage aber nicht wahrhaben und hielt sich an das Urteil der Mehrheit.

Über die Kindheit Siddharta Gautamas gibt es wenig zu berichten. Die Quellen schweigen. Um so eindrucksvoller ist eine Geschichte, die sich etwa in seinem siebten Lebensjahr ereignet haben soll – eine stille Geschichte, die deshalb und auch durch ihren in die Zukunft weisenden Sinn an Wurzeln in der Realität denken läßt, das heißt an ein Stück Erinnerung des späteren Buddha.

In vielen asiatischen Ländern gibt es bis heute die Sitte des Königspflügens: Der Herrscher zieht im Frühjahr vor der Saat die erste Furche in die Erde. Zu dieser heiligen Handlung hatte Suddhodana seinen Sohn mit aufs Land genommen. Während er seiner Pflicht genügte, saß Siddharta versonnen, wie es seine Art war, unter einem Rosenapfelbaum und beobachtete die arbeitenden Bauern. Da sah er eine glänzende Eidechse an sich vorüberhuschen. Sie jagte Insekten. In diesem Augenblick züngelte eine Schlange aus dem Baumschatten hervor und verschlang die Eidechse. Als dabei der Körper der Schlange kurz im Sonnenlicht aufblitzte, stieß ein Raubvogel herab und packte die Schlange.

Für den Jungen war diese Ereignisfolge ein Schlüsselerlebnis. Er erkannte die Bedrohung allen Lebens, die Gefahren, denen wir ständig, gerade auch im größten Glücksempfinden, ausgesetzt sind. Und er kam so zur Erkenntnis der Lebenszusammenhänge, die zugleich Leidenszusammenhänge sind. Die Buddhisten sehen in diesem Kindheitserlebnis die erste Schauung des Bodhisattva.

In der Folgezeit schien es zunächst, als habe die Erfahrung unter dem Rosenapfelbaum keinen nachhaltigen Eindruck bei Siddharta hinterlassen. Er führte ein luxuriöses, von Vergnügen beherrschtes Leben. Und sein Vater sah ihn bereits als künftigen Raja. Doch da waren auch noch die Götter – seine Gefährten aus dem Tusita-Himmel, die seine wahre Bestimmung kannten.

Was in seinem Tagesablauf die sich wiederholende, wenn auch nicht häufige Begegnung mit der äußeren Wirklichkeit war – mit Schmerz, Krankheit und Leid –, wird in der Legende zu einem aufklärenden Eingreifen dieser Götter, da Suddhodana bemüht war, alle üblen Eindrücke von seinem Sohn möglichst fernzuhalten.

Bei Ausritten und Spazierfahrten, so berichtet die Legende, erschien dem Bodhisattva eine der ihm verbundenen Gottheiten jeweils als hinfälliger Greis, als Kranker, als abgezehrter Asket und als verwesender Leichnam. Entsprechend seinem weiteren Lebensweg werden diese Begegnungen in der Legende als Erlebnisse eines Unwissenden dargestellt. Der Prinz fragt seinen Wagenlenker nach der Bedeutung der das harmonische Bild seines sorglosen Lebens störenden Erscheinungen. Die unsere Vergänglichkeit enthüllende Antwort erschüttert ihn und erinnert ihn zugleich an das Erlebnis unter dem Rosenapfelbaum.

Nach der letzten dieser Ausfahrten wird dem Prinzen die Geburt seines Sohnes Rahula mitgeteilt. In dieser Stunde sieht sich Siddharta Gautama seiner Pflichten als Raja-Sohn ledig und beschließt, aus den Begegnungen mit dem Elend des menschlichen Lebens und seiner Vergänglichkeit die Konsequenzen zu ziehen.

Anders als in der Nachzeichnung unseres den geschichtlichen

Quellen folgenden Kapitels »Siddharta entschließt sich« kommt es in der Legende zum ersten großen Auftritt nach der Geburt, bei dem der Roßlenker Channa und das Pferd Kanthaka neben dem Bodhisattva die Hauptrollen spielen.

In der von Dutoit übersetzten *Nidanakatha* heißt es dazu in dramatischer Übersteigerung und prophetischer Vorausschau:

»Sein Palast kam ihm vor wie ein wüstes Leichenhaus, voll von mannigfach durchbohrten Leichen; und die drei Existenzen erschienen ihm wie brennende Gebäude. Da brach er in den Ausruf aus: ›O wehe über das Elend, o wehe über das Verderben!‹ Und sein Herz wandte sich heftig dem Mönchsleben zu. Mit den Worten: ›Heute kommt es mir zu, die große Weltentsagung auszuführen‹ stand er auf, ging zur Türe hin und sagte: ›Wer ist hier?‹ Channa, der mit dem Haupte auf der Schwelle lag, erwiderte: ›Ich, Channa, bin es, o Prinz.‹ Darauf sprach der Bodhisattva: ›Ich will heute die große Weltflucht ausführen; zäume mir ein Roß!‹ Jener versetzte: ›Es ist gut, o Herr!‹, nahm das Zaumzeug und ging nach dem Pferdestall. Hier sah er beim Scheine der mit wohlriechendem Öl gefüllten Lampen unter einem mit Jasminblättern gezierten Baldachin den auf einem herrlichen Platze stehenden Kanthaka, den König der Rosse, und zäumte ihn auf, indem er dachte: ›Heute ziemt es mir, diesen aufzuzäumen.‹ Das Roß erkannte, als es aufgezäumt wurde: ›Diese Aufzäumung ist sehr fest; sie ist nicht wie an anderen Tagen, wenn es sich darum handelt, in den Park zu gehen und sich dort zu erlustigen; mein Prinz wird heute Lust bekommen, die große Weltflucht auszuführen‹, und es wieherte laut fröhlichen Sinnes. Dieser Ton hätte sich in der ganzen Stadt verbreitet; die Götter aber unterdrückten ihn und ließen ihn niemand hören.

Als nun der Bodhisattva Channa weggeschickt hatte, dachte er: ›Ich will noch meinen Sohn sehen‹; er erhob sich aus der Stellung mit untergeschlagenen Beinen, ging zu der Wohnung von Rahulas Mutter hin und öffnete die Türe des Gemaches. In diesem Augenblick erlosch im Gemache die mit wohlriechendem Öl gefüllte Lampe. Die Mutter Rahulas schlief auf ihrem mit einem

Scheffel verschiedenartiger Jasminblüten überstreuten Lager und hielt dabei das Köpfchen ihres Sohnes in der Hand. Der Bodhisattva blieb auf der Schwelle stehen und sah hin; da dachte er: ›Wenn ich die Hand der Fürstin entferne, um meinen Sohn zu nehmen, wird die Fürstin erwachen und es würde mir ein Hindernis für meinen Weggang entstehen; wenn ich Buddha geworden bin, werde ich wiederkommen und ihn sehen.‹ Und er stieg von seinem Palast hinab.

Nachdem der Bodhisattva so von seinem Palaste hinabgestiegen war, ging er zu seinem Rosse hin und sagte: ›Lieber Kanthaka, trage du mich heute die eine Nacht; ich werde, wenn ich mit deiner Unterstützung Buddha geworden bin, die Welt der Götter und Menschen erlösen.‹ Darauf schwang er sich auf den Rücken Kanthakas. Kanthaka war vom Nacken an achtzehn Ellen lang und besaß die entsprechende Höhe; er war mit Schnelligkeit und Kraft begabt und war ganz weiß wie eine reine Muschel. Wenn dieser nun gewiehert oder mit seinem Hufschlag Lärm gemacht hätte, wäre der Schall durch die ganze Stadt gedrungen; deshalb unterdrückten die Götter mit ihrer Macht den Laut seines Wieherns, damit es niemand hörte, und legten ihre Hände unter seine Hufe, wo er hintrat.

Nachdem so der Bodhisattva sein herrliches Roß bestiegen hatte und Channa dessen Schweif hatte ergreifen lassen, kam er um Mitternacht zu dem großen Stadttor. Nun hatte aber der König gedacht: ›So wird der Bodhisattva auf keine Art das Stadttor öffnen und entweichen können‹, und er hatte es so eingerichtet, daß jeder der beiden Torflügel nur von tausend Mann zu öffnen war. Der Bodhisattva aber, mit Stärke und Kraft ausgestattet, besaß mit Berechnung nach Elefanten die Kraft von zehntausend Millionen Elefanten, mit Berechnung nach Menschen die Kraft von hunderttausend Millionen Menschen.

Da dachte er: ›Wenn das Tor heute nicht aufgeht, werde ich, indem ich auf Kanthakas Rücken sitze, vereint mit dem des Rosses Schweif haltenden Channa mit den Schenkeln das Roß zusammenpressen und die achtzehn Ellen hohe Mauer überspringend hinüberkommen.‹

Channa wiederum dachte: ›Wenn das Tor nicht offen ist, werde ich den Prinzen auf meine Schultern sich setzen lassen; ich selbst werde Kanthaka mit der rechten Hand rings um den Bauch nehmen, am Sattelgurt fassen und über die Mauer springend hinüberkommen.‹

Und Kanthaka dachte: ›Wenn das Tor nicht offen ist, werde ich meinen Herrn, der auf meinem Rücken sitzt, zugleich mit Channa, der meinen Schweif gefaßt hält, emporheben und über die Mauer springend hinüberkommen.‹

Wenn nun das Tor nicht offen gewesen wäre, so hätte der eine oder der andere von den dreien es so gemacht, wie er es sich ausgedacht hatte. Aber eine an dem Tore weilende Gottheit öffnete das Tor.

In diesem Augenblicke dachte Mara, der Böse: ›Ich will den Bodhisattva zur Umkehr bewegen‹, und in der Luft stehend rief er: ›Ehrwürdiger, gehe nicht fort; nach sieben Tagen wird sich dir das Rad der Weltherrschaft zeigen; du wirst die Herrschaft über die von zweitausend Inseln umgebenen vier Erdteile erlangen; kehre um, Ehrwürdiger!‹

Jener sagte: ›Wer bist du?‹

›Ich bin Vasuvatti‹, heuchelte er.

Da entgegnete der Bodhisattva: ›Mara, ich erkenne wohl, daß sich mir das Rad der Weltherrschaft zeigen würde, aber ich brauche kein Reich; ich werde die zehntausend Welten aufjauchzen lassen und Buddha werden.‹

Darauf sagte Mara: ›Von nun an werde ich an dir jeden Gedanken der Lust, des Übelwollens und der Übeltat erkennen, sobald er gedacht ist‹; und um einen Fehler an ihm zu entdecken, heftete er sich, ohne je wegzugehen, an ihn wie ein Schatten.

Der Bodhisattva aber wies frei von Begierde die ihm in Aussicht gestellte Herrschaft über die Welt wie einen Speichelklumpen zurück und verließ unter großer Ehrung die Stadt am Asalhi-Vollmond, am letzten Tage des Asalhi-Nakkhatta.«

Am gleichen Festtag, an dem er – Siddharta Gautama – vor dreißig Jahren geboren worden war, verläßt er den Palast seiner Eltern, den er jetzt als Gefängnis, als »Leichenhaus« empfindet. Er löst die letzten Bindungen an zu Hause, schickt Channa zurück und muß erleben, wie sein Lieblingsroß vor Trennungsschmerz stirbt.

Allein geblieben schneidet er sein Haar ab, das als ein leuchtendes Zeichen zum Himmel aufsteigt, und legt ein Mönchsgewand an. Damit ist der äußere Wandel vollzogen, der allerdings, wie wir bald sehen werden, noch keinen Erfolg im seit lange erstrebten inneren Wandel bringt.

Einen entscheidenden Sieg über Mara, die Verkörperung des Bösen, hatte er beim Auszug aus Kapilavastu errungen. Doch er sollte schon bald erfahren, wie vielgesichtig der Teufel auf dieser Erde ist und wie hart es selbst für den Gutwilligsten werden kann, sich auf der Suche nach Wahrheit zu behaupten.

Elternhaus, Familie und Wohlleben, die »Geborgenheit in geordneten Verhältnissen«, wie man das heute bei uns nennt, hatte er hinter sich gelassen. Er war besitzlos allein in einer fremden Umwelt, darauf angewiesen, Nahrung zu erbetteln und nachts einen trockenen Platz zu finden, um zu schlafen.

Ein größerer Gegensatz als der zwischen seinem Zuhause und seinem jetzigen Leben war kaum vorstellbar. Und doch sollte ihm die Fremde das Heil bringen, die Wunschlosigkeit und das tiefe Erkennen, auf das er hoffte. Noch befand er sich zwischen Weltverstrickung und Überwindung, zwischen Traum und Erwachen. Sein Ziel aber hieß Beendung des verwirrenden Kreislaufs der Wiedergeburten: Nirvana.

Obwohl dieses Wort Nirvana das Geheimnisvollste umschreibt, was ein Mensch erstreben kann, weshalb es auch kaum zu erklären, vor allem dem Nichtbuddhisten kaum verständlich zu machen ist, gehört es doch, seit Buddha es nach langem Erdenwandel endlich erreicht hat, zum Ziel vieler Menschen. Deshalb wollen wir es, mit Buddha wandernd, nicht mehr aus dem Auge verlieren.

Siddharta Gautama hatte schon in der ersten Nacht nach seinem Aufbruch eine weite Wegstrecke zurückgelegt. Mußte er doch fürchten, daß ihn sonst Diener seines Vaters aufspüren und gewaltsam zurückbringen würden. Aber bereits nach wenigen Stunden hatte er die Grenze des heimischen Fürstentums überschritten.

Sein erstes Ziel war das weit südöstlich von Kapilavastu gelegene Rajagaha, wo er dem jungen König Bimbisara von Magadha begegnet, der ihm Teilhabe an seiner Macht als Großkönig anbietet. Doch auch hier bleibt der in die Hauslosigkeit Gezogene standhaft, so sehr die Königsstadt Rajagaha auch die Realität seines heimischen Kapilavastu an Glanz und Reichtum überstrahlt haben mag.

Es war für Siddharta auf lange Zeit die letzte Begegnung mit dem äußeren Glanz seiner Zeit. Er erlebte sie bereits als Außenseiter, denn die Diener des Königs Bimbisara hatten den Raja-Sohn als Almosensammler getroffen.

Ganz anders als Rajagaha sah die Umwelt der Städte aus, in der sich der Hauslose nun suchend bewegte. Er begegnete Wandermönchen und Asketen, wie er sie schon in der Umgebung des heimischen Palastes gesehen hatte. Jetzt kam er mit ihnen in direkte Berührung und bald auch ins Gespräch. Dabei stellte er fest, daß ganz unterschiedliche Beweggründe sie zum Verlassen von Haus und Familie geführt hatten. Neben den wirklich Suchenden, die wie er selbst um Erkenntnis rangen, gab es viele, die aus Überdruß und Zwistigkeit die Ihren verlassen hatten. Sie scheuten den Streit und die Auseinandersetzungen mit Frau und Kindern, vor allem das Anspruchsdenken, das damals wie heute viele Menschen beherrschte. Sie waren gegangen, weil sie nicht erfüllen konnten, was man von ihnen erwartete. Bei den meisten aber mag es die nackte Not gewesen sein, die sie auf die Straße trieb, sie obdachlos gemacht hatte, wie wir das im wachsenden Maße ja auch heute erleben.

Das oberste Ziel der Asketen war Bedürfnislosigkeit. Dabei machten viele aus der Not eine Tugend, hofften sie doch für ihren hier geübten Verzicht noch in diesem oder aber im nächsten Leben belohnt zu werden. Viele nahmen die Askese sehr leicht, aßen heimlich, was sie bekommen konnten. Andere trieben ihren Fanatismus bis zum Verhungern. Manche legten sich ein Eßprogramm zurecht, nach dem sie nur Früchte aßen oder nur Flüssiges zu sich nahmen. Viele folgten mit ihrer Einteilung der Nahrungsaufnahme kosmischen Gesetzen. Sie aßen nichts bei Neumond und dann an jedem Tag bis Vollmond einen Bissen mehr, darauf wieder je einen Bissen weniger bis zum nächsten Neumond.

Allein um diese Frage gab es endlose Diskussionen. Man bezichtigte sich gegenseitig unerlaubten Essens, was die Menge oder auch die Zeit betraf. Andere amüsierten sich über den fruchtlosen Streit. Den meisten ging es um Schau und Selbstdarstellung, zumal sich ja nicht nur das Leben der Asketen auf der Straße abspielte.

Wir können uns das Bild des lebhaften Treibens in Vorstädten, Dörfern, Hainen und Wäldern nicht bunt und bewegt genug vorstellen, so wie es uns in Indien auch heute noch vielerorts begegnet. Doch damals gab es nicht nur Asketen, Schwärmer, Schlangenbeschwörer, Wunderheiler, Zauberer und Simulanten. Es gab auf den Straßen auch eine große Zahl echter und falscher Lehrer und Diskutanten.

Sie erörterten philosophische Probleme zwischen grobem Materialismus und feingeistiger Esoterik. Es gab kaum eine Lebensfrage, die nicht Gegenstand tage- und nächtelanger Auseinandersetzungen sein konnte.

Die geistigen Fähigkeiten der Asketen standen oft im Gegensatz zu ihrer Nacktheit, ihrem verwilderten Aussehen, ihrem langen struppigen Haar. Sie leuchteten auf im feurigen Blick ihres meist bis auf die Knochen abgezehrten Gesichts. Oft kamen aus solchem Munde die klügsten Bemerkungen. Doch Siddharta, der sich reinlich hielt und als ein Besonderer durch die Menge schritt, war all das hier Gesagte und zur Diskussion Gestellte zu vordergründig, zu oberflächlich, als daß es ihn auch nur zum Darüber-Nachdenken hätte veranlassen können. Das Gesagte erschien ihm oft nicht unähnlich dem Treiben rundherum, mit den Hundeasketen, die sich einen Schwanz angebunden hatten und bellend durch die Dörfer liefen, den Fledermausasketen, die kopfunter in den Bäumen hingen, den Selbstverstümmlern, die bessere Bettelerfolge erhofften, den Feuerfressern und den Gerippen, die sich auf einem Nagelbrett ausstreckten. Askese, das hieß für sie alle, zehnmal mehr gewinnen als das, worauf man freiwillig verzichtete. Außerdem fühlte man sich zu Wundern fähig: über Wasser zu schreiten, zu fliegen, durch Wände zu gehen, ein in die Luft geworfenes Seil zu erklettern und in Windeseile weite Strecken zurückzulegen, wie es für besonders ausgebildete Lamas* noch aus dem Anfang unseres Jahrhunderts von zuverlässigen europäischen Zeugen verbürgt ist.

Nun, für Siddhartas Weg war das alles belanglos, ein Bilderbogen unterschiedlichster Ereignisse, für damals nichts anderes als die Fülle der Fernsehprogramme, die, wenn wir wollen, Tag für Tag und Nacht für Nacht unser Zimmer überflutet. Siddharta wollte das nicht. Ihm ging es um mehr, das allerdings als Erscheinungsfülle viel weniger war: um Einkehr und Erleuchtung. Die Unterweisung dafür suchte er zunächst bei ihm empfohlenen Lehrern.

Der erste hieß Alaro Kalamo. Er scheint kein berühmter Adept seiner Zeit gewesen zu sein, denn außer in den Reden Buddhas begegnet er uns nicht in zeitgenössischen Schriften. Die reichhaltige indische Geistesgeschichte weiß nichts von ihm zu berichten. Er scheint aber ein guter Meditationslehrer gewesen zu sein. Doch obwohl Buddha selbst später in einer seiner Reden von der Begegnung mit Alaro und von seinen Studien bei ihm erzählt, erfahren wir auch da nichts über Alaros Lehre, die offenbar Leben als Nichtdasein interpretierte. Buddha schien sie nicht mitteilenswert zu sein. Um so interessanter ist der Bericht über sein Verhältnis zu Alaro, den er in jener an seine Mönche gerichteten Rede gibt, die der bedeutende, eigenwillige Übersetzer der Reden Buddhas, Karl Eugen Neumann, deutsch formuliert hat. Da lesen wir:

»Pilger geworden, das wahre Gut suchend, nach dem unvergleichlichen höchsten Friedenspfade forschend, begab ich mich zu Alaro Kalamo und sprach zu ihm: ›Ich möchte, Bruder Kalamo, in

* Geistige Lehrer des tibetischen Buddhismus (Anm. d. Lektors).

dieser Lehre und Ordnung das Asketenleben führen.‹ Hierauf, ihr Mönche, erwiderte mir Alaro Kalamo: ›Bleibt, Ehrwürdiger! Solcherart ist diese Lehre, daß ein verständiger Mann sogar binnen kurzem sich die eigene Meisterschaft begreiflich und offenbar machen und ihren Besitz erlangen kann.‹ Und ich begriff, ihr Mönche, binnen kurzem, sehr bald diese Lehre. Ich lernte nun soviel, ihr Mönche, als Lippen und Laute mitzuteilen vermögen, das Wort des Wissens und das Wort der älteren Jünger, und ich und die anderen wußten: Wir kennen und verstehen es. Da kam mir, ihr Mönche, der Gedanke: Alaro Kalamo verkündet nicht die ganze Lehre nach seinem Glauben. Mir selbst begreiflich und offenbar gemacht, verweil' ich in ihrem Besitze, sicher kennt Alaro Kalamo diese Lehre genau. Ich ging nun, ihr Mönche, zu Alaro Kalamo hin und sprach also: ›Inwiefern, Bruder Kalamo, erklärst du, daß wir diese Lehre begriffen, uns offenbar gemacht und ihren Besitz erlangt haben?‹ Hierauf, ihr Mönche, stellte Alaro Kalamo das Reich des Nichtdaseins dar. Da kam mir, ihr Mönche, der Gedanke: ›Nicht einmal Alaro Kalamo hat Zuversicht, ich aber habe Zuversicht; nicht einmal Alaro Kalamo hat Standhaftigkeit, ich aber habe Standhaftigkeit; nicht einmal Alaro Kalamo hat Einsicht, ich aber habe Einsicht; nicht einmal Alaro Kalamo hat Selbstvertiefung, ich aber habe Selbstvertiefung; nicht einmal Alaro Kalamo hat Weisheit, ich aber habe Weisheit. Wie, wenn ich nun diese Lehre, von welcher Alaro Kalamo sagt ›Mir selbst begreiflich und offenbar gemacht, verweil' ich in ihrem Besitze‹, mir anzueignen suchte, damit sie mir völlig klar würde? Und binnen kurzem, sehr bald, ihr Mönche, hatte ich diese Lehre begriffen, mir offenbar gemacht und ihren Besitz erlangt. Ich ging nun, ihr Mönche, wieder zu Alaro Kalamo hin und sprach also: ›Ist diese Lehre, Bruder Kalamo, insofern von uns begriffen, offenbar gemacht und erlangt worden?‹

›Insofern, o Bruder, ist diese Lehre begriffen, offenbar gemacht und erlangt worden.‹

›Ich habe nun, Bruder Kalamo, diese Lehre insofern begriffen, mir offenbar gemacht und erlangt.‹

›Beglückt sind wir, o Bruder, hoch begünstigt, daß wir einen solchen Ehrwürdigen als echten Asketen erblicken! So wie ich die Lehre verkünde, so hast du sie erlangt; so wie du sie erlangt hast, so verkünde ich die Lehre. So wie ich die Lehre kenne, so kennst du die Lehre; so wie du die Lehre kennst, so kenne ich die Lehre. So wie ich bin, so bist du; so wie du bist, so bin ich. Komm denn, Bruder: selbander wollen wir diese Jüngerschar lenken.‹

So, ihr Mönche, erklärte Alaro Kalamo, mein Lehrer, mich, seinen Schüler, als ihm ebenbürtig und ehrte mich mit hoher Ehre. Da kam mir, ihr Mönche, der Gedanke: ›Nicht diese Lehre führt zur Abkehr, zur Wendung, zur Auflösung, zur Aufhebung, zur Durchschauung, zur Erwachung, zur Erlöschung, sondern nur zur Einkehr in das Reich des Nichtdaseins.‹ Und ich fand diese Lehre ungenügend, ihr Mönche, und unbefriedigt von ihr zog ich fort.«

Zum erstenmal begegnen wir hier den eigenen Worten des Buddha, die für seine Lehre und seine Wirkung bis in unsere Zeit die wichtigste Quelle bieten. Wenn auch Buddhas Bericht über seine Lehrzeit bei Alaro nicht sehr ergiebig ist – mehr Kritik als Darstellung –, so zeigt sie doch eines sehr deutlich: Auch die Weisheitslehrer strebten nach Ansehen und materiellem Erfolg. Beides hoffte Alaro durch eine Beteiligung Siddhartas an seiner florierenden Schule zu erhöhen. Denn Siddharta war weitum angesehen und galt seit seiner Begegnung mit König Bimbisara als ein Günstling des Magadha-Herrschers, von dem sich Alaro wohl eine Unterstützung seiner Lehrstätte erhoffte.

Siddharta ließ sich durch seine Enttäuschung über Alaros Lehre nicht entmutigen. Er suchte einen anderen Lehrer und fand ihn in dem berühmten Uddaka, einem Sohn des Gelehrten Rama, der als bedeutender Kenner und Erklärer der Upanishaden galt.

Was Buddha später an Geistesgut der Upanishaden in seine Lehre übernahm, hat er bei Uddaka gelernt. Dem aber wurde schon bald die geistige Überlegenheit Siddhartas klar, und so trug er ihm, wohl aus dieser Erkenntnis, die Leitung seiner Weisheitsschule an.

Doch auch diesmal lehnte Siddharta ab. Es ging ihm nicht um

weltliche Anerkennung, auch nicht um Weitergabe konventionellen Wissens, sondern um Einsicht in die letzten Zusammenhänge. Der aber war Siddharta, wie er meinte, keinen Schritt nähergekommen. Vielmehr mußte der Suchende erkennen, daß ihn der Weg in die Hauslosigkeit trotz allen Bemühens noch nicht in die Behaustheit eines wirklich Erwachten geführt hatte. Er sah ein, daß er ganz am Anfang eines langen Weges stand. Vom Erwachen – seiner großen Sehnsucht – noch keine Spur.

DAS ELEND DER ASKESE

Weder die Begegnungen mit Bettelmönchen und Asketen noch die mit den beiden Lehrern hatten die Augen des Bodhisattva geöffnet. Wie beim Verlassen seines Elternhauses spürte er noch immer die gleiche ungestillte Sehnsucht nach Erkenntnis – nach dem vollen Erwachen aus tiefem Menschenschlaf. Hauslosigkeit, so wußte er nun, war nur ein Anfang, kein wirkliches Ziel.

Das Scheitern im geistigen Bemühen durch Lehrer, denen die letzte Einsicht in die Lebenszusammenhänge fehlte, führte Siddharta Gautama zu der Frage, ob Erlösung vielleicht durch Kasteiung zu erlangen sei, wie es so viele in seiner Umgebung versuchten.

Diese Frage konnte nicht in der Menge beantwortet werden. Es war eine Frage, die der Vertiefung, der Erfahrung und der Prüfung bedurfte. Sie verlangte Alleinsein, Einsamkeit. Und das war Siddhartas nächster Schritt, ein Schritt auf lange, verschlungene Wege.

Wer Indien kennt, weiß, was das bedeutet. Es ist der Schritt von der Straße, der Schritt in den Dschungel, wo der Tiger lauert und die Schlange, wo Leben unberechenbar und gefährlich wird.

Dort ist der Ort der Selbstbegegnung wie auch der möglichen Zerstörung des Menschen. Aber davor fürchtete sich Siddharta nicht. Und dafür war er auch nicht bestimmt. Seine Aufgabe hieß Wegweisung zur Erlösung der Menschheit.

Nachdem Buddha seinen Lehrer Uddaka, den Rama-Sohn, verlassen hatte, war er auf einsamen Wegen nach Südwesten gezogen, wo er bei Uruvela, einer Garnisonstadt des Magadha-Herrschers, einen Platz fand, der ihm geeignet schien zu Einkehr und Selbsterforschung. Er lag in einem Wald an einem klaren Fluß, in dessen Nähe sich Dörfer befanden, wo er ausreichend Nahrung erbetteln konnte. Hier nun versuchte der Bodhisattva im Alleingang, ohne Lehrer, den Zugang zum rechten Weg zu finden, von dem er wohl wußte, ohne ihn schon zu kennen.

Wir können uns seine innere Not angesichts dieser Hilflosigkeit kaum vorstellen. Nur aus ihr erklärt es sich, daß er beim Versuch der Selbsterforschung fast zu weit ging.

Seinen Geist hatte er mannigfach befragt und erprobt. Nun wollte er versuchen, sein immer noch spürbares Weltgebundensein, den Drang seiner Triebe, vom Körper her zu überwinden. Dazu unternahm er verschiedene Ansätze, von denen er selbst in seinen späteren Gesprächen mit Anhängern, aber auch mit Zweiflern und Gegnern berichtet. Er fügt sie in den großen Zusammenhang seines durch die Erleuchtung erreichten Wissens ein als Beispiele seines früheren Suchens.

Aggivessano, einem Brahmanen, erzählt er:

»Da kam mir, Aggivessano, der Gedanke: ›Wie, wenn ich nun mit aufeinandergepreßten Zähnen und an den Gaumen gehefteter Zunge durch den Willen das Gemüt niederzwänge, niederdrückte, niederquälte?‹ Und ich zwang nun, Aggivessano, mit aufeinandergepreßten Zähnen und an den Gaumen gehefteter Zunge durch den Willen das Gemüt nieder, drückte es nieder, quälte es nieder. Und indem ich also, Aggivessano, mit aufeinandergepreßten Zähnen und an den Gaumen gehefteter Zunge durch den Willen das Gemüt niederzwang, niederdrückte, niederquälte, rieselte mir der Schweiß aus den Achselhöhlen. Gleichwie etwa, Aggivessano, wenn ein starker Mann einen schwächeren, beim Kopf oder bei der Schulter ergreifend, niederzwingt, niederdrückt, niederquält, ebenso rieselte mir da, Aggivessano, indem ich also mit aufeinandergepreßten Zähnen und an den Gaumen gehefteter Zunge durch den Willen das Gemüt niederzwang, niederdrückte, niederquälte, der Schweiß aus den Achselhöhlen. Gestählt war zwar, Aggivessano, meine Kraft, unbeugsam, gewärtig die Einsicht, unverrückbar, aber regsam war da mein Körper, nicht ruhig geworden durch diese so schmerzliche Askese, die mich antrieb. Und das solcherart mir entstandene Wehgefühl, Aggivessano, konnte mein Gemüt nicht fesseln.«

Er bekennt seine Anstrengung, aber auch die Einsicht in sein Versagen.

Von noch zwei weiteren Versuchen der seiner Erleuchtung vorangegangenen Selbstkasteiungen berichtet Buddha dem Brahmanen: von der Atemunterdrückung und vom Verzicht auf Nahrungsaufnahme. Er tut es, wie in all seinen Reden, mit ständigen Wiederholungen, die das Berichtete wohl nicht nur tief ins Gedächtnis des Belehrten einprägen, sondern auch deutlich machen sollen, welche Bedeutung diese Versuche in ihrer Negativwirkung für den Erwachten bis lange nach seiner Einsicht in ihre Vergeblichkeit noch hatten.

Das gilt besonders für den letzten Akt dieses Selbstüberwindungsdramas: das Hungern.

Für Siddharta Gautama war es wohl das härteste, das erschütterndste Erlebnis. Fünf Asketen in seiner Umgebung aber bewunderten ihn darum und nahmen ihn sich zum Vorbild. Sie wurden seine Anhänger.

Das Ergebnis war eine Gruppe mehr und mehr abmagernder, erschreckender Gestalten, die den Wald zu einer Art Gespenster-, ja fast schon Totenstätte werden ließen.

Wir kennen aus dem westlich vom heutigen Indien liegenden Gandhara-Gebiet, das schon früh vom Buddhismus erreicht worden war und in dem vor etwa zweitausend Jahren die ersten Buddha-Darstellungen entstanden, auch Statuen des Bodhisattva als Asket: ein Totengerippe fast, von einem Schädel gekrönt, in dem nur noch der Blick von Leben zeugt.

Um seine Situation in dieser Zeit zwischen Einsamkeit, äußerster Not und noch immer anhaltender Ahnung des Erwachens richtig zu verstehen, wollen wir den Bodhisattva aus diesen Tagen noch einmal selbst berichten lassen. Er hat die härteste, schonungsloseste Schilderung seiner äußeren und inneren Befindlichkeit von damals seinem Jünger Sariputta gegeben.

Dutoit hat sie in aller Deutlichkeit übersetzt und läßt uns damit einen Blick in jene tiefsten Abgründe tun, die sich vor Siddharta Gautama in der Zeit seiner Askese aufgetan haben. Zugleich gibt dieser Text aber auch eine Vorstellung von der Problematik des Asketentums überhaupt.

»Ich erinnere mich, Sariputta, daß ich den viergliedrigen Wandel der Reinheit führte: ich war asketisch, äußerst asketisch, ich war rauh, äußerst rauh, ich war zurückhaltend, äußerst zurückhaltend, ich war zurückgezogen, äußerst zurückgezogen.

Folgendes, Sariputta, war meine Askese: Ich war nackt, ich wandelte frei, ich ritzte die Hände, ich hörte nicht, wenn man rief: ›Komm, Ehrwürdiger; bleibe, Ehrwürdiger.‹ Ich nahm nichts Herbeigebrachtes, nichts zu diesem Zweck Hergestelltes, ich nahm keine Einladung an; ich nahm nichts entgegen vom Rande eines Topfes. Ich nahm für je einen Tag Nahrung zu mir, ich nahm für je zwei Tage Nahrung zu mir, ich nahm für je drei, vier, fünf, sechs, sieben Tage Nahrung zu mir. Auf diese Weise brachte ich es fertig, nur alle vierzehn Tage Nahrung zu mir zu nehmen. Ich verzehrte Gemüse, ich verzehrte Hirse, ich verzehrte wilden Reis, ich verzehrte Abfälle, ich verzehrte Grünes, ich verzehrte Reisstaub, ich verzehrte Reisschaum, ich verzehrte Muschelblumen, ich verzehrte Gras, ich verzehrte Kuhmist; ich nährte mich von Wurzeln und Früchten des Waldes als Gewohnheitspflanzenesser. Ich trug Gewänder von Hanf, Gewänder von Leichenäckern, Gewänder von Leichen, Gewänder aus Lumpen, Binden, ein Antilopenfell, ein weggeworfenes Fell, ein Gewand aus Bast, ein Gewand aus Haaren, ein Gewand aus Tierhaaren, einen Eulenflügel. Ich raufte Haare und Bart aus und betrieb die Übung des Haar- und Bartausraufens, ich stand angelehnt da und verzichtete auf den Sitz, ich kniete und übte das Ringen im Knien, ich lag auf Dornen und bereitete mir auf Dornen mein Lager, jeden dritten Abend oder jeden Abend zum dritten Male betätigte ich das ins Wasser-Hinabsteigen. Dergestalt betätigte ich auf mancherlei Art die Askese, die Abtötung meines Körpers. So verhielt es sich, Sariputta, mit meiner Askese.

Folgendes, Sariputta, war meine Rauheit: Von vielen Jahren

war der Schmutz und der Staub an meinem Körper angesammelt, bis er abfiel. Wie an einem Tinduka-Baume manches Jahr lang der Staub sich anhäuft, bis er abfällt, so war, Sariputta, von vielen Jahren der Schmutz und der Staub an meinem Körper angesammelt, bis er abfiel. Und, Sariputta, ich dachte nicht: ›Wohlan, ich will diesen Schmutz und Staub mit der Hand abwischen‹ oder ›Möchten doch andere mir diesen Schmutz und Staub mit der Hand abwischen‹. So dachte ich nicht, Sariputta. So verhielt es sich, Sariputta, mit meiner Rauheit.

Folgendermaßen verhielt es sich, Sariputta, mit meiner Zurückhaltung: Ich, Sariputta, war gesammelt beim Hingehen und beim Zurückgehen; und selbst bei einem Wassertropfen empfand ich Mitleid: ›Daß ich nur die kleinen Wesen, die in Not sind, nicht töte!‹ So verhielt es sich, Sariputta, mit meiner Zurückhaltung.

Folgendermaßen, Sariputta, verhielt es sich mit meiner Zurückgezogenheit: Ich war, Sariputta, in eine Waldgegend gekommen; wenn ich nun da einen Rinderhirten oder einen Ziegenhirten oder einen, der Gras holte, oder einen, der Holz holte oder einen Waldarbeiter sah, dann stürzte ich von einem Wald in den anderen, von einem Gebüsch in das andere, von einem Talgrund zum andern, von einem Ort zum anderen. Warum dies? Weil ich dachte: ›Daß sie mich nur nicht sehen und daß ich sie nur nicht sehe!‹ Wie, Sariputta, eine Waldgazelle, wenn sie Menschen sieht, von Wald zu Wald, von Gebüsch zu Gebüsch, von Talgrund zu Talgrund, von Ort zu Ort stürzt, so stürzte ich, Sariputta, wenn ich einen Rinderhirten oder einen Ziegenhirten oder einen, der Gras holte, oder einen, der Holz holte, oder einen Waldarbeiter sah, von einem Wald in den anderen, von einem Gebüsch in das andere, von einem Talgrund zum anderen, von einem Ort zum anderen. So verhielt es sich, Sariputta, mit meiner Zurückgezogenheit.

Und ich, Sariputta, ging zu den Hürden der Rinder, wenn die Hirten weggegangen waren, verstohlen mit meinem Topfe hin und nährte mich von dem Miste der jungen, saugenden Kälber. Und so lange, Sariputta, mein eigner Urin und Kot nicht völlig verdaut war, nährte ich mich von meinem eignen Urin und Kot. Dies war, Sariputta, mein großes Schmutzverzehren.

Und ich, Sariputta, begab mich in einen schrecklichen Wald. Mit der Furchtbarkeit dieses schrecklichen Waldes aber, Sariputta, verhielt es sich so: Jeder, der seine Lüste nicht aufgegeben hatte und diesen Wald betrat, dem sträubten sich ganz die Haare. Ich verbrachte nun, Sariputta, in den Winternächten innerhalb der acht Tage zur Zeit, da Schnee fällt, die Nacht unter freiem Himmel, den Tag aber in dem Walde; im letzten Monat des Sommers aber blieb ich bei Tag unter freiem Himmel und bei Nacht in dem Walde. Und ich, Sariputta, bereitete mir das Lager in einem Leichenfelde und legte mich auf die Gebeine der Leichname. Da kamen Hirtenkinder zu mir hin und bespien mich und benäßten mich mit ihrem Urin; sie bewarfen mich mit Schmutz und steckten einen Halm in meine Ohren. Ich erinnere mich aber nicht, Sariputta, daß ich gegen sie einen bösen Gedanken hatte. So, Sariputta, verhielt es sich mit meiner Indifferenz.

Es gibt aber, Sariputta, einige Asketen und Brahmanen, die so sagen und so lehren: ›Durch die Nahrung kommt Reinheit.‹ Und sie sprechen: ›Wir wollen uns von Brustbeeren ernähren.‹ Und sie essen die Brustbeere, sie essen Brustbeerenbrei, sie trinken Brustbeerenwasser, sie genießen die Brustbeere in mancherlei Form. Ich erinnere mich aber, Sariputta, daß meine Nahrung aus nur einer Brustbeere bestand. Nun könntest du aber denken, Sariputta: ›Groß war damals eine Brustbeere.‹ So darfst du nicht glauben, Sariputta; damals war auch die größte Brustbeere nicht größer als jetzt.

Als ich nun eine einzige Brustbeere als Nahrung zu mir nahm, kam mein Körper zu äußerster Magerkeit. Wie Asitika- oder Kalaknoten wurden da meine großen und kleinen Glieder infolge dieser geringen Nahrungsaufnahme; wie ein Kamelhuf wurde mein Gesäß infolge dieser geringen Nahrungsaufnahme; wie eine gedrehte Haarflechte war mein Rückgrat erhoben und eingesunken infolge dieser geringen Nahrungsaufnahme; wie an einem verfallenen Hause die Dachsparren abgebrochen und auseinandergebrochen sind, so waren meine Rippen wie abgebrochen und auseinandergebrochen infolge dieser geringen Nahrungsaufnahme; wie man in einem tiefen Brunnen die Wasserspiegel ganz in der

Tiefe befindlich wie eingegraben sieht, so sah man in meinen Augenhöhlen die Augensterne tief zurückliegend wie eingegraben infolge dieser geringen Nahrungsaufnahme. Und wie ein bitterer Kürbis, der in rohem Zustande gespalten wird, durch Wind und Sonnenschein zusammenschrumpft und verdorrt, so schrumpfte zusammen und verdorrte meine Kopfhaut infolge dieser geringen Nahrungsaufnahme. Und wenn ich die Haut meines Bauches berühren wollte, so erfaßte ich mein Rückgrat; und wenn ich mein Rückgrat berühren wollte, so erfaßte ich die Haut meines Bauches. So sehr haftete die Haut meines Bauches an dem Rückgrat infolge dieser geringen Nahrungsaufnahme. Und wenn ich Kot oder Urin lassen wollte und mich niederbeugte, so fiel ich vornüber infolge dieser geringen Nahrungsaufnahme. Und um meinen Körper zu beleben, rieb ich mit der Hand meine Glieder; während ich aber mit der Hand meine Glieder rieb, fielen die an der Wurzel verfaulten Haare vom Körper infolge meiner geringen Nahrungsaufnahme.

Durch diese Lebensführung, durch diesen Wandel, durch diese Abtötung aber gelangte ich nicht zu dem höchsten von Menschen erreichbaren Zustand, zur völligen Erkenntnis edlen Wissens, und warum nicht? Weil ich jene edle Erkenntnis nicht erlangt hatte, welche, wenn sie erlangt ist, den sie Betätigenden zum gänzlichen Aufhören des Leidens führt und geleitet.«

Siddharta Gautama, der sich das hier von ihm Berichtete – die totale Askese – aus Erkenntnisdrang zur Pflicht gemacht hatte, mußte sich am Ende dieser Zeit eingestehen, daß er auf dem falsche Wege war.

In jenen düstersten Stunden seines Lebens, in denen bereits sein Ableben verkündet wurde – eine Nachricht, die auch Kapilavastu erreichte –, war es sein Vater, König Suddhodana, der nicht an den Tod seines Sohnes glaubte. Sein Gefühl sagte ihm, daß es ein Wendepunkt im Leben des Bodhisattva sei. Und das erwies sich als richtig.

Siddharta Gautama ließ es nicht zum Äußersten kommen. Er besann sich und nahm, die Menge langsam steigernd, wieder

Nahrung zu sich. Das war für ihn die einzig vernünftige Konsequenz. Für einige Asketen, die seinem Beispiel zu folgen versucht hatten, war es dagegen eine große Enttäuschung. Sie wandten sich von ihm ab und nannten ihn einen Verräter an der Idee der Askese.

Doch der Bodhisattva erkannte und bekannte, daß Askese nicht zur Erleuchtung führen könne. Er besann sich seines Kindheitserlebnisses unter dem Rosenapfelbaum und der Meditationsanweisungen, die er von seinem ersten Lehrer Alaro Kalamo empfangen hatte. Und er begriff, daß ihm allein in der Versenkung, in der Meditation, der wahre Weg aufleuchten könne.

DER KAMPF DES ERWACHENDEN MIT MARA, DEM BÖSEN

Nicht nur Niederlagen aus eigenem Fehlverhalten, Not in der Einsamkeit und die Abkehr von fünf Anhängern, die ihn bewundert hatten, mußte der Bodhisattva erleben, sondern auch Zweifel, die aus der Sinnenwelt kamen und Versuchungen des Fleisches, denen sich gerade der Asket immer wieder ausgesetzt sieht.

Die Legende spricht von Mara als dem Verursacher dieser letzten Bedrängungen des Bodhisattva vor dem endgültigen Erwachen. Als Herr des Samsara, dem die Menschen untertan sind, will Mara ihn mit allen Kräften vom Weg zur Befreiung abhalten. Denn er weiß um die Gefahr, die damit der Alleinherrschaft des Bösen droht.

Mara erkannte aber auch die Gunst des Augenblicks: Siddharta Gautama war in seinem Leben zum erstenmal völlig allein. Die fünf Asketen hatten ihn enttäuscht verlassen. Suchend besann er sich der zurückliegenden mühevollen Jahre. Mit wachsenden Kräften schaute er aber auch erwartungsvoll in die Zukunft. Aus Maras Sicht stand er an einem Kreuzweg – es schien die letzte Chance für den Bösen.

Doch in Siddharta sah es anders aus. So sicher er die Askese als schädlich erkannt und von ihren Wirkungen enttäuscht worden war, sie hatte auch Gutes in ihm bewirkt. Alle irdischen Gedanken, alles sinnliche Verlangen, alle körperlichen Reflexe waren in ihm abgestorben. Er war Herr seines Leibes.

Trotzdem wurde er, wie die Legende berichtet, nach Überwindung dieses kritischen Stadiums seiner Existenz, in dem er ungeachtet aller Mühen nicht zur erhofften »edlen Erkenntnis« gelangt war, noch immer von Anfechtungen bedroht.

Das sollte sich jeder vor Augen führen, der heute den Weg des

Bodhisattva zu gehen versucht. Es ist der schwerste Weg, den es auf dieser Erde gibt, wenngleich ihn Buddha durch sein Vorbild leichter gemacht hat.

Vor den Heimsuchungen Maras, die der Bodhisattva selber vielfach bis zuletzt erfahren mußte, kann seine Lehre allerdings keinen bewahren, auch wenn es gerade von seinem Umgang mit dem Teufel recht realistische Schilderungen gibt, die uns in Buddhas weitgespannter Legende auch diese Welt in ihrer schillernden Vielfalt und ihren unterschiedlichen Praktiken recht deutlich vergegenwärtigen. Dabei erscheinen Mara und seine Helferinnen als ein Spiegelbild dieser Welt, als das, was uns in vielerlei Gestalt von täuschendem Äußeren täglich bedroht.

Mara war es gewesen, der den Bodhisattva davon abhalten wollte, in die Hauslosigkeit zu gehen. Denn ein weltlicher Lebenswandel, vor allem bei einem Reichen, war besser zum Bösen hin zu beeinflussen als das Leben eines Asketen oder eines Mönchs.

Nun, da Mara Siddharta Gautamas Irrwege miterlebt, ja, als Verführer zu falschen Entscheidungen sogar beeinflußt hatte, sah er, daß es höchste Zeit war, einzugreifen, denn er spürte wohl, daß der enttäuschte Asket im Begriff war, einen teuflische Intrigen ausschließenden Weg einzuschlagen. Das wollte Mara gemäß seinem irdischen Weltverständnis auf keinen Fall zulassen.

Hier steht hinter der Legende mit dem personifizierten Teufel und seinen verführerischen Töchtern wieder die den Menschen verlockende, von edlem Denken und Tun ablenkende Weltwirklichkeit – der Tag mit seinen Verführungen. Noch einmal geht es bei Maras Einsatz ums Ganze; aber ohne Erfolg.

Wir lesen darüber im *Samyutta-Nikaya,* und dort im *Mara-Samyutta,* das ebenfalls Dutoit übersetzt hat:

»Zu der Zeit aber war Mara, der Böse, dem Erhabenen sieben Jahre lang gefolgt, um einen Fehler an ihm zu bemerken, hatte aber keinen wahrnehmen können. Und Mara, der Böse, begab sich zu dem Erhabenen; und als er zu ihm gekommen war, redete er ihn mit folgenden Worten an:

›Bist du vom Kummer betroffen, daß du im Walde Betrachtungen übst? Oder hast du deinen Besitz verloren oder verlangst du danach? Hast du im Dorfe irgendeinen Frevel begangen? Warum machst du dir nicht jemand zum Zeugen? Durch niemand kommt für dich ein Zeugnis zustande.‹

›Nachdem ich die Wurzel des Leidens ganz ausgetilgt, übe ich Betrachtung, ohne durch einen Frevel oder durch Kummer niedergedrückt zu sein; nachdem ich alle Lust und Begierde zum Dasein vernichtet, übe ich sündlose Betrachtung, du Freund des Nachlässigen.‹

›Was man sagt, das gilt mir; wer redet, der redet von mir. Wenn auf solche Gedanken dein Sinn gerichtet ist, so kommst du nicht von mir los, Asket.‹

›Was man sagt, das gilt nicht mir; wer redet, das bin nicht ich. Merke wohl, du Böser, nicht einmal meinen Weg wirst du sehen.‹

›Wenn du nun den Weg erkannt hast, den sicheren, der zur Unsterblichkeit führt, so gehe ihn, wandle ihn allein; warum willst du einen anderen belehren?‹

›Nach dem Reiche der Unsterblichkeit fragen die Leute, die das andere Ufer erreichen wollen; wenn diese mich fragen, so verkündige ich, was das Ende von allem ist, die Befreiung von der Anhänglichkeit an das Sein.‹

Darauf sprach Mara, der Böse, in Gegenwart des Erhabenen folgende seinen Verdruß ausdrückenden Verse:

›Eine Krähe flog zu einem Steine hin, der wie ein Stück Fett aussah, und dachte: Vielleicht können wir etwas Süßes finden, vielleicht ist hier etwas Wohlschmeckendes. Da nun die Krähe dort nichts Wohlschmeckendes fand, flog sie von da fort. Wie die Krähe, die sich dem Felsen genähert, so verlassen wir Gautama, da wir den Gefallen an ihm verloren haben.‹

Und nachdem Mara, der Böse, in Gegenwart des Erhabenen diese seinen Verdruß ausdrückenden Verse gesagt hatte, verließ er diesen Ort und setzte sich nicht weit von dem Erhabenen mit gekreuzten Beinen auf die Erde nieder, still, ärgerlich, mit gebeugten Schultern, mit gesenktem Haupte, nachdenklich, indem er sinnlos mit einem Stück Holz die Erde ritzte.«

Da Mara wohl eingesehen hatte, daß er am Entschluß des Bodhisattva nichts mehr ändern konnte, schickte er seine Töchter vor, denen schon so viele Verführungen gelungen waren. Von ihnen heißt es:

»Tanha, Arati und Raga, die Töchter Maras, begaben sich zu dem Erhabenen; und als sie hingekommen waren, sprachen sie zu ihm: ›Wir möchten deine Füße verehren, o Asket.‹ Aber der Erhabene gab nicht auf sie acht, da er durch die unübertreffliche Zerstörung der Anhänglichkeit an das Leben frei geworden war von Begierden.

Da gingen Tanha, Arati und Raga, die Töchter Maras, zur Seite und beratschlagten so miteinander: ›Verschieden sind die Wünsche der Menschen; wie, wenn wir uns nun in je hundert Mädchen verwandelten?‹

Und Tanha, Arati und Raga nahmen die Gestalt von je hundert Mädchen an, und sie gingen zu dem Erhabenen hin und sprachen: ›O Asket, wir möchten deine Füße verehren.‹ Aber der Erhabene gab nicht auf sie acht, da er durch die unübertreffliche Zerstörung der Anhänglichkeit frei geworden war von Begierden.

Darauf gingen Tanha, Arati und Raga beiseite und beratschlagten so miteinander:

›Verschieden sind die Wünsche der Menschen; wie, wenn wir uns in je hundert Jungfrauen verwandelten?‹

Und Tanha, Arati und Raga nahmen die Gestalt von je hundert Jungfrauen an, und sie gingen zu dem Erhabenen hin und sprachen: ›O Asket, wir möchten deine Füße verehren.‹ Aber der Erhabene gab nicht auf sie acht, da er durch die unübertreffliche Zerstörung der Anhänglichkeit an das Leben frei geworden war von Begierden.«

Es ist ein Dialog zwischen Gut und Böse, dem wir hier beiwohnen, zwischen Weltverlorenheit und Besinnung, zwischen Versuchung und Widerstehen. Dabei wird der Bodhisattva nicht von seinem Erkenntnisweg abgebracht, sondern im Gegenteil, in der Verfolgung dieses Weges bestärkt.

Der Bodhisattva wehrt letzte Versuche der Außenwelt, ihn zu irritieren, ab und wendet sich ganz dem Ziel zu, das er klar vor Augen hat: der Erleuchtung.

Und doch gibt es noch eine letzte Schwelle, bevor aus dem Bodhisattva der Buddha und vor allem aus dem Lernenden der Lehrer wird. Es ist die Schwelle des vollen Erwachens und der Bereitschaft, sich nach dem Erwachen aus seinem neuen Erkenntnisstand den Menschen mitzuteilen.

1 Buddhas Erleuchtung. Steinskulptur in blaugrauem Schiefer aus Gandhara (2./3. Jh. n. Chr.).

2 Oben: Palastfundamente in Kapilavastu, der Heimatstadt Siddharta Gautamas

3 Rechts: Buddhas Mutter Maya bei der Geburt im Park von Lumbini und die ersten Schritte des neugeborenen Prinzen Siddharta

4 Links: Die Aschoka-Säule im Park von Lumbini, deren Inschrift auf Buddhas Geburt hinweist

5 Mitte: Die Geburt Buddhas aus der Seite seiner Mutter Maya. Relief in grauem Schiefer aus Gandhara (Berlin, Museum für Indische Kunst)

6 Unten: Varanasi, die heilige Stadt am Ganges, die schon zu Buddhas Zeiten große Bedeutung als Pilgerort besaß

7 Oben links: Pilger am Ufer des Ganges in Varanasi – heute wie vor 2500 Jahren

8 Oben rechts: Ein 250 v. Chr. in Anuradhapura gepflanzter Ableger des zerstörten Bodhi-Baumes von Bodhgaya, unter dem der Buddha die Erleuchtung fand

9 Unten: Darstellung der Erleuchtung Buddhas in einem Relief des Borobudur in Zentraljava (8. Jh. n. Chr.)

10 Links: Buddha ruft die Erdgöttin als Zeugin seiner Selbstlosigkeit an, als er von Mara, dem Bösen, und seinen Heerscharen attackiert wird (Berlin, Museum für Indische Kunst)

11 Links: Der Mahabodhi-Tempel, buddhistisches Heiligtum im indischen Bodhgaya, wurde zur Erinnerung an die Erleuchtung Buddhas errichtet

12 Oben: Der Dhamek-Stupa im Park von Sarnath bezeichnet die Stelle der ersten Predigt des Buddha. Hier setzte er das Rad der Lehre in Bewegung

13 Oben: Der lehrende Buddha, umgeben von Mönchen und Laienanhängern

14 Links: Verehrung des Buddha durch Gläubige, die ihm Geschenke für den Orden bringen

15 Rechts: Der Buddha vollzieht das Feuer- und Wasserwunder – aus seinen Schultern züngeln Flammen empor, aus seinen Füßen fließen Wasserströme (Berlin, Museum für Indische Kunst)

16/17 Das endgültige Nirvana des Buddha in Darstellungen aus Gandhara (links) und aus den Höhlen von Dun Huang in Westchina (unten)

18 Die Verbrennung des Buddha.
Graues Schieferrelief aus Gandhara (Berlin, Museum für Indische Kunst)

BUDDHAS ERLEUCHTUNG UND DIE FRAGE: SCHWEIGEN ODER VERKÜNDEN?

Bis hierher folgten wir der Lebensgeschichte des Bodhisattva Siddharta Gautama. Nun treten wir in die Geistes- und Heilsgeschichte des Erwachten – des Buddha – ein. Das ist kein Übergang von heute auf morgen. Es ist vielmehr das ruhige Erwarten eines Zustands jenseits von Welterleben und Vergänglichkeit. Denn eins hatte der Bodhisattva in der Askese erfahren: Es mußte einen anderen Weg geben, der zum Heil führte. Doch welchen?

Hatte er nicht alles versucht, sich selbst zu überwinden? Und hatte er dafür nicht alles nur denkbare körperliche Leid auf sich genommen? Es war überlieferter indischer Glaube, daß Wohl nur durch Leid zu erlangen sei. Vielleicht lag darin der Irrtum, überlegte Siddharta. Konnte das Glück nicht eben in der Überwindung jener Sorgen und Schmerzen liegen, die einem der Alltag so vielfältig brachte und zufügte?

Je mehr ihn die Fragen zu verwirren drohten, um so ruhiger, um so gelassener wurde der Bodhisattva.

Er besann sich der Meditationsanweisungen seines ersten Lehrers und befolgte sie täglich. So kam er zu stiller Versenkung. Da spürte er die gleiche seltsame Abkehr von den Ereignissen wie damals unter dem Rosenapfelbaum. Immer häufiger kam ihm diese Erinnerung. Und er begriff, daß Einkehr und Stille das Größte waren: ein unfaßliches Glück.

Wir müssen mit dem Bodhisattva in diesem Zustand beglükkender Ruhe verweilen. Denn es ist der Zustand unmittelbar vor seinem Erwachen.

Über den Vorgang des Erwachens selbst, den Siddharta nach buddhistischer Lehrtradition unter einem Bodhi-Baum in Bodhgaya erlebt hat, gibt es viele alte Darstellungen.

Sieben Tage lang, so lesen wir, verweilte der Bodhisattva in Meditationshaltung mit gekreuzten Beinen und im Schoß zusammengelegten Händen im Schutz des Ruhe spendenden Baumes. Dabei erlebte er die vier Schauungen, die Hermann Oldenberg, einer der großen Buddhismus-Forscher der Jahrhundertwende, in seiner Übersetzung als Versenkungen bezeichnet.

In seinen *Reden des Buddha* gibt er das Ereignis so wieder, wie es der Erleuchtete einem Brahmanen erzählt hat:

»›Wie wenn, o Brahmane, eine Henne Eier gelegt hat, acht oder zehn oder zwölf, und sorgfältig auf ihnen gesessen, sie durchwärmt, sie bebrütet hat; wie würde dann das Küchlein, das zuerst mit seiner Krallenspitze oder mit dem Schnabel die Eierschale zerbricht und glücklich ans Licht kommt, zu nennen sein – das älteste oder das jüngste?‹

›Es würde das älteste zu nennen sein, mein guter Gautama, denn es ist unter ihnen das älteste.‹

›Ebenso nun, o Brahmane, habe unter den in Nichtwissen versunkenen Geschöpfen, die im Ei stecken und davon umhüllt sind, ich des Nichtwissens Eierschale zerbrochen und habe allein in der Welt die höchste Buddhaschaft erworben, über der nichts anderes ist. So bin ich, o Brahmane, der älteste, der höchste in der Welt.

Meine Kraft nun, o Brahmane, war angespannt und zog sich nicht zurück; meine Wachsamkeit war rege und nicht zerstreut; mein Körper war still und nicht in Unruhe; mein Geist war gesammelt und auf einen Punkt gerichtet.

Da trat ich, Brahmane, von Lüsten mich abscheidend, von allen unreinen Wesenheiten mich abscheidend, in die mit Überlegung und Erwägung verbundene, aus Abgeschiedenheit geborene, von Befriedigung und Freude erfüllte erste Versenkung ein und verharrte in ihr.

Nach dem Zurruhekommen von Überlegung und Erwägung trat ich in die durch inneren Frieden und Einheitlichkeit des Geistes bezeichnete, von Überlegen und Erwägen freie, aus Sammlung geborene, von Befriedigung und Freude erfüllte zweite Versenkung ein und verharrte in ihr.

Nach dem Hinscheiden des Befriedigungsgefühls verharrte ich gleichmütig, in Wachsein und Bewußtsein, und empfand in meinem Körper ein Gefühl der Freude, was die Edlen nennen: ›der Gleichmütige, Wachsame, in Freude Weilende‹; so trat ich in die dritte Versenkung ein und verharrte in ihr.

Nach dem Verlassen von Freude und nach dem Verlassen von Schmerz, nach dem Untergang alles früheren Wohlgefühls und Leidensgefühls trat ich in die durch schmerzlose und freudlose Läuterung des Gleichmuts und Wachseins bezeichnete vierte Versenkung ein und verharrte in ihr.

Mit also gesammeltem Geist, mit geläutertem, reinheitsreichem, der von Flecken frei war, aller Schäden entledigt, geschmeidig, der Arbeit sich fügend, feststehend und unentwegt, wandte ich meinen Geist hin auf die Erinnerung und Erkenntnis meines früheren Daseins. So erinnerte ich mich an mannigfaltiges früheres Dasein: an eine Existenz, an zwei Existenzen, an drei ... vier ... fünf ... zehn ... zwanzig ... dreißig ... vierzig ... fünfzig ... hundert ... tausend ... hunderttausend Existenzen, an viele Weltalter der Zerstörung, an viele Weltalter der Erneuerung, an viele Weltalter der Zerstörung und Erneuerung: dort war ich mit dem und dem Namen, von dem und dem Geschlecht, von der und der Erscheinung, von der und der Nahrung lebend, das und das Glück und Leid erfahrend, von so und so langer Lebensdauer. Und da schied ich und wurde dort wiedergeboren: und auch dort war ich mit dem und dem Namen...; von da schied ich und bin hier wiedergeboren: so erinnerte ich mich an mannigfaltiges früheres Dasein mit seiner Besonderheit und mit der Bestimmtheit seines Wesens.

Dies, o Brahmane, ist die erste Erkenntnis, die ich in der ersten Nachtwache erlangt habe. Das Nichtwissen ist vernichtet, Wissen entstanden. Die Finsternis ist vernichtet, Helligkeit entstanden, wie es sich gebührt für den, der unentwegt, in heißem Eifer, sein Selbst dem Streben weihend, verharrt. Dies, o Brahmane, war mein erstes Anslichtkommen, wie eines Küchleins aus der Eierschale.

Mit also gesammeltem Geist, mit geläutertem, reinheitsreichem, der von Flecken frei war, aller Schäden entledigt, geschmeidig, der Arbeit sich fügend, feststehend und unentwegt, wandte ich meinen Geist hin auf die Kenntnis vom Abscheiden und Wiederkommen der Wesen. Da sah ich mit meinem göttlichen Auge, dem reinen, über Menschliches erhabenen die Wesen, wie sie abschieden und wiederkamen, niedere und hohe, von schöner Erscheinung und von schlechter Erscheinung, wohlwandelnde und übelwandelnde; die Wesen, wie sie nach ihren Taten ihre Stätte fanden, erkannte ich: da sind diese Wesen, behaftet mit üblen Gedanken, Worten und Werken, die die Heiligen geschmäht haben, falschem Glauben anhängend und falschen Glaubens Werke auf sich nehmend – die gehen, wenn ihr Leib zerbricht, jenseits des Todes den Unglücksweg, den bösen Gang zur Verdammnis, zur Hölle. Jene andern Wesen aber, begabt mit guten Gedanken, Worten und Werken, die die Heiligen nicht geschmäht haben, rechtem Glauben anhängend und rechten Glaubens Werke auf sich nehmend – die gehen, wenn ihr Leib zerbricht, jenseits des Todes den Heilsweg und kommen in den Himmel. So sah ich mit meinem göttlichen Auge, dem reinen, über Menschliches erhabenen die Wesen, wie sie abschieden und wiederkamen; die Wesen, wie sie nach ihren Taten ihre Stätte fanden, erkannte ich.

Dies, o Brahmane, ist die zweite Erkenntnis, die ich in der mittleren Nachtwache erlangt habe. Das Nichtwissen ist vernichtet, Wissen entstanden. Die Finsternis ist vernichtet, Helligkeit entstanden, wie es sich gebührt für den, der unentwegt, in heißem Eifer, sein Selbst dem Streben weihend verharrt. Dies, o Brahmane, war mein zweites Anslichtkommen, wie eines Küchleins aus der Eierschale.

Mit also gesammeltem Geist, mit geläutertem, reinheitsreichem, der von Flecken frei war, aller Schäden entledigt, geschmeidig, der Arbeit sich fügend, feststehend und unentwegt, wandte ich meinen Geist hin auf die Kenntnis des Untergangs der Verderbnisse. ›Dies ist das Leiden‹: Also erkannte ich in Wahrheit. ›Dies ist die Entstehung des Leidens‹: Also erkannte ich in Wahrheit. ›Dies ist die Aufhebung des Leidens‹: Also erkannte ich in Wahrheit. ›Dies sind die Verderbnisse‹ … ›Dies ist der Weg zur

Aufhebung der Verderbnisse‹: Also erkannte ich in Wahrheit. Indem ich also erkannte und also schaute, wurde meine Seele erlöst vom Verderbnis der Lust, und meine Seele wurde erlöst vom Verderbnis des Werdens, und meine Seele wurde erlöst vom Verderbnis des Irrglaubens, und meine Seele wurde erlöst vom Verderbnis des Nichtwissens. Im Erlösten entstand die Erkenntnis: Ich bin erlöst. Vernichtet ist die Geburt, vollendet der heilige Wandel, erfüllt die Pflicht; keine Rückkehr gibt es mehr zu dieser Welt: also erkannte ich.

Dies, o Brahmane, ist die dritte Erkenntnis, die ich in der letzten Nachtwache erlangt habe. Das Nichtwissen ist vernichtet, Wissen entstanden. Die Finsternis ist vernichtet, Helligkeit entstanden, wie es sich gebührt für den, der unentwegt, in heißem Eifer, sein Selbst dem Streben weihend verharrt. Dies, o Brahmane, war mein drittes Anslichtkommen, wie eines Küchleins aus der Eierschale.«

Dieser Text, der in verschiedenen, sinngemäß aber doch immer gleichen Formen überliefert ist, zeugt von der Erleuchtung des Buddha, aus der er seine Lehre entwickelt hat. Er beschreibt seinen Weg ins Nirvana.

Die hier erkannten Vier Edlen Wahrheiten vom Leiden, von der Leidensentstehung, von der Leidensvernichtung und von dem zur Leidensvernichtung führenden Pfad sind Buddhas Vermächtnis an die Menschheit, an uns. Alles, was der Buddha danach in einem langen Leben als wandernder Lehrer einer ständig wachsenden Mönchsgemeinde und vielen Laienanhängern an Heilswahrheit vermittelt hat, ist aus diesem Urerlebnis, diesem Erwachen, hervorgegangen, hat hier seine Wurzel.

Aus dem Bodhisattva Siddharta Gautama war der Buddha Shakyamuni geworden – einer der vielen Buddhas, die in endlosen Zeitaltern ein letztes Mal als Lebewesen auf dieser Erde erschienen, um endgültig Abschied zu nehmen und ins Nirvana, in den Zustand ohne Wiedergeburt, einzugehen. Es war der Zustand, den der neue Buddha, dessen wechselvolles Leben wir bis hierher begleitet haben, nun auch erreicht hatte.

Dem Buddha waren die Zusammenhänge und Bedingtheiten menschlichen Daseins klar geworden. Er hatte den Samsara als ausweglosen Kreislauf der Geburten und das Einzelleben als unumgängliche Leidensfolge erkannt und durchschaut. Doch er fragte sich, ob seine Einsicht, seine Erkenntnis anderen mitteilbar sei, ob ihn die Menschen verstehen würden, wenn er sein Wissen verkündete.

Hier zeigt sich uns Buddhas letztes Zögern, Buddhas letzter Zweifel. Da wird er von außen zu einer Entscheidung gedrängt. Veranlasser dieser Entscheidung ist, nach einem nochmaligen Angriff Maras auf den meditierenden Buddha, folgen wir der Erleuchtungslegende, kein geringerer als der große indische Gott Brahma.

Vorher noch hatte sich beim letzten Sturm Maras die vom Buddha mit der Geste der Erdberührung als Zeugin für seinen rechten Wandel angerufene Erdgöttin für den Erwachten verbürgt. Nun trat Gott Brahma bei ihm für die Menschen ein. Buddha zwischen Göttern und Teufeln – das ist die letzte, die allerletzte Szene der Weltverstrickung, die der Erwachte erlebt.

Sicher nicht zufällig als vielmehr im Sinne der Bewahrung der Lehre und ihrer Festigung in der Vielfalt indischer Religionsvorstellungen, ist es der damals im ganzen Land hochverehrte Gott Brahma, der diese wichtige, ja für die Verbreitung der Lehre entscheidende Szene beherrscht.

Als ein wunderbares Gegenspiel der Gedanken auf höchstem Niveau vollzieht sich die Begegnung der beiden Großen: Brahma und Buddha.

Unter der Überschrift »Buddha entschließt sich, die Lehre zu predigen« bringt Oldenberg diese denkwürdige Szene aus der berühmten *Mittleren Sammlung der Reden Buddhas*. Da heißt es:

»Als nun der Erhabene sich in Verborgenheit und Einsamkeit zurückgezogen hatte, erhob sich in seinem Geist dieser Gedanke: ›Erkannt habe ich diese Lehre, die tiefe, schwer zu schauende, schwer zu verstehende, die friedvolle, herrliche, bloßem Nachdenken unerfaßbare, feine, nur dem Weisen zugängliche. In Weltlust aber verweilt die Menschheit; in Weltlust ist sie heimisch; an Weltlust freut sie sich. So ist denn der Menschheit, der in Weltlust verweilenden, in Weltlust heimischen, an Weltlust sich freuenden dies schwer erschaubar: die Verknüpfung von Ursachen und Wirkungen, die Entstehung eines jeglichen aus seiner Ursache. Und auch dies ist gar schwer erschaubar: Das Zurruhekommen aller Gestaltungen, das Fahrenlassen aller irdischen Bestimmtheit, der Untergang des Durstes, das Freisein von Verlangen, das Aufhören, das Nirvana. Wenn ich die Lehre predigte und die andern sie nicht verständen: das wäre für mich Ermüdung, das wäre für mich Qual.‹

Wie der Erhabene also dachte, neigte sich sein Geist dazu, in Ruhe zu verharren und die Lehre nicht zu predigen.

Da erkannte Brahma Sahampati in seinem Geist die Gedanken, die durch den Geist des Erhabenen gingen. Und er sprach zu sich: ›Vergehen, ach, wird diese Welt, zugrunde gehen, ach, wird diese Welt, wenn des Vollendeten, des Heiligen, des höchsten Buddha Geist sich dazu neigt, in Ruhe zu verharren und die Lehre nicht zu predigen.‹ Und schnell wie ein starker Mann den gekrümmten Arm ausstreckt oder den ausgestreckten Arm krümmt, so verschwand Brahma Sahampati aus der Brahmawelt und trat vor dem Erhabenen in die Erscheinung. Und Brahma Sahampati entblößte die eine Schulter vom Obergewand, senkte sein rechtes Knie zur Erde, neigte die zusammengelegten Hände gegen den Erhabenen und sprach zum Erhabenen also: ›Es möge, Herr, der Erhabene die Lehre predigen; es möge der Wohlwandelnde die Lehre predigen. Es sind Wesen, denen nur wenig Unreinheit anhaftet, aber wenn sie die Lehre nicht hören, gehen sie verloren: Die werden Erkenner der Lehre sein.‹

Dreimal wiederholte Brahma seine Bitte.

Da blickte der Erhabene, das Zureden Brahmas vernehmend und der Wesen sich erbarmend, mit seinem Buddha-Auge über die Welten hin. Und wie der Erhabene mit seinem Buddha-Auge über die Welten hinblickte, sah er Wesen, denen wenig Unreinheit und denen viel Unreinheit anhaftete, von scharfen Sinnen und von stumpfen Sinnen, von guter Art und von böser Art, leicht zu unterweisen und schwer zu unterweisen, manche, die für die Gefahren des Jenseits und der Sünde ein Auge hatten. Als er solches sah, sprach er zu Brahma Sahampati den Spruch:

›Der Ewigkeit Tor, es sei jedem aufgetan,
Der Ohren hat. Mag sich denn Glaube regen!
Vergebliche Mühe zu meiden, hab' ich
Das edle Wort noch nicht der Welt verkündet.‹

Da sah Brahma Sahampati: ›Der Erhabene hat mir zugesagt, die Lehre zu predigen.‹ Und er brachte dem Erhabenen ehrfurchtsvollen Gruß, umwandelte ihn rechtshin gewandt und verschwand von selbiger Stätte.«

Damit war – nach der Legende – die denkwürdige Entscheidung gefallen, der wir die Buddha-Lehre verdanken. Sie war die letzte von den Göttern beeinflußte und zugleich wichtigste Entscheidung des Erwachten. Sie wirkt, wie wir sehen, bis in unsere Zeit.

Im Mai 1911 feierten die buddhistischen Gemeinden in der ganzen Welt die zweitausendfünfhundertste Wiederkehr des Jahrestages der Erleuchtung des Buddha. Aus diesem Anlaß gab Karl Seidenstücker, einer der Pioniere der deutschen Buddhismus-Forschung und einer der besten Buddha-Übersetzer, sein Buch *Pali-Buddhismus in Übersetzungen* heraus, das als dritte Veröffentlichung der deutschen Pali-Gesellschaft erschien.

Neben Seidenstückers, Dutoits und Oldenbergs Arbeiten ist unbedingt K. E. Neumanns Übersetzungswerk zu nennen, das sich zwar Angriffe von seiten der Wissenschaft gefallen lassen mußte, aber doch eine einfühlsame, wenn auch nicht immer philologisch korrekte Übertragung der Reden Buddhas darstellt.

Weiter zu nennen ist Nyanatiloka, ein Deutscher, der als Mönch in Sri Lanka gelebt hat und Anfang unseres Jahrhunderts die wichtigsten Lehrsätze des Buddha in kurzgefaßten Büchern für den deutschen Leser verständlich herausbrachte. Auch seine Fassung des Buddha-Worts werden wir im folgenden zur Vermittlung der Lehre heranziehen.

DER ERWACHTE SETZT DAS RAD DER LEHRE IN BEWEGUNG

Nachdem Buddha den Entschluß gefaßt hatte, seine Lehre zu verkünden, gedachte er sie zunächst seinen beiden früheren Lehrern zu offenbaren. Doch beide waren, wie man ihm berichtete, inzwischen verstorben. Da beschloß er, zu den fünf Asketen zu sprechen, die seine letzten Gefährten vor der Erleuchtung gewesen waren. Sein hellwaches, alles durchdringendes Auge ließ ihn, so weiß die Legende, erkennen, daß sich die fünf im Gazellenhain von Sarnath in der Nähe der heiligen Stadt Varanasi am Ganges aufhielten. Dorthin brach er auf.

Unterwegs begegnete er dem nackten Asketen Upaka von der strengen Ajivaka-Sekte. Der fragte ihn nach seinen jüngsten Erfahrungen. Buddhas Antwort ist in Versen überliefert, die Oldenberg hervorragend übertragen hat:

»›Allüberwindend bin ich und allwissend;
Von allem, was da ist, bin unbefleckt ich,
Allosgelöst, befreit durch Durstvernichtung,
Erkenner bin ich selbst, wem sollt' ich folgen?

Mein Lehrer kann niemand heißen;
Meinesgleichen nicht findet man.
An Hoheit kommt mir gleich niemand
Hienieden und im Götterreich.

Denn ich bin in der Welt heilig,
Ein Meister, über den nichts geht.
Höchster Buddha allein, weil' ich
In des Nirvana kühlem Reich.

Auf daß der Lehre Rad rolle,
Ziehe ich hin zur Kasistadt.
In dieser blinden Welt rühr' ich
Die Trommel der Unsterblichkeit.‹

›So behauptest du, mein Lieber, daß
Du der Heilige, der unendlich Siegreiche bist?‹
›Meinesgleichen die Siegreichen
Aller Gefahr entnommen sind.
Alles Böse besiegt hab' ich:
Sieger drum heiß' ich, Upaka.‹«

Doch Upaka zeigte sich von diesem selbstbewußten Bekenntnis überhaupt nicht beeindruckt.

»Das mag wohl so sein«, sagte er kopfschüttelnd zu Buddha, ließ den Erleuchteten stehen und ging seines Weges.

Aber Buddhas Worte hatten den Asketen, der selbst ein ernsthaft Suchender war, nicht unberührt gelassen. Er sann über Buddhas Worte nach, und sein Asketentum wurde ihm in der Folge immer fragwürdiger. Schließlich gab er es auf, kehrte in seine Dorfgemeinschaft zurück und gründete eine Familie. Doch auch das befriedigte ihn nicht.

Buddhas Bekenntnis hatte ihn im Innersten so tief getroffen, daß er Jahre später, als er von der Lehre und den Mönchen viel Gutes hörte, aufbrach, zu Buddha pilgerte und einer seiner eifrigsten Jünger wurde.

Nach wochenlanger Wanderung erreichte Buddha die heilige Stadt Varanasi und traf im Wildpark von Sarnath seine einstigen Gefährten. Die verhielten sich zunächst sehr abweisend, konnten sich aber doch dem starken Eindruck des Erwachten nicht entziehen.

Erst einer, dann der nächste, schließlich alle fünf kamen auf ihn zu, nahmen ihm Mantel und Bettelschale ab, baten ihn, in ihrer Mitte Platz zu nehmen, bereiteten ihm ein Fußbad und nannten ihn Bruder.

Doch wie schon bei Upaka, stellte er sich auch ihnen als der

Erwachte, als Buddha vor und erbot sich, sie seine Weisheit zu lehren.

Dreimal lehnten die ihm noch immer mißtrauenden Asketen ab. Da fragte sie Buddha, ob sie sich entsinnen könnten, daß er je vorher so selbstgewiß geredet habe wie heute. Und sie mußten das verneinen. Als er sie nun, entgegen der in Gesprächen und Disputationen landesüblichen Sitte, nach der immer nur dreimal gefragt wurde, ein viertes Mal fragte, ob sie ihn hören wollten, willigten sie ein.

Darauf begann Buddha vor den fünf Asketen seine erste Predigt, die als Predigt von Varanasi in die Geschichte eingegangen ist und von der man sagt, hier habe Buddha das Rad der Lehre in Bewegung gesetzt.

Oldenberg hat die überlieferten Worte dieser Predigt in ein lebendiges, bewegendes Deutsch übertragen, das auch etwas von der Atmosphäre dieser ersten Lehrrede wiedergibt, der sogar die Tiere gelauscht haben sollen, wie die auf vielen tibetischen Tempeldächern das Rad der Lehre flankierenden Gazellen zeigen:

»Zwei Enden gibt es, ihr Mönche, denen muß, wer dem Weltleben entsagt hat, fernbleiben. Welche zwei sind das? Hier das Leben in Lüsten, der Lust und dem Genuß ergeben: Das ist niedrig, gemein, ungeistlich, unedel, nicht zum Ziele führend. Dort Übung der Selbstquälerei: Die ist leidenreich, unedel, nicht zum Ziele führend.

Von diesen beiden Enden, ihr Mönche, sich fernhaltend, hat der Vollendete den Weg, der in der Mitte liegt, entdeckt, der Blick schafft und Erkenntnis schafft, der zum Frieden, zum Erkennen, zur Erleuchtung, zum Nirvana führt.

Und was, ihr Mönche, ist dieser vom Vollendeten entdeckte Weg, der in der Mitte liegt, der Blick schafft und Erkenntnis schafft, der zum Frieden, zum Erkennen, zur Erleuchtung, zum Nirvana führt?

Es ist dieser edle achtteilige Pfad, der da heißt: rechtes Glauben, rechtes Entschließen, rechtes Wort, rechte Tat, rechtes Leben, rechtes Streben, rechtes Gedenken, rechtes Sichversenken.

Dies, ihr Mönche, ist der vom Vollendeten entdeckte Weg, der in der Mitte liegt, der Blick schafft und Erkenntnis schafft, der zum Frieden, zum Erkennen, zur Erleuchtung, zum Nirvana führt. Dies, ihr Mönche, ist die edle Wahrheit vom Leiden: Geburt ist Leiden, Alter ist Leiden, Krankheit ist Leiden, Tod ist Leiden, mit Unliebem vereint sein ist Leiden, von Liebem getrennt sein ist Leiden, nicht erlangen, was man begehrt, ist Leiden, kurz, die fünferlei Objekte des Ergreifens sind Leiden.

Dies, ihr Mönche, ist die edle Wahrheit von der Entstehung des Leidens: es ist der Durst, der zur Wiedergeburt führt, samt Freude und Begier, hier und dort seine Freude findend: der Lüstedurst, der Werdedurst, der Vergänglichkeitsdurst.

Dies, ihr Mönche, ist die edle Wahrheit von der Aufhebung des Leidens: die Aufhebung dieses Durstes durch restlose Vernichtung des Begehrens, ihn fahren lassen, sich seiner entäußern, sich von ihm lösen, ihm keine Stätte gewähren.

Dies, ihr Mönche, ist die edle Wahrheit vom Wege zur Aufhebung des Leidens, es ist dieser edle achtteilige Pfad, der da heißt: rechtes Glauben, rechtes Entschließen, rechtes Wort, rechte Tat, rechtes Leben, rechtes Streben, rechtes Gedenken, rechtes Sichversenken.

›Dies ist die edle Wahrheit vom Leiden‹: also ihr Mönche, ging mir über diese zuvor nicht vernommenen Ordnungen der Blick auf, ging mir die Erkenntnis auf, ging mir das Verstehen, das Wissen, das Anschauen auf. ›Diese edle Wahrheit vom Leiden muß man begreifen ... Diese edle Wahrheit vom Leiden habe ich begriffen‹: also, ihr Mönche, ging mir über diese zuvor nicht vernommenen Ordnungen der Blick auf, ging mir die Erkenntnis auf, ging mir das Verstehen, das Wissen, das Anschauen auf.

Und solange ich, ihr Mönche, nicht von diesen vier edlen Wahrheiten solche dreifach gegliederte, zwölfteilige, wahrhafte Erkenntnis und Schauung in voller Klarheit besaß, so lange, ihr Mönche, hatte ich auch nicht das Bewußtsein, in der Welt samt Göttern, samt Mara, samt Brahma, unter allen Wesen samt Asketen und Brahmanen, samt Göttern und Menschen die höchste Erleuchtung gewonnen zu haben.

Seit ich aber, ihr Mönche, von diesen vier edlen Wahrheiten solche dreifach gegliederte, zwölfteilige, wahrhafte Erkenntnis und Schauung in voller Klarheit besaß, von da an, ihr Mönche, war ich mir dessen bewußt, in der Welt samt Göttern, samt Mara, samt Brahma, unter allen Wesen samt Asketen und Brahmanen, samt Göttern und Menschen die höchste Erleuchtung gewonnen zu haben.

Und Erkenntnis ging mir auf, und Schauung ging mir auf: unverlierbare Erlösung des Geistes ist mein; dies ist die letzte Geburt; nicht gibt es hinfort Wiedergeburt.«

Diese Rede gilt bis heute als das zentrale Dokument der buddhistischen Lehre. Von ihr ging die Botschaft aus in viele Länder und schließlich um die Welt. Das Rad der Lehre war in Bewegung.

Den fünf ersten Hörern Buddhas hatten sich durch die Eindringlichkeit dieser Predigt die Vier Edlen Wahrheiten und der Achtfache Pfad, der zum Nirvana führt, in ihrer Bedeutung für die menschliche Lebensordnung erschlossen. Hunderte, ja Tausende folgten.

Bekenner gibt es heute Hunderte von Millionen. Doch sind sie auch Nachfolger?

Oder anders gefragt: Was bedeuten die Vier Edlen Wahrheiten dem Menschen von heute, was bedeuten sie für den Buddhisten des 20. Jahrhunderts, und was bedeuten sie für all die anderen, die von Buddha und seiner Lehre gehört haben, die sich dafür interessieren und sich mit ihr auseinandersetzen möchten?

Es ist nicht leicht, auf diese Fragen eine Antwort zu finden. Und das nicht nur aus Gründen heutiger Weltbefindlichkeit mit ihrer Hektik und ihrer weitverbreiteten menschenverachtenden Brutalität.

Die Tatsache, daß die buddhistische Lehre selbst sich bald nach Buddhas endgültigem Nirvana – seinem Verlöschen – aufgespalten hat in viele Lehrsysteme, die den Buddhismus auch heute noch in sehr unterschiedlichen Formen erscheinen lassen, erschwert ein Eindringen selbst für den, der guten Willens ist. Darüber wird im einzelnen noch zu berichten sein.

Was die Weltbefindlichkeit betrifft, die uns in diesem Jahrhundert besonders erschreckend erscheint, so würde Buddha wohl kaum einen Unterschied zwischen seiner und unserer Zeit gelten lassen, wenngleich sich Mittel und Methoden des menschlichen Gegeneinanders, der Feindschaft und der Gewalttätigkeit, erschreckend vermehrt und verschärft haben.

Im Zusammenhang mit der Einsicht in die Vier Edlen Wahrheiten hat Buddha darüber in der berühmten Rede von der Leidensverkettung gesprochen. Und seine Worte klingen, als beträfen sie unsere Zeit.

Sie handeln vom Begehren. Und das ist in der Tat ein sehr aktueller, wenngleich allgemeinmenschlicher, zu allen Zeiten herrschender Trieb.

So lesen sich Buddhas Ausführungen, als ob sie das Heute und wahrscheinlich auch das Morgen meinten.

Vom »Elend des Begehrens« spricht der Erwachte:

»Was ist nun, ihr Mönche, Elend des Begehrens? Da erwirbt sich, ihr Mönche, ein Sohn des Hauses seinen Unterhalt durch ein Amt, sei es als Schreiber oder als Rechner oder Verwalter, als Landwirt oder als Kaufmann oder als Herdenzüchter, als Soldat oder Minister des Königs oder durch irgendeinen anderen Dienst, ist der Hitze ausgesetzt, ist der Kälte ausgesetzt, muß Sonne und Wind Trotz bieten, sich mit Mücken, Wespen und Kriechtieren herumschlagen, wird von Hunger und Durst aufgerieben. Das aber, Mönche, ist Elend des Begehrens, ist die offenbare Leidensverkettung, durch Begehren entstanden, durch Begehren gefügt, durch Begehren erhalten, durch Begehren schlechthin bedingt.

Wenn diesem Sohne des Hauses, ihr Mönche, der sich also abmüht, plagt und quält, kein Reichtum erblüht, so wird er bekümmert und schwermütig, klagt, schlägt sich stöhnend die Brust, gerät in Verzweiflung: ›Vergeblich, ach, ist mein Streben, meine Mühe hat keinen Zweck!‹ Das aber, Mönche, ist Elend des Begehrens, ist die offenbare Leidensverkettung, durch Begehren entstanden, durch Begehren gefügt, durch Begehren erhalten, durch Begehren schlechthin bedingt.

Wenn diesem Sohne des Hauses, ihr Mönche, der sich also abmüht, plagt und quält, Reichtum erblüht, so nagt ihn sorgende Pein um die Erhaltung dieses Reichtums: ›Daß mir meine Güter nur nicht von Königen eingezogen oder von Räubern weggeplündert oder vom Feuer verzehrt oder vom Wasser weggespült oder von feindlichen Verwandten entrissen werden!‹

Und indem er seine Güter wahrt und schützt, werden sie ihm von Königen eingezogen oder von Räubern geplündert oder vom Feuer verzehrt oder vom Wasser weggespült oder von feindlichen Verwandten entrissen. Da wird er bekümmert und schwermütig, klagt, schlägt sich stöhnend die Brust, gerät in Verzweiflung: ›Meinen Besitz, den haben wir nicht mehr!‹ Das aber, Mönche, ist Elend des Begehrens, ist die offenbare Leidensverkettung, durch Begehren entstanden, durch Begehren gefügt, durch Begehren erhalten, durch Begehren schlechthin bedingt.

Weiter sodann, ihr Mönche, von Begehren getrieben, von Begehren gereizt, von Begehren bewogen, eben nur aus eitel Begehren streiten Könige mit Königen, Fürsten mit Fürsten, Priester mit Priestern, Bürger mit Bürgern, streitet die Mutter mit dem Sohne, der Sohn mit der Mutter, der Vater mit dem Sohne, der Sohn mit dem Vater, streitet Bruder mit Bruder, Bruder mit Schwester, Schwester mit Bruder, Freund mit Freund. Also in Zwist, Zank und Streit geraten, gehen sie mit Fäusten aufeinander los, mit Steinen, Stöcken und Schwertern. Und so eilen sie dem Tode entgegen oder tödlichem Schmerze. Das aber, Mönche, ist Elend des Begehrens, ist die offenbare Leidensverkettung, durch Begehren entstanden, durch Begehren gefügt, durch Begehren erhalten, durch Begehren schlechthin bedingt.

Weiter sodann, ihr Mönche, von Begehren getrieben, von Begehren gereizt, von Begehren bewogen, eben nur aus eitel Begehren stürzen sie sich, Schild und Schwert in den Händen, gegürtet mit Köcher und Bogen, von beiden Seiten der Schlachtordnung in den Kampf, und die Pfeile schwirren und die Speere sausen und die Schwerter blitzen. Und sie durchbohren sich mit Pfeilen, durchbohren sich mit Speeren, spalten sich mit den Schwertern die Köpfe. Und so eilen sie dem Tode entgegen oder tödlichem

Schmerze. Das aber, Mönche, ist Elend des Begehrens, ist die offenbare Leidensverkettung, durch Begehren entstanden, durch Begehren gefügt, durch Begehren erhalten, durch Begehren schlechthin bedingt.

Weiter sodann, ihr Mönche, von Begehren getrieben, von Begehren gereizt, von Begehren bewogen, eben nur aus eitel Begehren brechen sie Verträge, rauben fremdes Gut, stehlen, betrügen, verführen Ehefrauen. Da lassen die Könige einen solchen ergreifen und verhängen mancherlei Strafen, als wie Peitschen-, Stock- und Rutenhiebe, Handverstümmlung, Fußverstümmlung oder Verstümmlung der Hände und Füße, Ohrenverstümmlung, Nasenverstümmlung, Verstümmlung der Ohren und der Nase, den Breikessel, die Muschelrasur, das Drachenmaul, den Pechkranz, die Fackelhand, das Spießrutenlaufen, das Rindenliegen, den Marterbock, das Angelfleisch, den Münzengriff, die Laugenätze, den Schraubstock, das Bastgeflecht, die siedende Ölbeträufelung, das Zerreißen durch Hunde, die lebendige Pfählung, die Enthauptung. Und so eilen sie dem Tode entgegen oder tödlichem Schmerze. Das aber, Mönche, ist Elend des Begehrens, ist die offenbare Leidensverkettung, durch Begehren entstanden, durch Begehren gefügt, durch Begehren erhalten, durch Begehren schlechthin bedingt.

Weiter sodann, ihr Mönche, von Begehren getrieben, von Begehren gereizt, von Begehren bewogen, eben nur aus eitel Begehren wandeln sie in Taten den Weg des Unrechts, wandeln sie in Worten den Weg des Unrechts, wandeln sie in Gedanken den Weg des Unrechts. Und in Taten auf dem Wege des Unrechts, in Worten auf dem Wege des Unrechts, in Gedanken auf dem Wege des Unrechts gelangen sie bei der Auflösung des Körpers, nach dem Tode, abwärts, auf schlechte Fährte, in Verderben und Unheil. Das aber, Mönche, ist Elend des Begehrens, ist die verborgene Leidensverkettung, durch Begehren entstanden, durch Begehren gefügt, durch Begehren erhalten, durch Begehren schlechthin bedingt.«

Hier erkennen wir, daß es die Schrecken aus der Wirklichkeit seiner Zeit gewesen sind, die Siddharta Gautama aus dem Hause getrieben haben, ihn zum Suchenden werden ließen, um für sich zu überwinden, was er als das Elend der Menschheit, als die Folgen des Begehrens erkannt hatte.

Überwindung des Begehrens, das war eine seiner ersten Forderungen an sich selbst, die er nun auch zur Forderung an seine Anhänger erhob. Doch darf es für uns nicht so aussehen, als habe Buddha nur das Leiden, die Not und die menschlichen Schwächen gesehen und gelehrt. In seiner Rede vom Begehren spricht er auch von der »Labsal des Begehrens«, die sich uns durch unsere Sinne mitteilt, als »ersehnt, geliebt, entzückend, angenehm, reizend«. Doch er zeigt auch, wie schnell solches sinnliche, uns wohlgefällige Begehren in »Elend des Begehrens« umschlägt.

Insofern ist Buddha bei der Lebensbetrachtung und Beurteilung Realist. Aber er ist es nur in bezug auf unsere Sinne und ihre Wahrnehmungen.

Den Menschen als Realität, als wirklich existierendes Ich, so hat er in seinen Schauungen erkannt, gibt es nicht. Der Mensch ist nach Buddhas Lehre ein Vorübergehendes, ein so wie Geborenes auch wieder Gestorbenes und alsbald Wiedergeborenes – eine Erscheinung von sich ständig wandelnder und dabei vergehender Körperlichkeit sowie einem Bündel von Taten, Gedanken, Gefühlen, Empfindungen, Reaktionen – seinem Karma.

Was wir wirklich sind, erlebte der Buddha im Erwachen. Es ist jenseits aller vermeintlicher Realität, ist Wahrnehmung durch unsere Sinne, durch die allein wir Umweltkontakt haben. So gibt es das Ich, das wir so oft behaupten, von dem wir denken und beherrscht sind, das wir zu sein meinen, nach Buddha überhaupt nicht. Es gibt das Ich nur als ein wahrnehmendes Phänomen. Es wird sich seiner bewußt in der Begegnung mit anderen Erscheinungen, die wir du, es oder das Viele, das Mannigfaltige nennen. Solche Begegnungen lösen in unseren Sinnen Empfindungen aus, die angenehm, aber auch unangenehm sein können, wobei Umschläge ins Angenehme, häufiger aber ins Unangenehme, die meist aus Stimmungen hervorgehen, oft vorkommen. Entsprechend diesen Empfindungen erfolgt dann auch unsere Reaktion auf die uns begegnenden Wahrnehmungen.

Das ist der menschliche Bezug zu Buddhas Vier Edlen Wahrheiten. Ihre Abfolge entspricht unseren Wahrnehmungen, die sie gewissermaßen zu regulieren versuchen. Als Weg dahin erkannte und beschreibt Buddha den Mittleren Achtfachen Pfad, von dem er schon in seiner ersten Rede sprach. Es ist der Pfad der Leidenserkenntnis und der Leidensüberwindung – das Beste, was die Menschen je gelehrt worden ist.

VOM MITTLEREN ACHTFACHEN PFAD

Zwischen Askese und Weltleben, zwischen menschlicher Selbstzerstörung und Selbstherrlichkeit liegt der Pfad, den Buddha für uns Menschen als vernünftig und glückverheißend erkannt und in der Predigt von Sarnath zum ersten Mal gelehrt hat. Es ist der Pfad, der jeden von uns zu einem sinnvollen Leben und bei ganzem Einsatz, bei voller Einsicht zur Erleuchtung, ins Nirvana führen kann.

Wer sich diesem Mittleren Achtfachen Pfad nähert, wer ernst machen möchte mit einem »anderen Leben«, der sollte zunächst versuchen, die Ausgangsposition des Buddha für seine Lehre und ihre Verkündung so gut wie möglich zu erfassen. Nur wer den Samsara als Kreislauf der Wiedergeburten und seine eigene Verstrickung in diesen Kreislauf durch das eigene Karma erkannt hat, vermag Buddhas Lehre zu verstehen.

Er muß dabei zu begreifen versuchen, und das ist wohl das Schwierigste, daß es nach Buddhas Einsicht ein unveränderliches Ich, ein bestehendes und beständiges Selbst, nicht gibt, daß alles nur Schein ist: Maya. Was wir erleben besteht aus sich ständig verändernden Wahrnehmungen, aus Fluktuation.

Doch wer von uns kann sich leicht von seinen Illusionen lösen, wer erkennt das äußere, aus Reizen, Aktionen und Reaktionen bestehende Leben als hemmend für unsere Entwicklung, als Hindernis auf dem Weg, den der Erwachte gegangen ist und uns weist?

Dieser Frage muß sich stellen, wer die Vier Edlen Wahrheiten als lebensbestimmend erkannt hat und daraus für sein Dasein Konsequenzen ziehen will.

Der von Buddha gewiesene Achtfache Pfad, der aus der letzten der Edlen Wahrheiten – der Wahrheit von der Leidensauflösung – hervorgeht, bietet dazu die Möglichkeit. Er zeigt den Weg auf, den der Erwachte nach Durchschauung der Illusionszusammenhänge selbst gegangen ist und gelehrt hat.

Darum sagt er: »Wenn ihr diesem Weg folgt, werdet ihr ein Ende des Leidens finden. Aber erwartet keine fremde Hilfe. Man muß sich selber durchkämpfen. Der Erwachte zeigt nur den Weg.«

Und das sind die acht Stufen, deren Bewältigung der Mensch erstreben soll: rechte Erkenntnis, rechte Gesinnung, rechte Rede, rechtes Handeln, rechte Lebensführung, rechtes Streben, rechte Geistesklarheit und rechtes Sichversenken.

Es geht dabei um Lebenspraxis und Geisteshaltung. Gegenüber bestehenden Lebensformen, damals wie heute, bedarf es für den Willigen der Wandlung. Stufen der Reife werden hier genannt. Sie können für den einsichtigen Menschen zu Stufen des Glücks werden. Voraussetzung dafür ist das Abschiednehmen von Extremen. Genußsucht und hemmungsloses Leben verwirft der Buddha genauso entschieden wie Askese. Sein Vorschlag ist der »Mittlere Pfad, der sehend und wissend macht, der zum Frieden führt, zur Durchschauung, Erleuchtung und schließlich zur Wahnerlösung«.

Wahnerlösung nennt der deutsche Mönch Nyanatiloka das Nirvana. Er spricht davon in den gekürzten, von ihm übertragenen Buddha-Texten, die er 1906 und erweitert 1953 in dem schmalen Kompendium *Das Wort des Buddha* als eine erste Einführung in die Grundlehre des Erwachten herausgebracht hat.

Der zur Leidensauflösung führende Mittlere Achtfache Pfad, den wir nun im einzelnen betrachten wollen, kann in drei Abschnitte aufgeteilt werden, die zunehmender menschlicher Einsicht und Reife entsprechen. Die ersten beiden der acht Stufen lehren die rechte Erkenntnis als Voraussetzung weiterer Fortschritte. Die drei nächsten Stufen handeln vom menschlichen Verhalten in dieser Welt, von der Zucht und von der Tugend. Die drei letzten Stufen, denen sich nur der Geläuterte nähern kann, betreffen die rechte Lebensweise.

Dabei geht es um die Vermeidung des Übels in Taten, Worten und Gedanken und um Erhaltung des erreichten Guten. Die siebte Stufe, die ohne Meditation nicht zu verwirklichen ist, verlangt das richtige Denken, die Achtsamkeit (Satipatthana), über die Buddha in einer berühmten Rede gesprochen hat. Ihre Umsetzung in tägliche Lebenspraxis ist Voraussetzung für ein Erreichen der achten Stufe: Samadhi, Abstandnehmen von allem Irdischen, Eingehen in die Versenkung. Sie führt ins Nirvana. Dahin aber ist es, das muß immer wieder betont werden, ein weiter, ein sehr schwieriger Weg.

An seinem Anfang steht das Streben nach rechter Anschauung, nach Einsicht in die Verstrickungen des Samsara. Es führt zur Erkenntnis, zum Verstehen des Lebenszusammenhangs, der ein Leidenszusammenhang ist, wie ihn die drei ersten der Vier Edlen Wahrheiten enthüllen. Unsere Bindung an den Samsara, unser Verflochtensein in seine vielfältigen Verführungen, müssen durchschaut werden.

Wie schwer das ist, hat Buddha selbst immer wieder verdeutlicht. So erörterte er mit seinen Mönchen, die diese Stufe längst bewältigt zu haben meinten, stets aufs neue Fragen einer meist vordergründigen Seinsproblematik, die in seiner Zeit viel diskutiert wurden und über die seine Jünger von ihm Aufschluß erwarteten.

Dabei zieht er hinsichtlich allgemeiner Theorien über Welt und Leben eine klare Grenze, wenn er den Mönchen sagt:

»Wer da, ihr Brüder, also spräche: ›Nicht eher will ich bei dem Erhabenen das Jüngerleben führen, bis mir der Erhabene mitgeteilt haben wird, ob die Welt ewig oder zeitlich ist, ob die Welt endlich oder unendlich, ob Leben und Leib ein und dasselbe, oder anders das Leben und anders der Leib ist, ob der Vollendete nach dem Tode fortbesteht oder nicht fortbesteht‹, dem könnte, ihr Brüder, der Vollendete nicht genug mitteilen. Denn jener stürbe zuvor hinweg.

Das ist gerade, ihr Brüder, wie wenn ein Mann von einem giftbestrichenen Pfeile durchbohrt wäre und seine Freunde, Gefährten und nahe Verwandten riefen einen Wundarzt herbei; er aber spräche: ›Nicht eher will ich diesen Pfeil herausziehen lassen, bevor ich nicht weiß, wer jener Mann ist, der mich getroffen hat, ob er ein Fürst oder ein Priester, ein Bürger oder ein Diener ist‹, oder er spräche: ›Nicht eher will ich diesen Pfeil herausziehen lassen, bevor ich nicht weiß, wie er heißt, aus welcher Familie er ist.‹ Nicht genug könnte dieser Mann erfahren, denn er stürbe zuvor hinweg.

O möchte deshalb der Mensch, der doch sein eigenes Wohl sucht, diesen Pfeil herausreißen, diesen Pfeil des Jammers, der Klagen und der Sorgen; denn ob nun diese These: ›Die Welt ist ewig‹ besteht oder ›Die Welt ist zeitlich‹, ›Die Welt ist endlich‹ oder ›Die Welt ist unendlich‹: Sicher besteht Geburt, besteht Altern, besteht Sterben, besteht Wehe, Jammer, Leiden, Gram und Verzweiflung, deren schon bei Lebzeiten zu erreichende Vernichtung ich verkünde.«

Auch den von der Ich-Illusion Besessenen, wie den Anhängern des unter Brahmanen weit verbreiteten religiösen Ritualismus, und den von Zweifelsucht Befallenen begegnet er mit klarer Kritik, sieht sie in Fesseln, aus denen man sich nur schwer befreien kann.

Von den Ich-Besessenen und den Ich-Zweiflern sagt er:

»Bei solchen unweisen Erwägungen aber verfällt einer der folgenden Ansicht, und es wird seine Überzeugung und feste Ansicht: ›Ich habe ein Ich‹ oder ›Ich habe kein Ich‹ oder ›Mit dem Ich erkenne ich das absolute Ich‹ oder ›Mit dem Ich erkenne ich, was nicht-Ich ist‹ oder ›Mit dem, was nicht-Ich ist, erkenne ich das Ich‹. Oder aber die Ansicht steigt ihm auf: ›Dieses mein Ich, das handelnde und leidende, das da und dort das Ergebnis der guten und bösen Taten erfährt, dieses mein Ich ist beständig, dauernd, ewig, keinem Wechsel unterworfen, wird also sich ewig gleich bleiben.‹

Wenn es das Ich wirklich gäbe, dann wäre da auch etwas, das zu dem Ich gehörte. Da aber in Wahrheit und Wirklichkeit weder ein Ich noch etwas zu einem Ich Gehörendes anzutreffen ist, ist es da nicht eine vollständige Narrenlehre, zu behaupten: ›Das ist die Welt, das bin ich; nach dem Tode werde ich fortbestehen, beständig sein, dauernd, ewig, keinem Wechsel unterworfen, werde mir also ewiglich gleich bleiben?‹

Das nennt man ein Sichverrennen in Ansichten, ein Dickicht der Ansichten, eine Wildnis der Ansichten, ein Puppenspiel der Ansichten, ein Wirrsal der Ansichten, eine Fessel der Ansichten. In die Fessel der Ansichten aber verstrickt, wird der unwissende Weltling nicht befreit von Wiedergeburt, Altern und Sterben, von Sorge, Jammer, Schmerz, Trübsal und Verzweiflung, wird er nicht befreit vom Leben, das sage ich.«

Hier bringt Buddha sein Wissen vom Ich und sein Urteil über den damals darum tobenden Streit der Meinungen deutlich zum Ausdruck.

Die Zweifel am Sinn und Ziel des Lebens, die zu Buddhas Zeiten genauso verbreitet waren wie in der heutigen Menschheit, thematisiert er in einer Fragenfolge, mit der er die verbreitete Unsicherheit der Menschen enthüllt:

»Bin ich denn? Oder bin ich nicht? Was bin ich? Und wie bin ich? Dieses Wesen hier, woher ist es wohl gekommen? Und wohin wird es gehen?«

Für Buddha sind das sinnlose Fragen. Darum sagt er vom Unentschiedenen, von dem, der alles hinterfragt: »Unbekannt ist er mit den der Erwägung würdigen Dingen. Unbekannt mit den der Erwägung unwürdigen Dingen erwägt er das Unwürdige und nicht das Würdige.«

So beschließt Buddha die ihm unergiebig erscheinende und doch die Menschen beherrschende Betrachtung.

Was ihm dagegen wirklich wichtig erscheint, ist die Frage nach den Hemmnissen, die es dem Menschen so schwer machen, den rechten Weg zu finden und zu gehen. Er nennt sie die Zehn Fesseln oder Verstrickungen.

Es sind: der Persönlichkeitsglaube, die Zweifelsucht, der Hang zu äußeren Regeln und Riten, die Sinnengier, der Groll, das Begehren nach feinkörperlichem und nach unkörperlichem Dasein, der Dünkel, die Aufgeregtheit und das Nichtwissen.

Es sind die Fesseln, die uns daran hindern, den Achtfachen Pfad zu betreten. Sie binden uns ans irdische Dasein und lassen uns nicht zur rechten Erkenntnis kommen. Buddha sieht hier das entscheidende Hemmnis, vom Samsara und damit von der Verstrickung ins Leidvolle freizukommen. Es bedarf deshalb der rechten Anstrengung und der rechten Achtsamkeit, des ständigen Bemühens also, um sich aus diesen Fesseln nach und nach zu lösen.

Die zweite Stufe des Mittleren Pfades hat mit der ersten unmittelbar zu tun. Denn rechte Erkenntnis hat rechte Gesinnung zur Folge. Wer rechte Gesinnung erlangt, hat es leichter, das Böse zu erkennen und davon abzulassen. Entsagung, Wohlwollen und Friedfertigkeit sind für Buddha die Grundelemente rechter Gesinnung. Dabei unterscheidet er zweierlei Art von rechter Gesinnung, wenn er sagt: »Es gibt eine rechte Gesinnung, die noch den Trieben unterworfen ist, verdienstvoll ist und weltlichen Lohn bringt; und es gibt eine rechte Gesinnung, die edel ist, triebfrei, überweltlich und die zum rechten Pfade gehört.«

Besondere Bedeutung im mitmenschlichen Umgang kommt der dritten Stufe des Mittleren Pfades zu. Sie fordert die rechte Rede. Abstehen vom Lügen, heißt es da zuerst, abstehen vom Verleumden, vom Grobreden und vom unnützen Reden. Nyanatiloka hat Buddhas Worte zu diesem wichtigen Thema kurz, aber eindringlich zusammengefaßt. Sie sind, schauen wir uns heute um, von unveränderter, beklemmender Aktualität.

Man möchte sie in die Vereidigungsformel von Politikern, von Verantwortungsträgern eingebracht wissen. Ist doch Lügen und Verleumden an der Tagesordnung in Politik und Wirtschaft, ja selbst in Wissenschaft, Kulturleben und Kirche. Buddha fragt:

»Was ist nun, ihr Brüder, rechte Rede? Da hat jemand, ihr Brüder, das Lügen verworfen, von der Lüge steht er ab. Die Wahrheit spricht er, der Wahrheit ist er ergeben, der Wahrheit ist er getreu, des Vertrauens würdig, ist kein Betrüger der Menschen. Kommt er nun in eine Gesellschaft unter Leute, unter Verwandte oder in eine Versammlung oder wird er vor Gericht geführt und von den Zeugen befragt: ›Komm, lieber Mann, was du weißt, das sage‹, so antwortet er, wenn er nichts weiß: ›Ich weiß nichts‹, und wenn er es weiß: ›Ich weiß es‹, wenn er nichts gesehen hat: ›Ich habe nichts gesehen‹, und wenn er es gesehen hat: ›Ich habe es gesehen.‹ So spricht er weder um seiner selbst willen, noch um eines anderen willen, noch um irgendeines Vorteils willen eine bewußte Lüge.

Das Verleumden hat er verworfen, von der Verleumdung steht er ab. Was er hier gehört hat, erzählt er dort nicht wieder, um jene zu entzweien, und was er dort gehört hat, erzählt er hier nicht wieder, um diese zu entzweien. So einigt er Entzweite, festigt Verbundene, Eintracht macht ihn froh, Eintracht erfreut ihn, Eintracht fördernde Worte redet er.

Rohe Rede hat er verworfen, von roher Rede steht er ab. Worte, die frei von Schimpfen sind, dem Ohr wohltuend, liebreich, zum Herzen dringend, höflich, viele erfreuend, viele erhebend, solche Worte spricht er.

Das Schwätzen hat er verworfen, von unnützer Rede steht er ab. Zur rechten Zeit spricht er, den Tatsachen gemäß, auf den Sinn bedacht, spricht über die Lehre und Ordenszucht; seine Rede ist gemessen, seinem Zwecke entsprechend.«

So eindrucksvoll und sprachgewaltig diese Sätze sind, sie werden trotz oder vielleicht auch wegen ihrer Deutlichkeit in Buddhas Reden häufig wiederholt, die einzelnen Thesen immer wieder aufgenommen und wie eine Komposition mit Leitmotiven durchgeführt. Das gilt natürlich für Lebensregeln, wie sie hier vorliegen, in ganz besonderem Maße.

Die vierte Stufe des Achtfachen Pfades, die vom rechten Tun oder der rechten Tat, vermittelt die zentralen Lebensregeln – die Silas –, die Buddha sowohl den Mönchen wie den Laienanhängern, ja, der ganzen Menschheit, als heilbringendes sittliches Verhalten zu vermitteln trachtet. Er fordert die Unterlassung des Tötens, des Stehlens, des Lügens, des Genusses berauschender

Getränke und des unerlaubten Geschlechtsverkehrs. Den soll man nicht erzwingen, nicht mit Mädchen vollziehen, die unter Aufsicht der Familie stehen, nicht mit verheirateten Frauen und nicht mit Prostituierten.

Die Aufzählung dieser Regeln darf nicht den Eindruck erwekken, als handle es sich hier um eine Entsprechung zu den Geboten des Alten Testaments.

Buddha gibt eine allgemeine Tugendlehre. Er teilt der Menschheit Verhaltensweisen für ein leidüberwindendes Dasein mit. Sein Wort ist weder Gebot noch Gesetz. Es ist Enthüllung des Weltzusammenhangs, in den wir eingefügt sind und aus dem wir nur herauskommen können, wenn wir die Verstrickungen lösen.

Als Voraussetzung dafür beschreibt Buddha auf der fünften Stufe die rechte Lebensführung. Sie fordert das bewußte, den Augenblick voll erfassende Dasein.

Das beginnt bei der Wahl des Berufes, der nicht leidbringend sein und auch nicht zu unrechten Handlungen veranlassen soll. Das reicht vom Schlächter, der Tiere töten muß, und vom Soldaten bis zu all den Berufen, die zu Täuschung, Betrug und menschengefährdenden Aktivitäten verleiten können.

Doch Buddhas Empfehlungen zur rechten Lebensführung als Voraussetzung für die sechste Stufe – das rechte Streben, das rechte Bemühen – gehen noch weit darüber hinaus. Sie fordern den Menschen auf, sein Alltagsleben im Hinblick auf die letzten Stufen allmählich zu ändern, wie wir es in der berühmten Rede *Singalakas Ermahnung* lesen können.

Dort lehrt der Buddha einen Bürgersohn die für ein reines Leben erforderlichen Unterlassungen. Er beginnt mit den fünf Silas, verweist ihn aber auch sonst auf alles, was ihn vom Weg der Tugend abbringen könnte: Alkohol, wilde Feste, Tanzen und Musizieren, Spielleidenschaft und schlechte Freundschaften. Buddha überzeugt den Bürgersohn, der nach der Belehrung beim Erwachten Zuflucht nimmt.

Es ist der Schritt, der auf dem Achtfachen Pfad zur rechten Bemühung führt und damit in den Bereich der Meditation. Der Mensch ist bewußt geworden. Er bemüht sich, üble Einflüsse zu durchschauen und zu meiden, schlechte Gedanken zu überwinden, heilsame, zum Guten wirkende Kräfte in sich zu wecken, das erreichte Gute zu bewahren und zu vermehren.

Von der rechten Geistesklarheit spricht der Buddha auf der siebten Stufe seines Achtfachen Pfades. In der Neuauflage von *Das Wort des Buddha* nennt sie Nyanatiloka die Stufe der rechten Achtsamkeit.

Ihre vier Grundlagen bestehen in der Betrachtung des Körpers, der Gefühle, des Geistes und der Geistobjekte. Ziel dieser Betrachtung sind Erkenntnis und Bedachtsamkeit nach Überwindung sinnlichen Begehrens und ängstlicher, kummervoller Gedanken.

Während es bei der rechten Rede um des Menschen Äußerungen und bei der rechten Tat um des Menschen Tun geht, haben wir es auf der siebten Stufe mit dem inneren Menschen, mit seinen Gedanken und seinen Gefühlen zu tun: mit Besinnung und Wahrnehmung.

Für Buddha ist das der entscheidende Schritt für tief in seine Lehre eingedrungene Mönche zur Erleuchtung. Er nennt diese siebte Stufe Satipatthana und verkündet sie in seiner berühmten Lehrrede von der Vergegenwärtigung der Achtsamkeit, der *Satipatthana-Sutra*.

Bei der Betrachtung des Körpers stehen Ein- und Ausatmung an erster Stelle. Sie sind auch die wichtigste Voraussetzung für die erste Satipatthana-Übung. Satipatthana soll den Übenden dahin führen, sich schauend vom eigenen Körper zu trennen, ihn zum Beobachtungsobjekt zu machen und sich so von seiner Leibverhaftung zu befreien.

Ähnliches gilt für die Betrachtung der Gefühle. Die Gefühle analysierend, sie durchschauend, befreit man sich von ihrer bindenden, emotionalen Wirkung. Man erkennt sie wie die Körperfunktionen als vorübergehende Erscheinungen, die keine Dauer und damit auch keine fortwirkende Bedeutung haben. Wir empfinden sie als angenehm oder unangenehm nur, solange wir von ihnen beherrscht werden, solange sie unseren Gefühlshaushalt bestimmen und prägen.

Bei der Betrachtung des Geistes werden die Unterschiede noch deutlicher. Denn alles, was wir wirken und tun, ist geistgelenkt, hat im Denken seinen Ursprung: Gutes und Böses – die Lebensbilder in all ihren uns beherrschenden oder von uns bewirkten Erscheinungen.

Vom Geist geht alles aus. Im Geist spiegelt sich alles. Geist oder Ungeist beherrschen unser Dasein. Vom rechten Geist müssen auch die Übungen gelenkt sein, die uns zur Klarsicht und endlich zur Ruhe kommen lassen. Doch die hier erforderliche Konzentration ist noch schwieriger als im Bereich der Körperbeobachtung. Unseren Geist von außen zu erfahren, ihn von uns losgelöst zu betrachten, das verlangt ein vorangegangenes Loslassen aller äußeren und inneren Bindungen. Als Voraussetzung ist die völlige Lösung von weltlichen, körperlichen Abhängigkeiten wie auch von Fesseln des Ich-Bewußtseins erforderlich.

Die achte Stufe des Mittleren Pfades – die rechte Sammlung – ist die höchste Meditationsstufe vor dem Augenblick des Erwachens.

Ich habe noch keinen getroffen, der von sich gesagt hat, er habe sie erreicht. Aber ich hatte zuweilen in der Nähe meiner buddhistischen Freunde – in Klöstern zwischen Ladakh und Thailand – das Gefühl, einem Erwachten ins Auge zu sehen. Das gilt für Anhänger des Hinayana wie der verschiedenen Richtungen des Mahayana und des Vajrayana. Ich glaube nicht, daß es von der Art der Lehrübermittlung, wie sie heute geübt wird, abhängt, ob einer das erstrebte Ziel erreicht. Denn das Ziel liegt, unabhängig von allen Worten, in der Stille, zu der einer findet, das aber heißt in ihm selbst.

Samma-samadhi sagt der Versenkungsgewohnte zur achten Stufe des Mittleren Pfades, die rechte Sammlung, volle Konzentration verlangt. Es ist nur ein Wort, und wie schwer wird doch seine Verwirklichung für uns.

Wir bewegen uns hier, das muß man sich verdeutlichen, an der Grenze zur Buddhaschaft.

Samma-samadhi kann nur erreicht werden im Zusammenwirken mit der zweiten Stufe – der rechten Gesinnung –, der sechsten

Stufe – der rechten Anstrengung – und der siebten Stufe – der rechten Achtsamkeit. Damit ist die Voraussetzung für das Heraustreten aus dem Beziehungszusammenhang dieses Lebens geschaffen.

In Gelassenheit und klaren Geistes erreicht der so Gestimmte die erste Vertiefung.

»Diese erste Vertiefung«, so lesen wir in Nyanatilokas Übersetzung der Buddha-Worte zum Samma-samadhi, »ist also frei von fünf Dingen, und fünf Dinge sind zugegen. Wenn nämlich der Jünger, ihr Brüder, in die erste Vertiefung eintritt, so ist Begierde erloschen, Schlaffheit erloschen, ruheloses Grübeln erloschen, Zweifelsucht erloschen, und da sind: Denken, Nachsinnen, Freudigkeit, Glück und Konzentration.

Und ferner noch, ihr Brüder: Nach Aufheben des Denkens und Sinnens gewinnt der Jünger die innerliche Beruhigung, die Einheit des Gemütes, die von Denken und Sinnen freie, in der Selbstvertiefung geborene, von Freude und Glück beseelte zweite Vertiefung.

Und ferner noch, ihr Brüder: Nach dem Verblassen der Freude verweilt der Jünger gleichmütig, wachen Sinnes, klar bewußt, und jenes Gefühl empfindet er in seinem Innern, von dem die Heiligen sprechen: ›Glücklich lebt der Gleichmütige, der klaren Sinnes weilt‹; so gewinnt er die dritte Vertiefung.

Und ferner noch, ihr Brüder: Wenn der Jünger also Freude und Leid verworfen und entsagt hat dem früheren Frohsinn und Kummer, dann tritt er ein in einen leidlos-freudlosen Zustand, in die gleichmütige, geistesklare vierte Vertiefung.

Das nennt man, ihr Brüder, rechte Konzentration.«

So einfach diese Sätze auch klingen, sie sprechen vom Höchsten. Nach dieser vierten Vertiefung sind alle Leiden versiegt, sind alle Anhaftungen überwunden, ist volle Freiheit erlangt. Buddha nennt diesen Zustand Kern und Ziel.

BUDDHAS WANDERSCHAFT UND IHRE SPUREN

Wir eröffnen hier ein Kapitel, dessen Inhalt viele Bände füllen könnte – Bände über Erlebnis und Lehre, wie sie das Leben des Erwachten von nun an bestimmen. Es ist das Kapitel von Buddhas Erdenwandel als Lehrer und Bekenner. Seine Jünger haben eingehend darüber berichtet, seine Reden auswendig gelernt und später aufgezeichnet, wobei die weitgehende Übereinstimmung der verschiedenen Textvarianten auffällt. Wir dürfen also von einer sehr genauen, die Originalreden nicht verändernden oder gar verfälschenden Überlieferung ausgehen, die ein umfangreiches Konvolut bedeutender, im Zusammenhang stehender Texte bildet.

Das Vieltausendfache dessen, was überliefert und in viele Sprachen übersetzt ist, umfassen Lebensdarstellungen des Buddha, Kommentare zu seiner Lehre und spekulative Texte, die sich mit dem Buddhismus auseinandersetzen.

Eines dieser Bücher, aus dem wir mehrfach zitiert haben – *Das Leben des Buddha* von Julius Dutoit –, begann sein Verfasser im März 1906 mit den Worten: »In den letzten Jahrzehnten ist eine solche Fülle von wissenschaftlichen und populären Werken über Buddha und Buddhismus veröffentlicht worden, daß es fast als Kühnheit erscheinen möchte, diese so reiche Literatur durch ein neues Buch zu vermehren.«

Dieser Satz könnte heute mit sehr viel mehr Grund unverändert meinem Buch voranstehen.

Allerdings glaube ich, daß viele der in den letzten hundert Jahren erschienen Publikationen, wenn auch gewiß nicht alle, einen tieferen Sinn haben, der darin besteht, die Lehre des Buddha jenen Menschen zu vermitteln, die noch nicht oder doch nicht hinreichend von ihr gehört haben.

Diese Aufgabe der Lehrvermittlung aber, die sich Buddha selber gestellt hat und von der wir nun hören wollen, können nicht nur die zahlreichen Übersetzungen, historischen Darstellungen und Kommentare erfüllen. Es bedarf auch für jede Zeit immer wieder neu des Versuchs der Vermittlung, der Herstellung von Beziehungen zur Gegenwart und der Deutung der Lehre aus dem Geist ihrer Zeit.

Wie wir sehen werden, bestanden solche Absichten von vielen Seiten zu allen Zeiten, zuerst in Asien. Sie dienten nicht nur der Lehre, sie erweiterten und ergänzten sie auch, worüber natürlich viel gestritten wurde – und das bis heute.

Vielleicht kann gerade dieses Kapitel nachdenklich machen über die Entwicklung der Lehre, eine Entwicklung, von der Buddha allerdings sagen würde, daß es sie gar nicht gibt.

Doch seine Lehre, da besteht kein Zweifel, die gibt es für uns. Und es gibt unendlich viele Menschen, die ihr anhängen in dieser oder jener Art. Wollte sich jemand anmaßen, hier zu urteilen: Der ist auf dem rechten, der ist auf dem falschen Weg? Das kann jeder nur aus sich und für sich erfahren, für sich entscheiden. Vielleicht aber kann der Blick auf den Lehrer Buddha manchem dabei helfen.

Von den fünf Asketen, die seine ersten Anhänger wurden, haben wir gehört. Doch Buddha erreichte bereits in den ersten Wochen seines Lehrens nicht nur religiös Suchende, sondern auch Alltagsmenschen, die ihren Geschäften nachgingen. Das macht deutlich, daß man in ihm keinen spintisierenden Sektierer sah, von denen damals Tausende auf Indiens Straßen unterwegs waren.

Er muß vom Tag seines Erwachens an eine Ausstrahlung besessen haben, die seiner Erscheinung große Würde gab und ihn als einen Besonderen erkennen ließ.

Schon in der Zeit unmittelbar nach der Erleuchtung, von der die Legende viele wunderbare Ereignisse um den Buddha zu berichten weiß, die den Erwachten angeblich auch in »weite Welträume« entführten, kam es bereits zur ersten Heilsbegegnung mit Laien.

Zwei Brüder waren es – Trapusa und Bhalika –, die mit einer Warenkarawane von mehreren hundert Zugtieren aus dem Süden nach Norden zogen.

Plötzlich, in der Nähe des Bodhi-Baumes, unter dem Buddha bei seiner Erleuchtung verweilt hatte, stoppten die Tiere ohne ersichtlichen Grund. Und es bedurfte des Eingriffs einer in der Gegend wirkenden Baumgöttin, um die Ochsen der Karawane zum Weiterziehen zu bewegen. Da sahen die Brüder und ihre Begleiter den wie eine Sonne mit den zweiunddreißig Zeichen des Cakravartin ausgezeichneten, goldglänzenden Buddha.

Die Kaufleute glaubten, ein göttliches Wesen vor sich zu haben. Doch als der Erwachte sie grüßte, erkannten sie in ihm den einstigen Asketen. Um ihn zu ehren, aber auch zu nähren, legten sie zu seinen Füßen eine besonders edle Honigspeise nieder und baten ihn, sie als Almosen anzunehmen. In einer fein verzierten steinernen Schale, die ihm die Götter reichten, nahm er die Gabe entgegen. Es war seine erste Mahlzeit nach der Erleuchtung. Die Schale wurde danach in die Götterwelt Brahmas erhoben und wird dort seither als höchstes Heiligtum verehrt.

Es ist, als habe sich hier aus der ersten Laienbegegnung eine Art buddhistischer Gralssage entwickelt.

Buddha belehrte die beiden Brüder, die so stark von ihm beeindruckt waren, daß sie sich ganz zu ihm bekannten und seine ersten Laienanhänger wurden.

Chronologisch haben wir dieses wunderbare Ereignis noch vor der Rede in Sarnath einzuordnen. Doch es ist, wie wir sehen, eine Legende. Sie hat sicher einen historischen Kern, wie alles, was nun legendenumwoben, von Wundern begleitet, über Buddhas Wanderschaft und Bekehrungsweg zu sagen ist.

Auffallend erscheint es, daß sich in der ersten Zeit seines Wirkens sehr viele Angehörige der Oberschicht zu ihm bekennen. Da ist die Geschichte des Jünglings Yasa, der aus Varanasi zum Buddha nach Sarnath pilgerte und sein Jünger wurde. Er stammte aus reichem Kaufmannshause und war des Wohllebens überdrüssig. Seine Vorgeschichte hat eine große Ähnlichkeit mit Buddhas eigener Jugend.

An ihm erprobte Buddha zum erstenmal die abgestufte Unterweisung. Er begann mit einfachen Dingen wie dem Almosenspenden, dem rechten Lebenswandel und der Vergänglichkeit der Sinnenfreuden. Als er spürte, daß Yasa zugänglich war und sich begierig zeigte, mehr zu erfahren, sprach er vom Leiden und seinem Ursprung, wie sie dem Menschen im Samsara, dem irdischen Lebensablauf, immer wieder begegnen. Und er machte ihm klar, was dagegen zu tun sei.

Als Yasas Vater, von der besorgten Mutter ausgeschickt, seinen Sohn zu Füßen des Buddha fand, war er zunächst erzürnt, fühlte sich dann aber gleichfalls von den Unterweisungen Buddhas tief beeindruckt.

Vater und Sohn luden den Erleuchteten für den nächsten Tag in ihr Haus zum Essen ein, was dieser schweigend akzeptierte. Er begegnete dort auch der Mutter und den anderen Frauen aus Yasas Familie. Sie alle zeigten sich von Buddha und seiner Lehre sehr bewegt. Nachdem Yasa sich schon vorher in Sarnath zu Buddha bekannt hatte – er war der erste Bürger, der das Mönchsgelübde für Buddha, die Lehre (Dharma) und den Orden (Sangha) ablegte –, folgte seine ganze Familie.

»Buddha, Dharma und Sangha«, so hießen fortan die drei heiligen Begriffe, zu denen man Zuflucht nahm, wenn man sich der schnell wachsenden Gemeinden des Erwachten anschloß.

Mit Yasas Familie kamen auch schon ganz früh Frauen als Laienanhängerinnen zu Buddha. In den neu gegründeten Orden aber nahm er zunächst nur Männer auf. Dabei war Yasa eine Art Multiplikator. Immer mehr seiner Freunde aus Varanasi folgten seinem Beispiel, so daß schon bald von einer Gemeinschaft der Heiligen die Rede war.

Besonders beachtenswert an dieser frühen Anhängerschaft aus einflußreichen, wohlhabenden Kreisen Varanasis ist die Tatsache, daß sie aus jener Stadt Nordindiens kam, deren Führungsschicht als besonders konservativ, alten vedischen Bräuchen anhängend und allen neuen Ideen mißtrauend, von Asketenfeindschaft beherrscht und von großer Unfreundlichkeit gegen Bettelmönche galt.

Man haßte das Fremde in dieser Stadt am Ganges (dem heutigen Benares), die als heilig galt, aber – das ist besonders zu beachten – aus den Riten und Kulten der alten Religion ihren Reichtum bezog. Denn hier hatte man die großen Opfer zum Geschäft gemacht, einem Geschäft, von dem auch Yasas Familie lebte, von dem sich jedoch besonders der Sohn schon lange angewidert fühlte.

Dieser Widerstand, der sich in der Bevölkerung mehr und mehr ausbreitete, galt vor allem den vedischen Blutopfern.

Aber noch immer beherrschten die Brahmanen die Stadt, die schon damals von Pilgern überschwemmt wurde, vor allem von solchen, die zum Sterben kamen. Und auch das war ein gutes Geschäft – wie heute noch. Denn als Inder muß man möglichst am Ganges verbrannt werden, um einer besseren Wiedergeburt sicher sein zu können.

Schon ein Bad im heiligen Fluß war äußerst erstrebenswert und bedeutete religiöse Reinigung. Alles das aber war vor allem mit Opfern verbunden, die so manche Familie ruinierten, die Brahmanen aber immer reicher machten.

In diesem Zusammenhang wirft die Yasa-Geschichte ein deutliches Licht auf die Verhältnisse der Zeit. Sie läßt aber auch die Sehnsucht der Menschen erkennen, aus ihrer verkrusteten Ordnung, die vielen zum Schaden gereichte und die Masse ins Elend stürzte, herauszukommen.

Aus dieser zeitgeschichtlichen Sicht war Buddhas Lehre auch ein Stück Kritik an den bestehenden Verhältnissen und eine Aufforderung, eine Hilfe, das verfehlte Leben zu ändern. Dabei gewann Buddha allerdings nicht nur Freunde.

Die Brahmanen, aber auch die Hersteller all der heiligen Geräte, deren die Pilger bedurften, sowie die Devotionalien-Hersteller und die Händler beobachteten ihn mit Mißtrauen, ja mit Verachtung.

Er war es, der Blutopfer ablehnte, der selbst von den heiligen Bädern im Fluß nichts hielt und all das geschäftige Treiben, das sich heilig nannte, als das entlarvte, was es wirklich war: Schaumschlägerei.

Doch alle Ablehnung und Feindschaft änderten nichts an Buddhas Lehrerfolgen. Der Orden – der Sangha – wird bereits bei der Unterrichtung der ersten Anhänger als eine Einrichtung genannt, die sich wohl aus Buddhas Versprechen an Brahma, seine Erkenntnis zu lehren, ergeben hat.

Er ist von Anfang an ein bedeutendes Gegengewicht zur bestehenden, brüchigen brahmanischen Ordnung. So wird er auch dargestellt und sein bereits in den ersten Monaten beachtliches Wachstum erklärt.

Schon bald, so lesen wir im *Mahavagga* – dem großen Buch der Ordenszucht –, unterwies Buddha die zu ihm strömenden Menschen nicht mehr allein, sondern schickte seine Mönche in alle Landesteile, um die Lehre verkünden zu lassen.

Auch das versuchte Mara, der Böse, noch einmal zu verhindern. Vergebens: Das Rad der Lehre bewegte sich unentwegt weiter. Es war auch ein Rad gegen die Übel der Zeit. Die sie erkannten und durchschauten, wurden zu Buddhas Anhängern.

Und es sieht so aus, als ob sich heute unter ähnlichen Umständen wie damals Ähnliches entwickelte: ein neuer Aufstand des freien unabhängigen Geistes gegen die Verblendungen der Zeit – gegen die »Brahmanen« von heute, ob sie nun in Regierungssesseln oder in den Chefetagen von Industriekonzernen sitzen. Auch wenn einige von ihnen Zen-Meditation betreiben, werden sie dadurch ihrer Verstrickung in den Samsara nicht ledig. Einen Buddhismus auf Zeit, einen Freizeit- oder Therapie-Buddhismus, gibt es nicht. Solche Aktivitäten sind falsch und verlogen wie so vieles, was man heute mit dem Etikett Buddhismus versieht. Das sollte jeder wissen, der mit dem Wort in irgendeiner Form in Berührung kommt – ob hier oder in Asien, wo der Buddhismus inzwischen auch vielerorts zum Geschäft gemacht wird, wie damals die vedischen Opfer in Varanasi.

Es war zur Zeit des Erwachten eine Hybris der Blutopfer ausgebrochen, die zu einer Katastrophe für das Land zu werden drohte. So hat König Pasenadi von Kosala, der später ein treuer Anhänger Buddhas wurde, Hunderte von Tieren zusammentreiben lassen, ohne die Besitzer zu entschädigen, um der Forderung der Brahmanen nach einem großen Blutopfer zur Versöhnung der angeblich erzürnten Götter nachzukommen. Buddha wandte sich gegen das Opfer und erklärte es für völlig nutzlos, was natürlich erneut den Zorn der Brahmanen heraufbeschwor.

Eine der größten geplanten Opferhandlungen der Zeit mit tausend Tieren konnte der Erleuchtete dank kluger Argumentation verhindern. Er überzeugte den zum Opfer entschlossenen Brahmanen, daß es besser sei, Almosen zu geben, Mönche zu unterstützen und ihnen Unterkünfte für die Regenzeit zu bauen.

Hier klingt zum erstenmal der Gedanke geschlossener Gemeinschaftshäuser auf, aus dem sich schon zu Buddhas Zeiten das Kloster entwickelte.

Nur eine Regenzeit – 528 v. Chr. – verbrachte Buddha in Sarnath vor den Toren Varanasis, und er kehrte im Laufe seines Wanderlebens auch nicht mehr dorthin zurück.

Von Sarnath aus wandte er sich noch einmal zum Ort seines Erwachens, um den Menschen, denen er als Asket nahe gewesen war, die Lehre zu verkünden. Es war ein Zug des Mitleids, wie man ihn an Buddha, besonders nach seinem Erwachen, immer wieder wahrnimmt. Vielleicht ist das, betrachtet man andere Religionen, das Größte, das Schönste an der Buddha-Lehre. Was wäre sie, bei aller Überwindung des Menschlichen – des Samsara –, ohne dieses Verständnis für den Menschen.

Auf dem Wege nach Bodhgaya begegnete Buddha einer ausgelassenen, lustigen Gesellschaft von dreißig jungen Männern und ihren Frauen. Einer von ihnen war jedoch unverheiratet. Für ihn hatte man als Festteilnehmerin ein Freudenmädchen engagiert, das in einem unbeobachteten Augenblick wertvolle Dinge gestohlen hatte und damit fortgelaufen war. Nun waren die Männer zu ihrer Verfolgung aufgebrochen, als sie Buddha begegneten. Sie fragten ihn, ob er eine fliehende Frau gesehen habe. Er stellte die Gegenfrage, was sie von der Entlaufenen denn wollten. Darauf erzählten sie die Diebstahlsgeschichte. Für Buddha war das der Anknüpfungspunkt, die aufgeregten Männer in anderer Richtung zu beeinflussen. Er fragte sie, was sie besser dünke, diese Frau zu suchen oder sich selbst. Spontan antworteten sie, sich selbst zu suchen sei wohl besser. Da ließ sie der Buddha um sich niedersetzen und erläuterte ihnen die unterste Stufe seiner Lehre, indem er ihnen die Sinnlosigkeit billiger Vergnügungen vor Augen führte und die Gefahren verdeutlichte, denen man sich dabei, wie sie selbst eben erlebt hatten, aussetzte.

Er sprach von der zwangsläufigen Vergeltung böser Taten durch Anhäufung schlechten Karmas und erklärte ihnen die Vier Edlen Wahrheiten. Dabei machte er ihnen den Unterschied zwischen Sinnenfreuden und dem Glück der rechten Erkenntnis klar.

Alle dreißig zeigten sich von Buddhas Belehrung tief beeindruckt und traten spontan dem Orden bei.

Die Spontaneität solcher Entscheidungen, der wir im Verlauf von Buddhas Lehrerleben immer wieder begegnen, mag dem heutigen Leser seltsam anmuten. Doch so wie die ganze Buddha-Geschichte legendendurchwoben ist, müssen wir wohl auch annehmen, daß manche Bekehrungsgeschichte nachträglich stilisiert worden ist.

Betrachtet man die Gesamtheit von Buddhas belehrendem Wirken, so erkennen wir deutlich zwei Extremformen der Einflußnahme und der Bekehrung. Neben den Spontanerlebnissen sind es langwierige Prozesse, die irgendwann, dann aber oft auch explosionsartig, zur Einsicht führen.

Ein Beispiel dafür ist die Geschichte des Uruvela-Kassapo, die unmittelbar nach der Rückkehr Buddhas ins Gebiet von Uruvela begann, wo der hundertjährige Kassapo, einer der berühmtesten Brahmanengelehrten seiner Zeit, eine Weisheitsschule mit fünfhundert bevorzugten Schülern unterhielt. Er fühlte sich allen anderen Lehrern, so auch Buddha, völlig überlegen.

Um diese Überlegenheit als eine Illusion zu entlarven, wird Buddha, der bei Kassapo wohnt, zum wundermächtigen Magier. Damit sind wir wieder ganz im Bereich der Legende. Buddha überwindet einen in seiner Unterkunft hausenden Schlangengeist. Kassapo erlebt, wie die Hütte dann vom Glanz Buddhas erfüllt ist und sich himmlische Wesen nähern, um von ihm Belehrung zu empfangen. Als Kassapo ein großes Feueropfer vorbereitet, lähmt Buddha die Holzfäller bei ihrer Arbeit.

Ein Vierteljahr dauert diese von Kassapo immer wieder neu entfachte Rivalität, bei der er stets der Unterlegene bleibt, ohne sich das einzugestehen.

Eines Tages, als Kassapo sich wieder einmal seine Überlegenheit zu suggerieren versucht, enthüllt ihm der Buddha diese fruchtlosen, selbstbetrügerischen Gedanken. Da endlich gibt Kassapo auf. Er fällt vor Buddha nieder und bekennt sich zu seiner Lehre.

Alle seine fünfhundert Schüler, die den Konflikt zwischen den beiden schon lange beobachtet hatten, schlossen sich der Entscheidung ihres Meisters an. Sie warfen ihre Opfergerätschaften in den Fluß, schnitten ihre Brahmanenzöpfe ab und nahmen die dreifache Zuflucht: zum Buddha, zum Orden und zur Lehre.

Kassapos Bruder hatte am gleichen Fluß unterhalb von Uruvela eine Schule mit dreihundert Brahmanen. Als die das Opfergerät auf dem Fluß daherschwimmen sahen, fürchteten sie, dem Kassapo und seiner Schule sei etwas Schreckliches zugestoßen. Sie machten sich auf den Weg nach Uruvela, wo sie die Bekehrten antrafen, von ihnen alles über Buddhas Wunderwirken erfuhren und sich daraufhin ebenfalls bekehren ließen. Auch ein dritter Bruder Kassapos trat, nunmehr überzeugt, mit zweihundert Schülern zu Buddhas Orden über.

Mit dieser Schar von tausend neuen Mönchen zog Buddha zu einem Berg in der Nähe seines Erleuchtungsplatzes. Dort hielt er, bezugnehmend auf die im Lande so wichtig genommenen und doch völlig bedeutungslosen Feueropfer, die berühmte Feuerpredigt. Denn alle seine Zuhörer waren ehemalige Feuerpriester.

Vom Feuer ausgehend erklärt er den Samsara. Wie das Feuer sich immer weiter frißt, so verläuft, lehrt Buddha, auch das Leben des Friedlosen, des Umgetriebenen, des an sinnlosen Bräuchen Festhaltenden. An diesem Tag fand Buddhas größte Massenbekehrung ihren Abschluß.

Nach der Feuerpredigt, von der viel berichtet wurde, strömten dem Erwachten immer neue Scharen zu, unter denen die Brahmanen den Hauptanteil stellten.

So kam die geistige Herrschaft der konservativen, an den alten religiösen Bräuchen festhaltenden Opferpriester immer mehr ins Wanken.

Doch nicht nur die überkommene, von vielen kritisierte Ordnung in Stadt und Land begann sich allmählich zu verändern, sondern auch das äußere Erscheinungsbild, die Lebensformen gewannen eine andere Kontur.

Der nun mit mehr als tausend Mönchen durch die Lande ziehende Buddha, der auch in fernere Landesteile immer wieder Anhängergruppen ausschickte, die dort seine Lehre predigten, stellte inzwischen mit dieser Phalanx gewaltloser Demonstration für rechtes Denken und Leben eine machtvolle Bewegung dar, der sich kaum noch jemand entziehen konnte.

Im Gegensatz zu früher, als man Asketen und Bettelmönche lästig fand, rechneten es sich jetzt viele Hausleute zur Ehre an, die Almosenschalen der Jünger des Buddha zu füllen.

Wie ein Heer zogen die friedlichen, Gutes ausstrahlenden Mönchsscharen über die Straßen Nordindiens. Sie waren nicht mehr zu übersehen, ihr Wirken nicht mehr zu unterdrücken.

Die Hauptmacht war von Bodhgaya nach Nordosten, nach Rajagaha aufgebrochen, wo der Buddha dem König Bimbisara von Magadha seine Lehre verkünden wollte.

Bimbisara, der schon bei der ersten Begegnung große Sympathie für Siddharta Gautama empfunden hatte, freute sich über den Besuch des Buddha und empfing ihn mit allen Ehren. Nach eingehender Unterweisung, die ihm der Erleuchtete zuteil werden ließ, bat Bimbisara um seine Aufnahme in die Laiengemeinde des Erwachten. Zum Zeichen seiner Freude über Buddhas Besuch schenkte er ihm und den Mönchen den Park Veluvana, einen großen Bambushain, zu Aufenthalt und Meditation.

So gelangte der Orden zu seinem ersten Landbesitz, der sich schon bald vermehren sollte. Denn immer mehr Fürsten und Grundherren zeigten dem Buddha ihre Sympathie und geizten nicht mit großzügigen Geschenken, vor allem an reichen Ländereien. Daraus entstanden die ersten festen Klöster, die vor allem für die Regenzeiten mit ihren heftigen Monsungüssen den Mönchen willkommene Unterkunft boten.

Die Regenzeit 527 v. Chr. – Buddha war jetzt sechsunddreißig Jahre alt – verbrachte er im Veluvana-Park von Rajagaha, wo inzwischen Unterkünfte für die Mönche entstanden waren.

Die Konzentration von so vielen Mönchen am Rande einer Stadt, die damals kaum mehr als fünfzigtausend Einwohner hatte, bedeutete für die Bewohner natürlich eine schwere Belastung, zumal die Mönchsschar des Buddha – eine Attraktion ersten Ranges – auch zahllose Asketen und Bettler hinter sich herzog, die sich gleichfalls bettelnd in die Straßen von Rajagaha ergossen.

Es gab Kritik aus der Bevölkerung, es gab Angriffe, denen Buddha aber in seiner stillen, dabei immer treffenden Art sicher begegnete.

Vor allem war ihm an einer strengen Disziplin der Mönche im Umgang miteinander, aber auch mit der Außenwelt gelegen. So kam es zum ersten Erlaß von Ordensregeln.

Nach dem Ende der Regenzeit machte sich Buddha, eingedenk seines frühen Gelübdes, mit einigen seiner kenntnisreichsten Jünger auf den Weg nach Kapilavastu. Von diesem Besuch im Elternhaus sind sehr unterschiedliche Berichte überliefert.

Der große Erfolg, den Buddha wohl auch hier erwartete, blieb offenbar aus. Nach seiner Ankunft in der Vaterstadt übernachtete er zunächst im Nigrodha-Hain, den er von seinen ersten Begegnungen mit Asketen in seiner Jugend kannte.

Seine Ankunft ist dem Raja Suddhodana erst am nächsten Tag gemeldet worden, nachdem Buddha bettelnd durch die Stadt gezogen war. Der Raja betrachtete das Betteln des Sohnes in seiner Vaterstadt wohl als eine unerträgliche Schande und machte ihm darum schwere Vorwürfe.

Besonders unerfreulich scheint die Begegnung mit seiner Frau Yasodhara gewesen zu sein, die ihm seinen heimlichen Aufbruch von damals nicht verzeihen konnte.

Ein Missionserfolg jedenfalls war Buddhas Besuch in Kapilavastu nicht.

Die eigenartigste Geschichte dieses Aufenthalts aber rankt sich um die Gestalt des achtjährigen Sohnes von Buddha, Rahula, der dem Erleuchteten, als er das Haus verließ, angeblich mit den von seiner Mutter suggerierten Worten »Gib mir mein Erbteil« nachlief. Buddha überantwortete ihn daraufhin – die Worte als Zufluchtswunsch deutend – einem seiner klügsten Anhänger, Sariputta, als Novizen. Wahrscheinlich würde heutige Gesetzgebung in diesem Fall von Kindesentführung sprechen. Die Buddha-Legende stellt auch dieses zweideutige Ereignis als ein Wunder dar.

Ein zweiter Fall von zweifelhafter Bekehrung wird von Buddhas Halbbruder Nanda Gautama berichtet, der offenbar nur widerwillig, aus Respekt des Jüngeren vor dem Älteren, dem Drängen Buddhas folgend in den Orden eintrat. Denn Nanda, das weiß man, war ein Gourmet und ein Freund schöner Frauen. Was die Legende hier letztlich zu einem Erfolg Buddhas hochstilisiert – er soll Nanda schließlich vom größeren Glück der Lehre überzeugt haben – ist wenig glaubwürdig.

So bleibt trotz einiger neuer Anhänger, die Buddha aus Kapilavastu mitnahm, doch eher der Eindruck des Mißerfolgs seines Besuches. Sollte hier schon das Wort aufgekommen sein: Der Prophet gilt nichts in seinem Lande?

Es ist verständlich, daß es Buddha nach solchen Erlebnissen trotz ungebrochenen Bekehrungswillens nach Rajagaha zurückzog, wo er für sich und die Seinen ein bewahrendes Kloster wußte.

Hier entwickelte sich nun allmählich die tägliche Ordnung mönchischen Daseins, die vor allem für die eintönige Regenzeit sehr wichtig war. Neben den täglichen Bettelgängen war sie vor allem der Belehrung und der Meditation gewidmet.

So gehen nun Erweckungsreden für Außenstehende und weiterführende Belehrungen für die Mönche, die alle Bereiche des Lebens umfassen, nebeneinander her.

Mit Jivaka, dem Leibarzt des Königs Bimbisara, spricht Buddha eingehend über das Essen der Mönche, vor allem auch über die Frage des Fleischgenusses. Buddha lehnt ihn nicht völlig ab, erwartet aber von den Hausleuten, daß nicht eigens für Mönche Tiere geschlachtet werden. Und wenn ein Mönch zu einem Essen ins Haus eingeladen wird, soll sich daraus keine Gewohnheit entwickeln.

Hier zeigt sich, wie neben der Ordenswerbung mehr und mehr

der Alltag der Mönche und seine Organisation in den Vordergrund treten. Das sind für Buddha keine Fragen zweiten Ranges. Er weiß sehr wohl, daß der Bestand und die Zukunft des Ordens davon genauso abhängen wie vom Gewinnen neuer Anhänger.

Für diese gleichzeitige Stabilisierung und weitere Ausbreitung des Ordens war dem Buddha und der Gemeinde seiner Jünger der Park von Jetavana mit seinen Behausungen der rechte Ort, an dem er auch die folgenden Regenzeiten verbrachte.

Während des Monsuns von 524 v. Chr. erreichte Buddha ein Bote aus Vesali, der nördlich des Ganges gelegenen Hauptstadt der Licchavi. Dort war der Regen ausgeblieben. Dürre herrschte im Land. Eine Hungersnot hatte bereits viele Opfer gefordert. Und nun war auch noch eine Cholera mit verheerenden Folgen ausgebrochen. Da bat man den Buddha um Hilfe.

Dieses Ersuchen zeigt, daß dem Erleuchteten längst nicht nur die Fähigkeit der Menschenbekehrung, sondern auch notwendender Wundertaten zugetraut wurden.

Tatsächlich machte sich Buddha auf den beschwerlichen Weg. Als er den Ganges überschritten hatte, setzten schlagartig heftige Regenfälle ein, die dem Land die dringend erhoffte Ernte sicherten.

Natürlich wurde Buddha als der große Nothelfer gefeiert, und sein Ruf als Wundertäter verbreitete sich schnell im ganzen Land. Wir wissen nicht, ob er sich selber als der Bewirkende des Wasserwunders sah und wie er sich zu der Verehrung, die er dafür genoß, verhalten hat.

Auch hier, wie fast immer in seinem Leben, überschneiden sich wieder historisch nachweisbares Ereignis und Legende, zu der sein Leben in den nun folgenden Jahrzehnten mehr und mehr wird, obgleich sein tatsächliches Wirken deutlich darunter hervorscheint.

Wir kennen das Ausmaß seiner weiten Wanderungen in den nächsten Jahrzehnten, und wir kennen seine Erfolge auf diesen Wegen, von denen viele Stationen auch durch bedeutende Reden belegt sind.

Die Legende freilich zieht für Buddhas Wege keine Grenzen.

Sie führt ihn nicht nur durch ganz Indien (was sehr übertrieben ist), sondern auch – in späteren, durch nichts verbürgten Texten – nach Sri Lanka, Birma und Thailand, wo seine Fußspuren noch heute verehrt werden. Es sind riesige, sogenannte Fußabdrücke im Felsen – bis zu drei Meter lang –, die nach buddhistischem Volksglauben die Anwesenheit des Erwachten in diesen Ländern belegen sollen.

Wir aber wollen ihn zunächst noch auf einer Luftreise begleiten, zu der es allerdings auch ein historisches Pendant gibt.

BUDDHA UND DIE FRAUEN – GRÜNDUNG DES NONNENORDENS

Während Buddha als Regenmacher in Vesali weilte, erreichte ihn die Botschaft von einer schweren Erkrankung seines Vaters. Da bedient er sich nach späterer Version einer längst in die buddhistische Vorstellungswelt eingedrungenen magischen Fähigkeit: Er fliegt nach Kapilavastu. Dort findet er seinen Vater im Sterben, vermag ihn aber durch konzentrierte Belehrung noch zur Erleuchtung und damit ins Nirvana zu führen.

Nach einer anderen, historisch belegten Überlieferung hat Buddha Kapilavastu ein zweites Mal besucht, um dort einen Streit seines Vaters mit dem Herrscher des Nachbarlandes um Bewässerungsprobleme zu schlichten, der zu einem Krieg zu führen drohte.

Die Truppen waren, als Buddha eintraf, bereits zu beiden Seiten des Grenzflusses aufmarschiert. Raja Suddhodana, der sich nach dem ersten Besuch seines Sohnes ernsthaft mit der Lehre beschäftigt hatte und Laienanhänger geworden war, sah trotzdem keinen anderen Ausweg als Krieg.

Da brachte Buddha beide Herrscher auf einer Insel im Grenzfluß zusammen, führte ihnen das Unheil des Krieges vor Augen und überzeugte sie davon, daß er keinem von beiden zum Nutzen gereichen würde. Blut statt Wasser, das sei keine Alternative, so gab er ihnen zu bedenken. Seine Argumente waren von solcher Überzeugungskraft, vor allem konnte er den für beide Seiten zu erwartenden Schaden so plastisch darstellen, daß sich die Gegner zu einer friedlichen Lösung entschlossen.

Überall im Lande wurde Buddha daraufhin als Friedensstifter gefeiert. Und was bei seinem ersten Besuch fehlgeschlagen war – die Massenbekehrung –, kam nun in unerwartetem Umfang zustande. Fünfhundert Krieger seines Heimatlandes, die ihn als Lebensretter ansahen, traten dem Orden bei.

Doch auch diese Entwicklung brachte Buddha, wie man sich denken kann, nicht nur Freunde im Lande. Im Gegenteil! Die Frauen der Krieger waren über den Raja-Sohn erzürnt, der ihnen ihre Männer entführte. Und es herrschte große Unzufriedenheit in Kapilavastu, als der Erleuchtete mit seinen neuen Anhängern nach herzlichem Abschied von seinem Vater abgezogen war.

Raja Suddhodana dagegen vertiefte sich immer mehr in die Lehre und erlangte jenen Zustand, von dem die oben wiedergegebene Legende wie von einem Augenblicksereignis berichtet.

Was den legendären Flug angeht, so ist folgendes wahrscheinlich: Nach Vesali zurückgekehrt, erreichte den Buddha die Nachricht von der schweren Erkrankung seines Vaters, und er machte sich ein drittes Mal auf den Weg nach Kapilavastu. Er traf den Vater noch lebend, aber schwer leidend an.

Durch tägliche Unterweisung vertiefte er Suddhodanas Wissen um zu erreichendes Heil so sehr, daß der Raja durch den intensiven Einsatz seines Sohnes friedvoll ins Nirvana einging.

Für Buddha hatte sich gegenüber seinen ersten Wanderjahren ein großer äußerer Wandel vollzogen. Er war nicht nur zum weltlichen Wundertäter, sondern auch zum Friedensstifter und Heilsbringer für den eigenen Vater und viele bedeutende Männer geworden. Seine menschlichen Verdienste hatten inzwischen die gleiche Anerkennung erlangt wie sein unentwegter Einsatz für die Lehre. Das vermehrte sein Ansehen im Lande mehr und mehr.

Nur selten aber hatte man bisher von Buddhas Einstellung zu den Frauen gehört. Obwohl von Anfang an zuweilen von Laienanhängerinnen berichtet wird, gab es dazu noch keine klare Aussage, doch das Problem war nicht zu übersehen.

Eine grundsätzliche Frage zum Umgang mit Frauen stellte darum, wahrscheinlich auch auf Bitten anderer Mönche, eines Tages Ananda, Buddhas Lieblingsjünger, an den Erwachten.

Er fragte: »Wie, Erhabener, sollen wir uns in Gegenwart von Frauen verhalten?«

Buddha antwortete: »Als würdet ihr sie nicht sehen, Ananda.«

»Und wenn wir sie sehen, was sollen wir dann tun?« fragte Ananda weiter.

»Sie nicht ansprechen, Ananda«, antwortete Buddha.

»Aber, Erhabener, was sollen wir tun, wenn sie uns ansprechen?« wollte Ananda nun wissen.

»Ganz wach bleiben, Ananda«, entgegnete darauf Buddha.

Dieser Dialog ist für den, der die Frage ernst nimmt, wenig befriedigend. Er zeigt, daß der Buddha seit seiner früh beendeten Ehe das Thema nach Möglichkeit gemieden, wenn nicht gar tabuisiert hat.

Das änderte sich, nachdem seine Stiefmutter Mahapajapati Witwe geworden war und in den letzten Monaten die Veränderung ihres Gatten vom Weltmann – vom Herrscher – zu einem der Lehre ergebenen Erleuchteten erlebt hatte.

Sie war selbst von dieser Veränderung nicht unberührt geblieben und hatte längst darüber nachgedacht, wie sie darauf reagieren sollte.

Da schuf Suddhodanas Tod eine veränderte Situation. Wie viele Frauen ihres Landes, deren Männer mit Buddha gegangen waren, stand sie nun allein da. Sie sprach mit der einen oder anderen der Betroffenen. Dabei reifte in ihr ein Entschluß heran: Auch sie wollte den Weg des Buddha gehen. Als sie zudem von den jungen, alleingelassenen Frauen ihrer Umgebung hörte, daß auch sie gern ein der Lehre folgendes Leben führen würden, ging Mahapajapati zum Buddha und bat ihn, fest entschlossenen Frauen den Weg in die Hauslosigkeit zu gestatten. Doch der Erleuchtete lehnte ab. Und es kommt zu dem uns schon vertrauten dreifachen Fragen. Aber jedesmal antwortet Buddha seiner Stiefmutter: »Nein, Gautami, es möge dir nicht gefallen, daß das weibliche Geschlecht in der von dem Vollendeten verkündeten Lehre und Disziplin aus der Heimat sich in die Heimatlosigkeit begebe.«

Da Buddha vor Hausleuten jederzeit auch den Frauen Unterweisungen im rechten Leben – vor allem auch als Ehefrauen – gegeben hatte, kann man die Ablehnung der Gründung eines Nonnenordens nicht einfach, wie das zuweilen geschehen ist, als eine Mißachtung der Frau durch den Erwachten deuten, wenngleich er, wie aus späteren Äußerungen hervorgeht, in der Frau das weniger moralisch gefestigte, das zur Verführung hinneigende Geschlecht sah. Die Frau ist aber auch, und das spielt für Buddhas Lehre vom Samsara eine große Rolle, als Gebärerin und Mutter diejenige, die den Kreislauf der Wiedergeburten in Gang hält. Für Buddha, dem es ja nicht nur um Mönchsanhänger, sondern auch um Hausgemeinschaften ging, die in der Lehre gefestigt waren, gehörte die Frau deshalb ins Haus, zu Kindern und Alten. Sie sollte Bewahrerin sein und erst nach einer weiteren Wiedergeburt als Mann den Weg in die Hauslosigkeit gehen können. Diese Einsicht mag für Buddhas Ablehnung einer Ordensgemeinschaft für Frauen ausschlaggebend gewesen sein.

Doch Buddha hatte bei seiner Ablehnung nicht die Beharrlichkeit der Frau bedacht, die wahrscheinlich sogar mit ihrer natürlichen Rolle als Gebärerin zusammenhängt. Sie ist dem Leben weniger vom Geist her als vielmehr von Natur aus verbunden. Das ist keine Wertung, sondern eine Zuweisung im Rollenspiel des Samsara. So sah es wohl auch Buddha.

Aber die Frau ist eben nicht nur Geschlechtswesen, sondern, genauso wie der Mann, erkenntnisfähig zur Durchschauung des Samsara. Wer aber hätte das mehr sein können als Mahapajapati, die nach dem Tode von Buddhas Mutter Maya dazu bestimmt war, den künftigen Buddha großzuziehen? Sie hatte einen genauso starken, ungebrochenen Willen wie ihr Stiefsohn. Und sie hatte ihren Weg erkannt, bevor sie diesen fragte. Deshalb gab sie sich mit seiner Ablehnung auch nicht zufrieden. Sie ließ es auf ein Beispiel ankommen.

Als Buddha mit seinen Jüngern Kapilavastu wieder verlassen hatte und nach Vesali zurückgezogen war, schnitt sich die Raja-Witwe ihr Haar ab, ließ sich den Kopf kahlscheren und legte ein gelbes Gewand an, wie es Buddhas Mönche trugen. Viele Frauen aus Kapilavastu und dem ganzen Land folgten ihrem Beispiel. Danach machten sie sich – eine große Schar – gleichfalls auf den langen, beschwerlichen Weg nach Vesali.

Die Höflichkeitsformen der Zeit hätten es ihr nicht erlaubt, Buddha noch einmal selbst um die Zulassung eines Nonnenordens zu bitten. Doch als sie »mit geschwollenen Füßen und staubbedeckten Gliedern, voller Schmerz und Trübsal, weinend, tränenüberströmten Gesichts« vor dem Toreingang des Klosters stand, wurde sie von Ananda erkannt, dem wir schon einmal, um die Frauen besorgt, begegnet sind. Er fragte sie, was sie hierher geführt und in diesen bejammernswürdigen Zustand versetzt habe. Sie erzählte ihm von ihrer, Buddha in Kapilavastu vorgetragenen Bitte, seiner Ablehnung, und ihrem ungebrochenen Willen, trotzdem den Weg der Lehre zu gehen.

Da machte sich Ananda zu ihrem Fürsprecher beim Buddha und trug ihm Mahapajapatis Herzenswunsch als den seinen vor. Doch auch er erhielt dreimal eine ablehnende Antwort. Aber Ananda war genauso schwer zu entmutigen wie Mahapajapati. Und da er großes Mitleid mit der Raja-Witwe empfand, die soviel äußere Pein für die Erreichung ihres hohen, geistigen Ziels auf sich genommen hatte, dachte er darüber nach, ob es nicht doch noch einen Weg gebe, Buddha zur Zustimmung zu bewegen.

Wie es seine Art war, versuchte er es mit einer wohlbedachten Frage: »Ist, Erhabener, das weibliche Geschlecht imstande, wenn es in der von dem Vollendeten verkündeten Lehre und Ordnung aus der Heimat sich in die Heimatlosigkeit begeben hat, zu der Frucht der Bekehrung, der einmaligen Wiederkehr, der Nichtwiederkehr und zur Heiligkeit zu gelangen?«

Darauf antwortete Buddha: »Ja, Ananda, das weibliche Geschlecht ist, wenn es in der vom Vollendeten verkündeten Lehre und Ordnung sich aus der Heimat in die Heimatlosigkeit begeben hat, imstande, zu der Frucht der Bekehrung, der einmaligen Wiederkehr, der Nichtwiederkehr und zur Heiligkeit zu gelangen.«

Nach diesen Worten erinnerte Ananda den Erwachten an Mahapajapatis wichtige Rolle als Ersatzmutter in seiner, Siddhartas, Kindheit, bat ihn, all das zu bedenken und der Raja-Witwe ihren Herzenswunsch zu erfüllen.

Wie schon mehrfach in den letzten Jahren läßt sich Buddha durch den Hinweis auf persönliche Voraussetzungen umstimmen, ist aber um so härter in den Bedingungen, die er für die Ordination einer Nonne, und sei sie auch seine eigene Tante, nennt.

Die Antwort des Buddha enthält alle von da an gültigen Nonnenregeln, denen sich jede in den Orden eintretende Frau unterwerfen muß.

»Wenn, Ananda«, so beginnt Buddha mit der Aufzählung seiner Bedingungen, »Mahapajapati aus dem Gautama-Geschlecht acht wichtige Verpflichtungen übernimmt, so könnte sie die Weihe empfangen: Eine schon hundert Jahre geweihte Nonne muß einen Mönch, der an diesem Tage geweiht wurde, ehrfurchtsvoll grüßen, sie muß vor ihm aufstehen, die Hände gegen ihn falten und ihre Pflichten gegen ihn erfüllen.* Eine Nonne darf die Regenzeit nicht an einem Orte zubringen, wo kein Mönch ist. Jeden halben Monat hat eine Nonne von der Mönchsgemeinde zweierlei zu erwarten, nämlich die Frage nach den Fastentagen und das Erscheinen zur Ermahnung. Wenn die Regenzeit vorüber ist, muß eine Nonne vor beiden Gemeinden über dreierlei berichten, nämlich über das Gesehene, das Gehörte und das Vermutete. Wenn eine Nonne eine schwere Sünde begangen hat, muß sie sich vor den beiden Gemeinden auf einen halben Monat der strengen Manatha-Buße unterziehen. Wenn sie zwei Jahre lang in den sechs Tugenden unterwiesen worden ist, hat sie bei beiden Gemeinden um die Weihe nachzusuchen. Eine Nonne darf auf keinerlei Art einen Mönch beleidigen oder schmähen. Von heute an ist verboten die Ermahnung von Nonnen an Mönche, nicht verboten ist die Ermahnung von Mönchen an Nonnen. All diese Vorschriften sind zu achten, hochzuhalten, zu ehren, zu verehren und zeitlebens nicht zu übertreten. Wenn Mahapajapati aus dem Gautama-Geschlechte diese acht wichtigen Verpflichtungen auf sich nimmt, soll sie die Weihe empfangen.«

Ananda teilt diese Bedingungen der auf seine Nachricht Wartenden mit und bekommt deren sofortige Zustimmung, die Ananda dem Buddha überbringt.

* Gemeint ist, daß selbst eine Nonne hohen Ordinationsalters noch dem jüngsten Mönch nachrangig ist (Anm. d. Lektors).

Darauf hebt der Buddha noch einmal zu einer längeren Erklärung an, die den Charakter einer Prophezeiung hat:

»Wenn, Ananda, das weibliche Geschlecht nicht die Erlaubnis erhalten hätte, in der von dem Vollendeten verkündeten Lehre und Disziplin von der Heimat sich in die Heimatlosigkeit zu begeben, hätte der heilige Wandel langen Bestand gehabt; tausend Jahre hätte die wahre Religion Bestand gehabt. Weil aber jetzt das weibliche Geschlecht in der von dem Vollendeten verkündeten Lehre und Disziplin von der Heimat in die Heimatlosigkeit sich begeben hat, wird jetzt, Ananda, der heilige Wandel nicht langen Bestand haben; nur fünfhundert Jahre wird die wahre Religion Bestand haben. Wie die Häuser, die viele Frauen enthalten und wenige Männer, leicht zu zerstören sind durch Räuber, ebenso wird, in welcher Lehre und Disziplin das weibliche Geschlecht die Erlaubnis erhält, von der Heimat in die Heimatlosigkeit sich zu begeben, diese Religion nicht lange bestehen. Wie ein Mann im voraus einen Damm in einem großen See festlegt, damit das Wasser darüber nicht hinausgeht, ebenso sind von mir im voraus acht wichtige Verpflichtungen festgesetzt worden, die zeitlebens nicht zu übertreten sind.«

Es ist dies das erste Mal, daß sich Buddha über die fernere Zukunft seiner Lehre und des Ordens äußert.

Viel ist über diese düstere Voraussage, der Orden werde nach der Nonnenzulassung nicht länger als fünfhundert Jahre bestehen, gerätselt worden.

Wenn auch buddhistische Mönchsgemeinschaften in großer Zahl und in vielen Ländern noch heute existieren, Buddhas Prophezeiung äußerlich gesehen also nicht eingetroffen ist, so darf man doch andererseits nicht übersehen, daß sich fünfhundert Jahre nach Buddha im Orden große Veränderungen und viele Abspaltungen vollzogen haben, über die und deren Bedeutung im zweiten Teil dieses Buches zu sprechen sein wird.

Nachdem Buddha seine wichtigen, wenn auch schwer nachzuvollziehenden Worte zu Ananda gesprochen hatte, empfing er seine Tante, die ihn fragte, wie sie mit den anderen Frauen verfahren solle, die mit ihr nach Vesali gekommen seien.

Da gab ihr Buddha die ersten Anweisungen und Einführungen für Nonnen. Danach ging er in die tägliche Mönchsversammlung und sagte zu den anwesenden Mönchen: »Ich erlaube, ihr Mönche, den Mönchen, die Nonnen zu weihen.«

So kam es in Vesali zur Weihe der ersten buddhistischen Nonnen.

Als ob die Gründung des Nonnenordens Buddhas Betrachtung der Frau, aber auch die Vorstellungen der Frauen von Buddha verändert hätten, kommt es im Leben Buddhas wie in der Buddha-Legende zu weiteren Begegnungen des Erleuchteten mit Vertreterinnen des weiblichen Geschlechts.

Dabei ist zunächst von einer wunderbaren, an die Jatakas – die Geschichten aus Buddhas früheren Existenzen – anknüpfenden Legende zu berichten, die den Erwachten mit seiner sieben Tage nach der Geburt verstorbenen und in den Tusita-Himmel erhobenen Mutter Maya zusammenbringt.

Die Geschichte dieser Begegnung läßt an die zwischen Wirklichkeit und Märchen angesiedelten Berichte über Siddhartas Jugendjahre und seinen Aufbruch in die Hauslosigkeit denken, denn auch hier handelt es sich wieder um einen Aufbruch, wenn auch ganz anderer Art.

Es war die siebte Regenzeit nach seiner Erleuchtung. Da besann er sich seiner Mutter, verließ die Mönchsgemeinde und begab sich in den Tusita-Himmel, der ihm ja aus der Zeit vor seiner letzten Geburt wohlvertraut war.

Vier Monate blieb er bei seiner Mutter und den Göttern, deren Höchster, Sakko, ihm seinen Thron unter dem Himmlischen Korallenbaum überließ. Von dort aus verkündete er den sterblichen Göttern, um solche handelte es sich ja nach buddhistischem Verständnis, den Weg zur Erlösung, zum Nirvana.

Als auch seine Mutter diesen Weg erkannt hatte, begab er sich zurück zu den seiner harrenden Mönchen, deren Mehrzahl sich jetzt in Savatthi, westlich von Kapilavastu, aufhielt.

Dort hatte sich neben den Buddha-Anhängern aber auch eine

große Zahl anderer Pilger, Asketen und Mönche eingefunden, von denen es vielen nur um Einflußnahme und Selbstdarstellung ging.

Da der Buddha so lange abwesend blieb, was man der Gemeinschaft seiner Mönche wohl anmerkte, hofften die fremden Pilger, er sei inzwischen verstorben. So sahen sich die Feinde Buddhas gestärkt und ihre Stunde des Triumphs gekommen.

Wie enttäuscht waren sie deshalb, als sie die wohlbekannte Gestalt wieder unter den gelbgewandeten Mönchen sahen. Da es sich zudem schnell herumsprach, wo sich Buddha aufgehalten hatte, stieg sein Ansehen aufs neue, und es gab viele, die dem Orden beitraten.

Um so mehr steigerte sich der Zorn der Übelwollenden, und sie berieten, wie Buddha und seinen Anhängern wirksam zu schaden sei. Das konnte ihrer übereinstimmenden Meinung nach nur dadurch geschehen, daß sie den untadeligen Ruf Buddhas untergruben und wenn möglich zerstörten.

Wie aber hätte das besser erreicht werden können als durch die Verbreitung von Zweifeln an seiner Lauterkeit, seiner Ehrlichkeit und vor allem an seiner Keuschheit?

Man mußte ihm Beziehungen zu Frauen nachsagen und durch Augenschein auch nachzuweisen versuchen. Dazu bedienten sich die Rädelsführer dieser Intrige einer bildhübschen Brahmanentochter, die als Pilgerin in Savatthi weilte.

Sie fand, als man ihr diesen Plan nahelegte, Geschmack an dem Gedanken, als Buddhas Geliebte zu gelten. Ja, vielleicht glaubte sie sogar, angesichts ihrer großen Schönheit, den Erleuchteten tatsächlich verführen zu können.

Cinca, so hieß das Brahmanenmädchen, machte nun täglich Spaziergänge zum Kloster der Buddhisten und hielt sich dort oft längere Zeit auf. Als man sie in der Stadt fragte, was sie bei den Mönchen suche, gab sie ausweichende, zum Teil geheimnisumwobene Antworten.

Oft blieb sie auch über Nacht auf dem Klostergelände und sorgte dafür, daß möglichst viele sie sehen mußten, wenn sie am nächsten Morgen von dort heimkehrte. Fragte man sie, wo sie die Nacht verbracht hatte, antwortete sie unwirsch, das sei doch wohl ihre Sache. Zuweilen aber machte sie Andeutungen, daß sie im Kloster einen Geliebten habe. Sie stellte sich verschämt und gehemmt, ließ aber schließlich durchblicken, daß sie ein Verhältnis mit dem Buddha habe.

Die Nachricht verbreitete sich wie ein Lauffeuer in der Stadt. Allerdings gab es mehr Zweifler als solcher Behauptung Trauende, und die waren großteils mehr am Verleumden interessiert als am Prüfen.

Doch Cinca wußte die Zweifel durch Augenschein zu zerstreuen. Sie wickelte sich Tücher um den Bauch und versuchte so mit Erfolg den Eindruck einer Schwangeren zu erwecken. Nun erzählte sie auch überall, daß Buddha sie verführt habe. Nach neun Monaten bot sie der Öffentlichkeit das Bild einer Hochschwangeren. Sie hatte vor, Savatthi in den nächsten Tagen heimlich zu verlassen, wollte sich aber einen spektakulären Abgang verschaffen.

So drang sie eines Morgens in die Versammlungshalle der Mönche ein und beschuldigte den anwesenden Erwachten lauthals, sie verführt und nun verstoßen zu haben.

Da erwiderte Buddha in der ihm eigenen Gelassenheit: »Ob du die Wahrheit sagst, das wissen doch nur du und ich.«

Als die dadurch verwirrte Cinca das leise bestätigte, hob ein Windstoß ihren Rock, das Bündel, das sie sich umgebunden hatte, fiel zu Boden. Erzürnte Laien, die zugegen waren, schlugen heftig auf sie ein und jagten sie zum Kloster hinaus.

Nachdem sie das heilige Gelände schreiend verlassen hatte und Buddha sie nicht mehr sehen konnte, brach die Erde krachend auseinander und verschlang die Verleumderin.

Hier schlägt eine wahrscheinlich öfter vorgekommene Frauenverhaltensweise gegenüber dem Buddha, der sicher vieler Mädchen Augenweide war, in ein die Lehre bestätigendes Wunder um. Aus Realität wird Machtdemonstration des Überirdischen.

Trotzdem sah die Realität im und um den Orden – dieses Beispiel zeigt es – nicht so erfreulich aus wie zu Anfang. Auch unter den Mönchen kam es zu mancher Auseinandersetzung, zu manchem Streit. Ja, selbst von Vergewaltigung und Mord hören wir, wenngleich schwere Verbrechen zu Buddhas Lebzeiten nur vereinzelt vorgekommen sein dürften.

In einem Fall – der Vergewaltigung der Nonne Uppalavanna durch einen Mönch namens Nando – berichtet die Legende von einem ähnlichen Strafgericht wie bei Cinca. Das läßt darauf schließen, daß schlimme Verstöße gegen die Ordensregel doch recht selten waren und schwer bestraft wurden – auf der Erde oder durch die überirdischen Gewalten des Himmels.

Wir sehen aber, daß Buddhas Erwachen ihn und seine Umgebung keineswegs vor den täglichen Nöten des Samsara bewahrt hat. Wenn er selbst auch unangreifbar war, blieb er doch durch sein körperliches Dasein der Wechselwelt ausgesetzt. Das mußte er vor allem mit zunehmenden Jahren oft deutlich verspüren.

ORDENSREGEL UND LEHRE

Je länger der Orden bestand, je größer der Zulauf war, um so wichtiger wurden strenge Ordensregeln. Ihnen galt Buddhas besonderes Augenmerk. Er wußte: Durch nichts waren Wirkung und Nachhaltigkeit der vermittelten Lehre so stark gefährdet wie durch den Samsara. Denn wer war wohl größeren weltlichen Versuchungen ausgesetzt als gerade der Mönch? Dieses Versuchungspotential hatte sich durch die Zulassung des Nonnenordens nicht verkleinert. Es war bedeutend größer geworden. Buddha wußte das. Trotzdem meinte er, die Nonnen unter mönchischer Aufsicht besser bewahrt zu wissen als in Selbstverwaltung.

Eine weitere Gefahr für die Ordnung, insbesondere für die wohl am schwersten einzuhaltende Regel – die Keuschheit –, war die ständige Begegnung der Mönche mit Frauen auf ihren Bettelgängen. Da mag es zu mancher Versuchung, auch zu mancher Verführung gekommen sein. Buddha wußte auch das. Und ihm war klar, daß mit Verboten allein nichts zu regeln, auch nichts zu verhindern war.

Trotzdem hat er offenbar nach seiner zögernden Zustimmung zum Nonnenorden die Regeln für die Mönche verschärft und wohl auch zum erstenmal genau formuliert.

Dabei entwarf er acht Kategorien von Verhaltensregeln, denen sich Mönche wie Nonnen zu unterwerfen hatten. Die für Nonnen vom Buddha erlassenen Verhaltensanweisungen galten für die weiblichen Mitglieder des Ordens noch darüber hinaus.

Allen Ordensregeln voran standen die Parajika-Gesetze, deren Übertretung den sofortigen Ausschluß aus dem Orden zur Folge hatte. Sie verboten Mord, Diebstahl, Geschlechtsverkehr – auch mit Tieren – und die Anmaßung des Besitzes höherer Geisteszustände sowie deren Anwendung.

Letzteres war unter Asketen und Bettelmönchen der Buddha-Zeit ein beliebtes Mittel zur Selbstdarstellung und zum Erreichen allgemeiner Bewunderung.

Die übrigen Kategorien betrafen vor allem das Mönchsleben selbst: das Benehmen der Mönche und Nonnen in der Öffentlichkeit, den Umgang miteinander sowie mit Außenstehenden, die Besitzfragen, den Tagesablauf, die Beköstigung und das Verhältnis zu Eltern, Kindern und Verwandten.

Mönche durften nicht arbeiten, auch kein Feld bestellen. Sie waren allein auf Almosen angewiesen. Verwandtenkontakte waren verboten. Nur die sterbenden Eltern durften besucht werden; sonst waren Familienbesuche nicht erlaubt.

Auch über Pilgerschaft und das Verbleiben während der Regenzeit gab es Anweisungen oder doch zumindest Hinweise. Dabei sieht Buddha sowohl in zielloser Wanderschaft wie im zu langen Verweilen an einem Platz zu bedenkende Nachteile. Wenn er auch die Gründung der Klöster selbst betrieben hat, so ist er doch gegen einen zu langen Aufenthalt an einem Ort, denn, so sagt er, »zu lange an einem Platze wohnen, hat fünf Nachteile: Viele Sachen besitzt man und speichert man auf. Viele Arzneien hat man und hebt sie auf. Vielgeschäftig ist man, macht sich zu schaffen, läßt sich auf allerhand Tätigkeiten ein, pflegt Geselligkeit mit Mönchen und Hausleuten und verkehrt in unpassender Gesellschaft.«

Solchen Bedenken liegen natürlich Grundsätze der Lehre zugrunde, wie überhaupt ganz deutlich wird, daß zwischen Lehre und Ordensregeln eine unmittelbare Beziehung besteht. Wenn jeder Mönch und jede Nonne die Lehre wörtlich nehmen, beherzigen und im Alltag umsetzen würde, wären Ordensregeln gar nicht nötig.

Doch Buddha war kein Illusionist. Er kannte die Menschen und führte ihnen ihre Schwächen immer wieder deutlich vor Augen. Der Mönchsgemeinde machte er klar, daß bei ständiger Beachtung des von ihm gelehrten Mittleren Achtfachen Pfades und seinen deutlichen Auslegungen, Schwierigkeiten im Miteinander nicht entstehen könnten. Darauf hat er auch immer wieder hingewiesen, wenn er Mönche im Streit antraf oder wenn er Anschuldigungen und Verleumdungen zu hören bekam, die vor allem beim engen Zusammensein während der Regenzeit zu einer Vergiftung der Klosteratmosphäre führen konnten. Hier lagen nicht zu unterschätzende Probleme für die Mönchsgemeinschaft.

Andererseits hatte Buddha gegenüber den weltlichen Autoritäten viele Vorteile für den Orden und seine Mitglieder durchgesetzt. Nicht umsonst war er den meisten Herrschern seiner Zeit freundschaftlich verbunden. Viele bekannten sich als Laienanhänger zu seiner Lehre.

Der Orden war genauso streng organisiert wie eine Stadt jener Zeit, was natürlich angesichts der im ganzen Land verstreut lebenden Mönche und Nonnen nicht einfach war. Bei den Regierungen und Verwaltungen war das Recht der Ordensmitglieder auf Almosengänge durchgesetzt worden.

Die Mönchsgemeinschaft war insoweit auch eine selbständige Einheit, als ihre Mitglieder nicht der staatlichen Rechtsordnung, sondern der Ordensgerichtsbarkeit unterlagen. Das konnte zu brisanten Konfrontationen und Auseinandersetzungen führen, wenn sich ein Schuldiger durch Eintritt in den Orden der staatlichen Strafverfolgung zu entziehen versuchte.

So wird nach der Gründung des Nonnenordens von Ehebrecherinnen berichtet, die im Orden Zuflucht suchten. Denn die Ehemänner in Indien hatten damals das Recht, ihre beim Ehebruch ertappte Frau zu töten.

Es sind königliche Entscheidungen zugunsten solcher Frauen bekannt, was heißt, daß man vielleicht sogar den Mißbrauch der Zuflucht, der hier offensichtlich vorlag, als ein hinzunehmendes Vergehen betrachtete, wenn dadurch mehr Menschlichkeit ermöglicht wurde. Lag doch gerade auch das in der Absicht des Buddha und seiner Lehre.

Was wir uns in diesem Zusammenhang verdeutlichen müssen, ist die große Verantwortung, die der Erwachte trotz seiner Weltabgewandtheit in dieser Welt zu tragen hatte:

Er war der oberste Vertreter und der oberste Gerichtsherr des Ordens. Alle Verhandlungen mit den Herrschern und den Kommunen hatte er zu führen. Aber er kümmerte sich andererseits, wie viele Beispiele zeigen, auch um jede Kleinigkeit im Alltag der Mönche. Oft spendete er Lob, hielt aber auch mit berechtigtem Tadel nicht zurück.

Er besuchte die Kranken und spendete ihnen Zuspruch, gab gute Ratschläge zur Gesundheitspflege, führte das Zähneputzen ein und erteilte Verhaltensmaßregeln zum Niesen wie bei anderen körperlichen Funktionen.

Selbst mit dem Latrinenproblem im Kloster hat sich Buddha mehrfach beschäftigt, bis schließlich eine brauchbare, für die Zeit fast hygienisch zu nennende Lösung mit überdachten Häuschen gefunden wurde.

All diese Aktivitäten zehrten an Buddhas Gesundheit genauso wie die vielen Probleme, Konflikte und Streitigkeiten, die immer wieder an ihn, als den Obersten des Ordens, herangetragen wurden.

Trotz all dieser Belastungen blieb Buddha zeit seines Erdenwandels heiter, hilfs- und lehrbereit, ein Vorbild für jeden, der ihn kennenlernte.

Sein Bestreben ging auf Festigung und Erhaltung der Mönchsgemeinschaft, das geht aus vielen Äußerungen des Erwachten hervor.

Obwohl er älteren Mönchen, vor allem seinen engsten Vertrauten aus der Anfangszeit des Ordens, mehr und mehr Aufgaben übertrug, behielt er doch die Führung bis zuletzt, trotz mancher Bedrängung, in der Hand.

Wichtige Entscheidungen wurden in der Mönchsversammlung getroffen, wo jeder Ordinierte, aber auch jeder junge Novize seine Meinung vortragen konnte. Es gab keine Abstimmung. Aber alle kamen zu Wort, und man diskutierte ein Problem so lange, bis Einigung erzielt wurde. Das gelang sehr oft, wenn auch nicht immer.

Je älter Buddha wurde, um so mehr lag ihm die Zukunft des Ordens am Herzen. Das geht aus vielen seiner späteren Äußerungen hervor. Bei einer Ordensversammlung in Rajagaha gab er den anwesenden Mönchen sieben Voraussetzungen für das Fortbestehen und Gedeihen des Ordens zu bedenken. Dabei verhieß er dem Orden eine gute Zukunft, »solange die Mönche regelmäßig Versammlungen abhalten und sie auch besuchen; sich dabei in Eintracht versammeln und einträchtig Beschlüsse fassen; keine Neuerungen einführen, sondern nach der geltenden Ordnung leben; die Ordensväter und Altmönche hochschätzen und die jüngeren auf sie hören; sich nicht dem Bösen unterwerfen, das zur Wiedergeburt führt; in Waldunterkünften leben und mit fremden Mönchen gut umgehen«.

Wenn diese sieben Regeln eingehalten werden, so sagte Buddha auf dieser wichtigen, zukunftsweisenden Mönchsversammlung, besteht für den Orden nicht die Gefahr des Niedergangs und des Verfalls, sondern er wird wie bisher weiter gut gedeihen.

Doch genauso wie die Mönchsgemeinschaft lagen Buddha auch die Laienanhänger am Herzen, und er bemühte sich ständig, ihre Schar zu vergrößern. Deshalb wandte er sich mit seiner Lehre oft an Hausleute in den Städten und Dörfern.

Die Rede war hier wie im Orden, angesichts des weitverbreiteten Analphabetentums, die einzige, alle erreichende Form belehrender Aussage, wobei die endlosen Wiederholungen der Vertiefung dienten, aber auch besonders für die nicht leicht Aufnehmenden bestimmt waren. Für die Lehren höherer Grade waren sie ohnehin unentbehrlich, zumal Buddha alle Menschen erreichen wollte.

So wichtig ihm Mönche und Laienanhänger aus der Oberschicht – der Brahmanenkaste – auch waren, so wenig achtete er insgesamt auf den gesellschaftlichen Rang seiner Anhänger. Auch Kastenlose waren ihm willkommen, was die Brahmanen unter seinen Schülern nur widerwillig hinnahmen.

Buddha war sich im klaren darüber, daß nur verhältnismäßig wenige Menschen seiner Lehre vom Achtfachen Pfad bis in die letzten Konsequenzen folgen konnten, obwohl er ihn den Mittleren, den auf normale menschliche Verhältnisse zugeschnittenen Pfad nannte. Er wußte, wie vielen Versuchungen selbst langjährige Mönche ausgesetzt waren, ganz zu schweigen von der großen Zahl zwar interessierter, vielleicht sogar bemühter Laien, denen aber schon die ersten Schritte schwerfielen, wenn sie die überhaupt erst versuchten.

Doch selbst weit Fortgeschrittene konnten, wie Buddha feststellte und wie er es in seinen früheren Existenzen selbst erlebt hatte, immer wieder rückfällig werden, solange sie noch nicht aus den Verstrickungen des Samsara befreit, aus dem irdischen Schlaf erwacht waren.

Als Folgen solchen Anhangens nennt Buddha eine Reihe von Erscheinungen, vor denen niemand sicher ist, solange er nicht die Wechselwelt, in die wir alle hineingeboren sind, hinter sich gelassen hat. Es ist eine Aufzählung von Eigenschaften und Verhaltensweisen, die der Mensch nur allzu leicht in seinem eigenen Leben wiedererkennt, so sehr er vielleicht auch dagegen ankämpft. Es sind Eigenschaften des Rückschritts:

»Vergnügen an den Existenzen haben, träge, schläfrig und schwach bei guten Plänen sein; erpicht auf vordergründige Geschäftigkeit sein; Verstimmtheiten folgen und Feindschaftsempfindungen hegen; dem Betrachten der Wandelbarkeit der Dinge abgeneigt sein; Geschenke, Ehre und Ruhm für wichtig halten; beim persönlichen Streben nach Erfolg nicht vor unlauteren und schiefen Mitteln oder Listen zurückschrecken; Gefallsucht und körperlicher Eitelkeit folgen; schon mit wenig Tugend zufrieden sein und keine Lust zu weiterem Streben haben; andere Wesen von dem eigenen Geschmack her beurteilen und verurteilen; beim Lernen von geistigen Einsichten unaufmerksam sein und nicht Folgerungen ziehen; beim Lehren geistiger Dinge auf persönlichen Nutzen aus sein; im Handeln rasch und unüberlegt sein; harte Gedanken gegen andere nicht abweisen; bei Weisen und Vorbildern nicht nach den heilsamen Dingen fragen; bei einer gemischten Lebensführung, in der Dunkles und Helles wechselt, bei Dunklem das eigene Gewissen betäuben; auf als falsch erkannte, aber liebgewordene Ansichten nicht verzichten.«

Das sind menschliche Wesenszüge – damals wie heute –, mit denen sich Buddha als Ausdrucksformen des Samsara in seiner Lehre auseinandersetzen mußte, wobei ihm völlig klar war, wie viel Angenehmes, dem Menschen nur schwer Verzichtbares hier angesammelt war, von dem sich so leicht keiner trennen mochte.

Oft genug waren die weltlichen Eigenschaften und Verhaltensweisen dem Buddha bei seinen Besuchen in Städten und Dörfern geradezu als Wunsch und Wille der zur Belehrung Versammelten vorgetragen worden. So geschah es bei Buddhas Ankunft in dem Brahmanendorf Veludvara, wo sich eine große Brahmanengemeinde zu seinen Füßen versammelte.

Das Verhalten der Brahmanen gegenüber Buddha war sehr unterschiedlich. Es bewegte sich zwischen Ehrerbietung und Skepsis. In ihrer Haltung der Lehre gegenüber waren sich die Versammelten einig: Sie wollten Neues gewinnen, ohne Altes aufzugeben. Ihnen ging es um Besitzstandswahrung bei gleichzeitigem Erleben himmlischer Wonnen. Das war die Wegweisung, die sie vom Buddha erwarteten.

Und so war ihre Rede, wie sie Hellmuth Hecker aus dem fünften Band des *Samyutta-Nikaya,* der »Gruppierten Sammlung der Reden Buddhas«, kürzlich ins Deutsche übersetzt hat: »Wir haben, Herr Gautama, den Wunsch, den Willen, das Bestreben, mitten im Gedränge von Kinderscharen zu leben. Wir verwenden gern feinstes Sandelholz aus Benares. Wir schmücken uns mit Kränzen, Parfüm und Salben. Wir haben Gefallen an Gold und Silber. Und beim Zerfall des Körpers, nach dem Tode, möchten wir auf gute Fährte gelangen, in himmlische Welt empor. Die wir solche Wünsche, solchen Willen, solches Bestreben haben, uns möge Herr Gautama die Lehre so zeigen, daß wir jenes erlangen.«

Buddha ließ sich durch diese hochmütige, herausfordernde Rede nicht beirren. Er geht in seiner anschließenden Lehrdarlegung scheinbar auf die Vorstellungen der Brahmanen ein, entwickelt aber daraus die Grundzüge seiner Lehre.

Er spricht vom Wirkungszusammenhang von Wohl und Wehe, von der Bedingtheit aller Taten, die wir ausführen und deren Folgen wir hinnehmen müssen. Daraus entwickelt er die Notwendigkeit rechten Handelns zur Überwindung von Enttäuschung und Leiden.

Die Rede ist, gemessen am Anspruch der Brahmanen, ein dialektisches Meisterstück, das seine Zuhörer so bewegt und überzeugt, daß sie noch am gleichen Abend die Zuflucht nehmen und sich vorbehaltlos zur Lehre bekennen.

In Buddhas Wanderjahren kam es aber auch zu vielen Begegnungen des Erwachten mit der einfachen Bevölkerung des Landes. Sie verliefen fast alle ähnlich. Man erzählte ihm von der Freude an sinnlichen Genüssen, am Berufserfolg, am Familienleben. Von Entsagung wollte man zunächst nichts hören. Doch Buddha verstand es, auch hier durch überzeugende Rede über den solches Leben beherrschenden und darum auch gefährdenden Bedingungszusammenhang, den Sinn und das daraus folgende Heil seiner Lehre so darzustellen, daß er ständig neue Anhänger fand.

Meist gelang es ihm auch, Menschen in fragwürdigen Berufen zum Nachdenken und zum Neuanfang zu bewegen. So machte er den Kriegern deutlich, daß sie ihr blutiges Handwerk mit Sicherheit in die Hölle führe. Aber auch wer nur an Mord und Totschlag denkt oder sie als Schauspieler auf der Bühne darstellt, geht zwangsläufig denselben Weg. Denn im Karma sind Denken und Tun das gleiche.

In diesem Zusammenhang die karmische Gegenwartsfrage zu stellen muß uns erschrecken lassen. Welcher Belastung des Karma setzen allein unsere Fernsehprogramme jeden Tag viele Millionen von Menschen aus, ganz zu schweigen von den weiterwirkenden Einflüssen, die von solchen Programmen vor allem auf junge Menschen ausgehen? Hier wird das Böse virulent. Es ist ein Bazillus, der sich im Samsara nur allzu leicht ausbreitet.

Auch der Buddha muß sich mit dem Bösen auseinandersetzen, als sich der Schwiegervater des Erwachten und sein Schwager Devadatta – der Bruder seiner Frau – gegen ihn stellen, ihn zunächst brüskieren und später sogar auszuschalten versuchen.

DEVADATTA, BUDDHAS WIDERSACHER

Mit dem Auftreten von Buddhas Schwager Devadatta im Orden wird die Mönchsgemeinschaft von starken, lang anhaltenden Unruhen erschüttert. Ein Stück unerwarteter und doch im Samsara so ganz natürlicher Kriminalgeschichte bricht über Buddha und den Sangha herein.

In den letzten Wanderjahren Buddhas fließen die Quellen der Lebensgeschichte spärlicher. So wird das Auftauchen dieses Konflikts zu einem späten Schlaglicht für die Bedrohung, der selbst der Edelste auf dieser Erde ausgesetzt ist, wenngleich er selbst als Erwachter von Bosheit und Angriffen nicht mehr erreicht werden kann.

Devadatta war der Bruder Yasodharas, mit der Buddha nach den Legenden der Jatakas – den Geschichten seiner vorangegangenen Existenzen – schon in früheren Leben verbunden gewesen war und die inzwischen selbst den Weg in den Orden und zur Erleuchtung gefunden hatte.

Doch weder Devadatta noch sein Vater Suppabuddho – der Schwiegervater des Erwachten – hatten Buddhas Gang in die Hauslosigkeit je verwunden. Denn dadurch war Yasodhara ihrer Aussicht, Königin in Kapilavastu zu werden, verlustig gegangen.

Als nun Buddha im Alter noch einmal in seine Heimat kam, entschloß sich Suppabuddho, ihm seine Verachtung zu zeigen. Als er ihm einmal auf dem Almosengang begegnete, ging er nicht, wie es sich vor Mönchen ziemt, zur Seite, sondern trat ihm herausfordernd entgegen. Als Buddha das gewahrte, drehte er sich um und ging einen anderen Weg. Das beunruhigte Suppabuddho, der sich nicht vorstellen konnte, daß ein Fürstensohn solch eine Beleidigung wortlos hinnehmen konnte. Auch die Mönche wunderten sich, und Ananda fragte den Erhabenen, ob er nicht fürchte, daß die Hinnahme eines solchen Verhaltens dem Ansehen des Ordens schaden könne. Darauf erwiderte Buddha, Suppabuddho werde sich seine Strafe selbst bald zufügen, in einer Woche werde er auf der Treppe seines Hauses zu Tode stürzen. Diese Äußerung Buddhas wurde Suppabuddho von Spitzeln zugetragen. Er meinte jedoch, dieser Vorhersage Buddhas leicht entgehen zu können, weil sie so präzise war. Er ließ die Treppe abreißen und hielt sich am angekündigten Tag voller Angst, doch auch mit einem dumpfen Gefühl der Überlegenheit, in seinem Hause auf. Plötzlich sah er, wie sich sein Lieblingspferd am Hauseingang von der Leine losriß. Unbedacht stürmte er hinaus und ins Leere, da die Treppe ja nicht mehr vorhanden war. Er stürzte, so heißt es, direkt in die Hölle.

Sein Sohn Devadatta aber, der mit anderen Sakyiern aus bedeutenden Familien schon früh in den Orden eingetreten war, wurde zu Buddhas erbittertem Gegner. Noch einmal erschien in seiner Gestalt, im Mönchsgewand, Mara vor dem Erwachten.

Devadatta war der Teufel in gelber Robe. Außer magischen Fähigkeiten hatte er über Jahre im Orden nichts gelernt. In seiner Person vereinigten sich Intrigant und Zauberer. Sein Ziel aber hieß: Nachfolger Buddhas als Leiter des Ordens zu werden. Er setzte den Gedanken des Mordes an die Stelle der Erleuchtung.

Im *Cullabagga,* dem »Kleinen Buch der Ordenszucht«, wird über Devadatta und sein Vorgehen gegen Buddha ausführlich berichtet. Obwohl Devadatta sich trotz langer Ordenszugehörigkeit noch nicht um die Lehre bemüht hatte und als eine Art Einsiedler nur die Ausbildung seiner magischen Fähigkeiten betrieb, galt er im Orden gerade dieser Abgeschiedenheit wegen als ernsthafter Asket, dem die Mönche mit Hochachtung begegneten. Nur der Buddha selbst durchschaute ihn. Er wußte um sein schlechtes Karma und war auf seine Angriffe innerlich vorbereitet.

Fünfunddreißig Jahre schon war Devadatta Mönch, als er seine magischen Kräfte so weit entwickelt hatte, daß er meinte, damit hervortreten zu können und Einfluß bei Mächtigen zu gewinnen. Das schien ihm besonders wichtig, da seine Familie nach dem den Buddha beleidigenden Auftritt seines Vaters und dessen

19 Die Bauten der berühmten Universität von Nalanda in Nordostindien stammen alle aus später Zeit (5.–11. Jh. n. Chr.), sind aber aus dem Geist und der Lehre Buddhas entstanden, der auf seinen Wanderungen oft hier geweilt hat

20 Oben: Der riesige Haupttempel von Nalanda zeugt auch als Ruine noch von der großen Zeit des Buddhismus in Indien, die hier im Osten im 12. Jh. n. Chr. gewaltsam durch die Moslems beendet wurde

21 Rechts: Der lehrende Buddha in einer Darstellung am Tempel von Nalanda

22 Ganz oben: Buddhas an einem Stupa der Gandhara-Zeit. Die stilisierten Meditationshöhlen könnten Alpha und Omega bedeuten und so auf hellenistische oder auch frühchristliche Einflüsse in Zentralasien zurückgehen: »Ich bin das A und das O – Anfang und Ende«

23 Links: Buddha und ein reich geschmückter Bodhisattva als frühe Wandmalerei (5. Jh. n. Chr.) in einer der 500 Höhlen – Nr. 263 – von Dun Huang

24 Rechts: Bemalte Lehmskulptur des meditierenden Buddha aus der Höhle Nr. 259 in Dun Huang (5. Jh. n. Chr.)

25 Oben links: Frühe feuervergoldete Bronze des meditierenden Buddha aus Sri Lanka (750–800 n. Chr.). Sein Kopf wird gekrönt von der mit einem Edelstein besetzten Flamme der Erleuchtung

26 Oben rechts: Buddha Shakyamuni in der Geste der Erdberührung. Tibetische Bronze aus dem 13. Jh.

27 Unten: Tibetische Tempelfigur des Buddha, umgeben von reichem Dekor und Schreinen

28 Oben: Monumentalfigur des meditierenden Buddha vor einem Stupa in Sri Lanka

29 Unten: Der Autor im Jahre 1974 mit dem tantrischen Guru Chhimet Ricdzen Lama im Sangkhar-Kloster in Ladakh, dem indischen Westtibet

30 Oben links: Frühe tantrische Bronze der Schutzgottheit Cakrasamvara in Umarmung mit ihrer weiblichen Entsprechung. Nordostindien (10. Jh.)

31 Oben rechts: Dreiköpfige, sechsarmige, feuervergoldete Symbolfigur des ältesten buddhistischen Tantra – Guhyasamaja – in Umarmung mit ihrer Prajna – d. h. Weisheit – auf einem Lotosthron. Südtibetische Bronze (15. Jh.)

32 Rechts: Mandala der tantrischen Schutz- und Initiationsgottheit Hevajra, das laut rückseitiger Inschrift 1644 in Südtibet gemalt wurde

33 Links: Buddha und Stupas von der obersten Plattform des Borobudur in Zentraljava

34 Unten: Der im 8. Jahrhundert in Zentraljava errichtete Borobudur stellt das größte Mandala der Erde dar

35 Noch heute werden in Nepal und Tibet von Priestern und Mönchen Mandalas als Heilige Kreise zum Zeichen der Verehrung des Buddha errichtet – so wie hier in der nepalischen Hauptstadt Katmandu

baldigem, von Buddha vorausgesagtem Tod im Lande nicht mehr in sehr hohem Ansehen stand.

Er wandte sich an den ehrgeizigen Prinzen Ajatasattu, den Sohn und Thronfolger des Königs Bimbisara von Magadha, den er mit der Demonstration seines magischen Könnens sehr beeindruckte. Er wurde sein Freund, und der Kronprinz zeigte sich als großzügiger Gönner. Er ließ für Devadatta ein eigenes Kloster errichten und überhäufte ihn mit Geschenken.

Da sich Devadatta auf dem Höhepunkt seines Ansehens fühlte, stieg in ihm der Gedanke auf, Buddha aus seinem Amt zu verdrängen und selber Leiter des Ordens zu werden. Da er so dachte, verlor er plötzlich aufgrund der sich in ihm vollziehenden karmischen Veränderungen seine magischen Fähigkeiten. Er fühlte sich davon sehr betroffen. Aber Neid, Haß und Machtverlangen steigerten sich dadurch so stark in ihm, daß er beschloß, die Initiative zu ergreifen und den über siebzigjährigen Buddha zu entmachten. Durch die Götter wurde Buddha vor Devadattas Plänen gewarnt. Doch der Erwachte zeigte sich völlig gelassen.

Als die Mönche sahen, wie Devadatta vom Kronprinzen mit Speisen und anderen Geschenken überhäuft wurde, und sie das dem Buddha mitteilten, sagte er ihnen zur Belehrung: »Es ist, wenn Devadatta vom Prinzen Ajatasattu täglich eine solche Fülle von Speisen und Geschenken erhält, deren Annahme ihm als Mönch nicht erlaubt ist, bei Devadatta eine Abnahme in den guten Eigenschaften zu erwarten, keine Zunahme. Zu seinem eigenen Verderben hat Devadatta diese Ehre, dieses Ansehen, diesen Ruhm erlangt. Zu seinem eigenen Untergang hat er all das erlangt.«

Dieser von Buddha gesehene und vorhergesagte Untergang vollzog sich nun mit schrecklichen Folgen innerhalb kurzer Zeit. Er begann mit einem Akt der Überhebung Devadattas vor der versammelten Mönchsgemeinde.

Als Buddha in Anwesenheit des Königs Bimbisara die Mönchsgemeinde unterwies, stand Devadatta auf und sprach, scheinbar ehrfurchtsvoll, zum Erwachten: »Herr, alt ist jetzt der Erhabene, von hohem Alter, lange hat er gelebt und ist zu Jahren gekommen.

Möge, Herr, der Erhabene sich jetzt untätig dem ruhigen Leben in dieser Welt hingeben und mir die Gemeinde der Mönche überlassen. Ich werde die Gemeinde der Mönche leiten.«

Ruhig, aber bestimmt lehnte Buddha das dreimal vorgetragene Ansinnen ab. Beim letzten Mal sagte er mit Hinweis auf seine beiden Stellvertreter: »Sariputta und Mogallana würde ich, Devadatta, die Mönchsgemeinde nicht überlassen, um wieviel weniger dir, dem niedrigen Speichellecker.«

Wütend verließ Devadatta die Versammlung. Darauf verkündete Buddha die Verstoßung des Anmaßenden aus der Mönchsgemeinde. Devadatta aber sann auf Rache. So nahm das Unheil, wie von Buddha vorausgesehen, seinen Lauf. Doch Buddha selbst – wenn auch Hauptziel aller nun von Devadatta gelenkten Anschläge – blieb unbehelligt. Er sah die Dinge wie ein unbeteiligter Zeuge auf sich zurollen und von sich abgleiten. Samsara vollzog sich in grausamster Weise, ohne den Buddha zu berühren. Es war wie ein Lehrstück zum Beweis seiner Thesen. Die Wahrheit des Leidens enthüllte sich in ihrer vollen Bedrohlichkeit. Das mag auch viele Mönche wach gemacht haben.

Voller Zorn über seine Bloßstellung in der Mönchsversammlung, die er als Schmähung und Beleidigung empfand, ging Devadatta zum Prinzen Ajatasattu und legte ihm nahe, seinen Vater, den König, zu ermorden, um selbst den Thron besteigen zu können. Von einem König Ajatasattu, der ihm völlig hörig war, erhoffte sich Devadatta die Erfüllung seines Wunsches, an die Spitze des Ordens zu treten. Den Prinzen aber betörte der Gedanke, selbst Herrscher sein zu können.

Mit einem Dolch lauerte er seinem Vater auf, wurde aber, bevor er zustoßen konnte, von der Leibwache des Königs überwältigt. Als dieser erfuhr, daß sein Sohn nur ein williges Werkzeug in den Händen des teuflischen Mönchs gewesen war, nahm er seinen Abschied, wandte sich ganz der Nachfolge Buddhas zu und überließ seinem Sohn den Thron.

Kaum war Ajatasattu König geworden, beschwor ihn der nur noch von Haß erfüllte Devadatta, Scharfschützen auszuschicken, um Buddha zu erschießen. Der König gab den gewünschten Befehl. Um die Tat zu verschleiern, befahl er dem vorgesehenen Schützen, auf einem Umweg zum Palast zurückzukehren. Dort stellte er zwei weitere Schützen auf, die den Mörder erschießen sollten. Auch diesen beiden war nach königlichem Befehl der alsbaldige Tod bestimmt.

Doch es kam ganz anders. Der zu Buddhas Mord ausersehene Schütze war von der Begegnung mit dem Erwachten wie gelähmt. Er dachte nicht mehr an seine Aufgabe. Buddha aber hieß ihn seine Waffen niederlegen, und der Mann gestand, daß er gedungen sei, ihn, Buddha, zu ermorden. Da sagte der Erwachte: »Weil du deine Sünde als Sünder erkannt und in richtiger Weise wiedergutgemacht hast, deshalb nehmen wir dein Bekenntnis an. Denn dies ist für den Edlen ein Wachsen in der Zucht. Wenn er seine Sünde als Sünder erkannt und in richtiger Weise wiedergutgemacht hat, erlangt er für die Zukunft Bewahrung davor.«

Danach unterwies Buddha den Reuigen in seiner Lehre, und der nahm noch zur gleichen Stunde seine Zuflucht. Als er sich von Buddha verabschiedete, schickte der ihn einen anderen Weg, denn er wußte, welche Gefahr auf seinen vermeintlichen Mörder lauerte.

Da die zwei, die dem Mörder auflauerten, ungeduldig wurden wegen der langen Wartezeit, gingen sie dem Erwarteten entgegen. Doch sie trafen ihn nicht, standen aber plötzlich vor dem Erwachten. Nun vollzog sich noch einmal der gleiche Vorgang, bis auch sie der Lehre gewonnen waren. Und so geschah es allen, die in das fein gesponnene Komplott verwickelt waren. Nachdem die Schützen gestanden hatten, daß es ihnen unmöglich sei, den Erwachten zu töten, beschloß Devadatta, es selbst zu tun.

Als Buddha sich im Schatten eines hohen Berges aufhielt, stieg Devadatta auf den Gipfel und löste einen gewaltigen Felsblock, um Buddha damit zu erschlagen. »Doch«, so lesen wir in der legendären Schutzbegründung, »zwei Bergspitzen vereinigten sich und hielten den Felsen auf; nur ein Splitter traf die Füße des Erhabenen und verursachte eine blutende Wunde.« Diese Verwundung war nach den Jatakas die letzte karmische Auswirkung einer Tat, die der Buddha in einem seiner frühesten Leben begangen hatte.

Damals war sein jüngerer Bruder von ihm aus Habgier einen Abhang hinuntergestürzt worden.

Trotz des offensichtlichen Mißerfolgs all seiner verbrecherischen Versuche, Buddha umzubringen, sann Devadatta über einen dritten Mordplan nach.

Er bestach in Rajagaha, wo der Erwachte weilte, einen Elefantenführer, den stärksten Elefantenbullen mit Palmwein betrunken zu machen und ihn dann in jene Gasse zu treiben, in der Buddha mit seinen Mönchen Almosen zu sammeln pflegte. Der Elefant raste daher, die Mönche flohen. Nur Ananda warf sich vor Buddha nieder, um ihn zu schützen. Doch als Buddha seine Hand hob und das Tier liebevoll ansah, verhielt der Elefant, ging langsam auf den Erwachten zu und ließ sich von ihm streicheln.

Da es Devadatta nun deutlich wurde, daß er den Buddha nicht töten konnte, versuchte er ein letztes Mal, ihn zu treffen, indem er, obwohl aus dem Orden ausgeschlossen, strengere Ordensregeln forderte, die der Buddha natürlich ablehnte. Daraufhin gewann Devadatta eine Reihe junger fanatischer Mönche für die Idee einer konsequenten Ordensreform. Das führte für kurze Zeit zu einer Ordensspaltung. Doch sahen die Mönche ihren Fehler bald ein und kehrten zu Buddha zurück.

Auch König Ajatasattu war ihm kein Freund mehr. Er litt unter dem peinigenden schlechten Gewissen des Vatermörders, der durch seine Tat auch seine Mutter ins Grab getrieben hatte.* Andererseits dachte er an Kriegspläne.

Allein geblieben, erkrankte Devadatta schwer. Da kam ihm der Wunsch – wir wissen nicht, ob aus Angst oder Reue –, den Buddha, seinen großen Widersacher, noch einmal zu sehen.

Buddha, der davon wußte, sagte, daß es Devadatta unmöglich sein würde, ihn zu erblicken. Und so war es. Als Devadatta in einer Sänfte – laufen konnte er nicht mehr – am Klostereingang ankam, öffnete sich die Erde, eine riesige Flamme schoß empor

* Ajatasattu hatte seinen Vater Bimbisara trotz dessen Thronverzichts in einem Gefängnis verhungern lassen; Bimbisaras Frau Kosaladevi starb einige Zeit danach aus Kummer (Anm. d. Lektors).

und riß den Bösen direkt in die Hölle. Unmittelbar davor packten ihn Entsetzen und Reue und er schrie: »Ich nehme meine Zuflucht zum Buddha für alle meine Leben.«

Es heißt, Buddha habe seine Zuflucht trotz aller Übel, die er ihm zugefügt hatte, bis zum dreimal geplanten Mord, angenommen.

Er wird zwar bis zum Ende unseres Zeitalters in der Hölle bleiben, sagt die Legende, doch dann soll auch ihm, nach langer Buße für seine geplanten schrecklichen Taten, der Heilsweg offen stehen.

Das heißt: Streng ist die Lehre, aber zugänglich für jeden, der nach ihr ruft.

DES ERWACHTEN WUNSCHLOSES SEIN: NIRVANA

Die beiden nun folgenden Kapitel haben als Zentrum dieses Buches zwei Themen zum Inhalt, die in ihrer Endgültigkeit aufeinander bezogen sind, sich aber auch auseinander ergeben: Nirvana und Dharma, Erwachen und Lehre. Das erste – Nirvana – ist Ziel des einzelnen, betrifft den Menschen und seine Erleuchtung, das zweite – Dharma, die Lehre – meint die Menschheit und ihr Heil. Dabei werden beide als eine Einheit begriffen – als Weg und Ziel menschlichen Wahnversiegens, das wir im Nirvana erkennen.

Um es uns am erhabensten Beispiel, dem einzigen, das uns in der Weltgeschichte bewegend vor Augen steht, klarzumachen, wollen wir es uns am Buddha-Leben nach der Erleuchtung und am letzten Erdentod des Erwachten verdeutlichen. Hier erleben wir die Kraft wunschlosen Wirkens bis zum Erlöschen.

In vielen Büchern über Buddha und den Buddhismus liest man, Buddhas Tod sei gleichzeitig sein Eingang ins Nirvana gewesen. Doch Nirvana hat nichts mit Sterben zu tun, sondern mit Wunschlosigkeit und Wahnversiegung, mit Erleuchtung.

In seinen letzten Stunden hat es Buddha seinem Schüler Ananda erklärt: »Mit der Erleuchtung bin ich zum Nirvana erwacht, mit dem Ablegen des letzten Leibes werde ich endgültig ins Nirvana eingehen.«

Buddha hat das Nirvana nicht nur zu Lebzeiten erreicht, sondern auch den Weg dorthin verkündet. Und wir sind seinem Weg gefolgt vom Wachwerden des Bodhisattva, den er selbst einmal den »unvollkommen Erwachten« nennt, bis zur Erleuchtung, in der ihm das Nirvana aufschien. Es blieb sein ewiges Teil, das er aber auch für all die anderen als Ziel darstellt durch die Vermittlung des Dharma – der Lehre.

So waren also schon die vorangegangenen Kapitel dieses Buches seit »Buddhas Erleuchtung« Nirvana-Kapitel – Aussagen über einen Zustand des Heils und der letzten Klarheit. Doch da sie die auf dieser Erde – konkret in Nordindien – verlaufende Lehrwanderung des Erleuchteten beschreiben, mußten sie hinsichtlich des tatsächlichen Verhaltens Buddhas in dieser Zeit ein irritierendes Bild ergeben, weil sie den Eindruck einer Seinsverhaftung des Erwachten hervorrufen.

Tatsächlich aber kennt Nirvana keine Zeit und keinen Raum. Der es erreicht, ist enthoben, ist erlöst. Das muß man sich bewußt machen, wenn man Buddhas scheinbar immer noch so erdgebundenes Sein im Nirvana betrachtet. Es ist in seinem Fall ein Sich-verpflichtet-Fühlen. Doch steht er trotzdem über allem und durchschaut alles. Er weiß schon lange, daß es diese Welt als ein Bestehendes und Beständiges nicht gibt und daß seine Lehre nur ein Hilfsmittel ist, um das zu erkennen.

So ist der Erwachte unabhängig im genauen Sinne des Wortes, an nichts mehr gebunden, von nichts bewegt und durch nichts gehalten. Er ist der völlig Freie und der klar Erkennende. In ihm spiegelt sich, nur für ihn sichtbar, der ganze Kosmos: die Fülle der Welten, wie auch Vergangenheit, Gegenwart und Zukunft. Ihr gegenüber verharrt er als Hilfreicher in wunschlosem Sein.

Wenn man über diese Befindlichkeit des Erwachten lange genug nachgedacht hat, mag einem ein Schimmer kommen, was Nirvana, dieses viel gedeutete, viel beschriebene Wort wirklich heißt. Man erfaßt es letztlich nur in der Meditation.

Es ist die Erfahrung des Vergänglichen, die Siddharta durch all seine Erdgeburten immer wieder gemacht hat und von deren flüchtigen Bildern er nun Abschied nimmt im Hinblick auf etwas viel Schöneres, Größeres: auf das Ungewordene, das Ungeformte, das Gestaltlose – auf das Ewige. So versuchen wir Nirvana zu umschreiben. Doch es ist viel mehr. Es ist wirklich im Unwirklichen, ein großer Glanz in unendlicher Stille. Denn es ist sprachlos und deshalb so schwer zu beschreiben. Es hat weder das Wort noch den Klang, weder die Bewegung noch das Gefühl. Es ist nichts von dem, was wir wissen und was uns umgibt. Es ist jenseits aller

Zerstreuung. Denn es ist erst da, wenn wir den Samsara überwunden haben. Das hat uns Buddha gelehrt. Dem Erleuchteten ging es bis zuletzt vor allem um die Vermittlung dieser Lehre. Sie sollte sein Nachfolger sein durch alle Zeiten, solange Menschen danach verlangen.

So kam es zu einer letzten Lehrwanderung. Dabei unterrichtete Buddha sowohl die Mönche als auch die Hausleute in unterschiedlicher, ihrem Wissens- und Erkenntnisstand angepaßter Weise. Bei Nalanda, wo später die berühmte Universität des Buddhismus entstand, faßte er für die Mönche die drei Stufen zum Nirvana zusammen:

»Das eben ist Tugend, das eben ist Vertiefung, das eben ist Weisheit; in Tugend ausgediehene Vertiefung verleiht hohen Lohn, hohe Förderung, in Vertiefung ausgediehene Weisheit verleiht hohen Lohn, hohe Förderung, in Weisheit ausgediehenes Herz wird eben von allem Wahne frei, und zwar vom Wunscheswahn, vom Daseinswahn, vom Nichtwissenswahn.«

Kürzer hat Buddha seine Lehre in den fünfzig Wanderjahren, die er der Verkündung widmete, nie ausgedrückt.

Von Nalanda wandte sich Buddha nach dem Dorf Patali, wo er seine letzte große Rede vor Laien hielt. In der Nähe dieses kleinen Ortes entstand damals Pataliputra, die Hauptstadt von Magadha, von wo aus zweihundert Jahre später Kaiser Aschoka als Herrscher zwischen Gewalt und Erleuchtung, der Lehre des Erwachten einen neuen, vielleicht den entscheidenden Impuls gab.

Es ist die heutige ostindische Stadt Patna, weltbekannt durch ihren Reis, in der Buddha ein letztes Mal einer großen Laiengemeinde, wie stellvertretend für alle Nachkommenden, die fünf Tugenden und ihr Gegenteil erläuterte, wo er deutlich zwischen Tüchtigen und Untüchtigen unterschied. Die Unterscheidung gilt, wie wir sehen werden, bis heute. Sie kommt in Neumanns dicht am Originaltext bleibender Übersetzung klar zum Ausdruck:

»Fünf gibt es, ihr Hausväter, der Kümmernisse für einen Untüchtigen durch sein Abweichen von Tugend: und welche fünf? Da geht, ihr Hausväter, ein Untüchtiger, von Tugend abgewichen, durch seinen Leichtsinn großem Verlust an Vermögen entgegen; das ist die erste Kümmernis eines Untüchtigen durch sein Abweichen von Tugend. Ferner aber, ihr Hausväter, erfährt ein Untüchtiger, von Tugend abgewichen, übelberüchtigte Nachrede; das ist die zweite Bekümmernis eines Untüchtigen durch sein Abweichen von Tugend. Ferner aber, ihr Hausväter, wird ein Untüchtiger, von Tugend abgewichen, was für eine Versammlung er auch aufsuchen mag, sei es die Versammlung von Kriegern oder von Priestern, sei es die Versammlung von Hausleuten oder von Asketen, mit unfreiem Antlitz sie aufsuchen, mit gedrückter Miene; das ist die dritte Bekümmernis eines Untüchtigen durch sein Abweichen von Tugend. Ferner aber, ihr Hausväter, wird der Untüchtige, von Tugend abgewichen, wirren Geistes sterben; das ist die vierte Bekümmernis eines Untüchtigen durch sein Abweichen von Tugend. Ferner aber, ihr Hausväter, wird ein Untüchtiger, von Tugend abgewichen, bei der Auflösung des Körpers, nach dem Tode, abwärts geraten, auf schlechte Fährte, zur Tiefe hinab, in höllische Welt; das ist die fünfte Bekümmernis eines Untüchtigen durch sein Abweichen von der Tugend. Das sind, ihr Hausväter, die fünf Bekümmernisse eines Untüchtigen durch sein Abweichen von Tugend. – Fünf gibt es, ihr Hausväter, der Fördernisse für einen Tüchtigen durch sein Gewöhnen an Tugend: und welche fünf? Da geht, ihr Hausväter, ein Tüchtiger, an Tugend gewöhnt, durch seine Ausdauer großem Zuwachs an Vermögen entgegen; das ist die erste Fördernis eines Tüchtigen durch sein Gewöhnen an Tugend. Ferner aber, ihr Hausväter, erfährt ein Tüchtiger, an Tugend gewöhnt, rühmlich erfreuliche Nachrede; das ist die zweite Fördernis eines Tüchtigen durch sein Gewöhnen an Tugend. Ferner aber, ihr Hausväter, wird ein Tüchtiger, an Tugend gewöhnt, was für eine Versammlung er auch aufsuchen mag, sei es die Versammlung von Kriegern oder von Priestern, sei es die Versammlung von Hausleuten oder von Asketen, mit freiem Antlitz sie aufsuchen, mit unverlegener Miene; das ist die dritte Fördernis eines Tüchtigen durch sein Gewöhnen an Tugend. Ferner aber, ihr Hausväter, wird ein Tüchtiger, an Tugend gewöhnt, nicht wirren Geistes sterben; das ist die vierte Fördernis eines Tüchtigen durch sein Gewöhnen an Tugend. Ferner aber, ihr Hausväter, wird ein Tüchtiger, an Tugend gewöhnt, bei der Auflösung des Körpers, nach dem Tode, auf gute Fährte geraten, in himmlische Welt; das ist die fünfte Fördernis eines Tüchtigen durch sein Gewöhnen an Tugend. Das sind, ihr Hausväter, die fünf Fördernisse eines Tüchtigen durch sein Gewöhnen an Tugend.«

Bevor Buddha das Dorf Patali wieder verließ, zeigte man ihm die Anfänge des gewaltigen Festungsbaus der neuen Magadha-Hauptstadt. Und er erlebte als letzte weltliche Ehrung, daß man das Tor, durch das er die entstehende Festung verließ, Gautama-Tor nannte. Buddha prophezeite der entstehenden Stadt eine prachtvolle Zukunft unter bedeutenden Herrschern. Eine Vorhersage, die sich zweihundert Jahre später durch Kaiser Aschoka wörtlich erfüllen sollte.

Doch der Erleuchtete sieht mit seinen alles erschauenden Augen nicht nur in die Zukunft. Er erkennt und bekennt auch, daß der Platz durch mächtige Schutzgottheiten behütet wird. So jedenfalls berichtet der in Zentralasien entdeckte Sanskrittext, der in mancher Hinsicht vom Pali-Text abweicht. Buddha hat ja die Existenz von Göttern nie geleugnet, so daß es sich auch hier um ein verbürgtes Zeugnis aus seinem Leben handeln kann. Das ist um so wahrscheinlicher, als der anschließende Bericht über das Wunder einer Gangesüberquerung ohne Fähre in beiden Textversionen vorkommt.

Auf dem Weg zu seinem nächsten Ziel – der Stadt Vesali – kommt es zur Begegnung mit der berühmten Kurtisane Ambapali, die Buddha und seine Mönche zu einem Mittagessen in ihren stadtbekannten idyllischen Mangohain einlädt, den sie danach, überwältigt von der jenseitigen Erscheinung des Buddha, dem Orden schenkt.

In Ashvagoshas *Leben des Buddha,* das Theodor Schultze 1895 nach einer englischen Übersetzung in Versen aus dem Chinesischen ins Deutsche übertrug, gibt es eine dichterische Darstellung dieser Begegnung zwischen Buddha und der Kurtisane, die deutlich macht, wie Buddha die Wirkung der Frau auf den Mann sah und einschätzte. Als die Kurtisane auftrat, sagte er zu seinen Mönchen:

»Wirklich! Ausnehmend schön ist dieses Weib
und könnte wohl gar den Sinn von Geistlichen bezaubern.
Nun denn, bleibt streng besonnen, laßt dem Zügel
der Weisheit euren Sinn sich nicht entziehen!
Des wilden Tigers Rachen und des Henkers
geschärftes Messer sind nicht so verderblich
wie weibliche Gesellschaft, die Gedanken
der Lust in euch erregt. Ein Weib ist immer
bemüht, beim Gehen, Stehen, Sitzen, Liegen,
der Glieder Reiz und Schönheit zu entfalten.
Selbst im Gemälde dargestellt, verlangt es
vor allem, daß einschmeichelnd seine Schönheit
erscheine, um das feste Herz dem Manne zu rauben.«

Bei dieser Begegnung kommt es noch einmal zu einem Sieg des Erwachten über die starke Kraft des Weltlichen. Buddha bekehrt Ambapali zu seiner Lehre. Sie wird Nonne und endet als Heilige aufgrund ihrer Einsicht, die sie in den berühmten *Liedern der Nonnen* ergreifend zum Ausdruck bringt.

Das ist ein seltsames, bedenkenswertes Ereignis. Der Erleuchtete begegnet hier zum letztenmal einer auffälligen Erscheinung aus der Welt des verführerischen Samsara.

Kurz danach erkrankt er schwer, und seine Jünger fürchten, daß es mit ihm zu Ende geht. Doch er erhebt sich in dem Bewußtsein, den Mönchen ein letztes Wort schuldig zu sein, aus eigener geistiger Kraft vom Krankenlager. Dabei besinnt er sich seiner so oft bewiesenen übernatürlichen Kräfte. Und er spricht zu Ananda von der Möglichkeit, sein Erlöschen aufzuhalten und sein leibliches Leben auf dieser Erde über ein ganzes Weltalter auszudehnen.

Ein Schimmer von Zukunftshoffnung liegt über dieser Stunde. Aber die in Buddhas Worten mitschwingende Suggestion, ihn zum Bleiben aufzufordern, wird von dem verwirrten, schon von Abschiedsschmerz erfüllten Jünger nicht erkannt und nicht genutzt. Wenngleich Ananda nichts sehnlicher wünscht als Buddhas Überdauern, so spricht er doch den Wunsch nicht aus, obwohl ihm Buddha durch dreifache Wiederholung seiner erstaunlichen Aussage dreimal Gelegenheit dazu bietet.

Als Ananda später darauf zurückkommt, sein Versäumnis wiedergutmachen will, ist es zu spät.

Es scheint, als ob der irdische Überlebenswille Buddhas, der noch einmal so deutlich aufkam, endgültig vergangen sei. Der Erleuchtete hinterläßt Ananda, der von ihm noch eine besondere Botschaft erwartet, sein Vermächtnis: »Das ist die Unterweisung des Meisters: Wir haben keinen Meister mehr. Doch man darf das, Ananda, nicht so ansehen. Was ich euch, Ananda, als Lehre und Zucht aufgewiesen und angegeben habe, das ist nach meinem Verscheiden euer Meister.«

Dabei bleibt er nach allen uns vorliegenden Zeugnissen bis zuletzt. Für die Vertreter der reinen Lehre – die Theravadin – ist das der Beweis, daß alle Behauptungen, Buddha habe Geheimlehren zur späteren Verkündigung zurückgehalten, nicht der Wahrheit entsprechen.

In der Darstellung der Endzeit Buddhas vor seinem Erlöschen mischen sich wie in der Geburtsgeschichte Historie und Legende, Realität und Wunder. Immer wieder setzt Buddha zu Belehrungen an, die jedoch niemals den Rahmen des bisher Verkündeten sprengen. Was im Pali-Kanon überliefert ist und von den neu entdeckten Sanskrittexten weitgehend bestätigt wird, darf als Buddhas Vermächtnis gelten.

In seinen letzten Tagen kommt es zu weiteren Bekehrungen und immer wieder zur Verehrung des Erleuchteten durch die Bevölkerung der Orte, die er mit seinen Mönchen abschiednehmend durchwandert.

Die Legende weiß von mehreren Erdbeben, die auf das bevorstehende Erlöschen Buddhas hindeuten. Auf dem Weg von Vesali nach Kusinara – dem Ort des endgültigen Nirvana – predigt der Erleuchtete noch einmal über Zucht, Versenkung und Erwachen als Weg zur Überwindung von Gier, Zorn und Verblendung.

In Pava wird er von dem Goldschmied Cunda mit seinen Mönchen zum Essen eingeladen. Dabei erhält Buddha als einziger aus unerfindlichen Gründen ein Gericht aus Pilzen oder Schweinefleisch – das Wort *sukaramaddava* ist nicht eindeutig zu übersetzen –, mit dem Cunda den Meister offenbar besonders ehren wollte. Obwohl die Speise dem Erwachten bedenklich erscheint, nimmt er davon, läßt aber den Rest vergraben.

Auf dem Weiterweg nach Kusinara überfallen Koliken und Durchfälle den Buddha. Trotz qualvoller Schmerzen bittet er Ananda, die Mönche sollten dem Goldschmied wegen der offensichtlich seine Leiden verursachenden Speise keine Vorwürfe machen. Unter großen Mühen gelangt die kleine Schar mit dem todkranken Buddha bis zu einem Sala-Wald in der Nähe von Kusinara. Ein Schwächeanfall veranlaßt den Erleuchteten, Ananda um die Errichtung eines Lagers unter den Sala-Bäumen zu bitten. Er weiß, es wird sein Sterbelager sein.

Noch einmal berichten die Texte von einem Wunder. Obwohl es nicht die Zeit ist, stehen die Sala-Bäume plötzlich in voller Blüte und überschütten den Buddha mit Blütenblättern. Auch dieses Wunder wird zum Anlaß einer Belehrung. Nicht mit Blumen solle man ihm Verehrung erweisen, sagt Buddha, sondern durch die Befolgung seiner Lehre. Bei dieser Gelegenheit bemerkt Ananda, daß in Zukunft Mönche, die Buddha aufsuchen wollten, keine Gelegenheit mehr hätten, ihm zu begegnen. Darauf, so heißt es, habe Buddha vier Orte genannt, wo Gläubige in Zukunft ihre Verehrung bezeugen könnten: den Hain von Lumbini als Stätte seiner Geburt, Bodhgaya, den Platz seiner Erleuchtung, Sarnath, wo er die erste Rede hielt, und den Sala-Wald als den Ort seines endgültigen Nirvana. Wallfahrten zu diesen Orten, so sagte er, brächten besondere Verdienste. Es handelt sich dabei wohl, wie bei vielen Berichten über seine letzten Stunden, um spätere Zutat, wie auch bei der Empfehlung der Errichtung und Verehrung von Stupas – hochaufragenden Kultbauten – über seinen Reliquien.

Verbürgt dagegen ist eine letzte Bekehrung. Subhadra, ein uralter Bettelmönch, wird von Buddha als letzter persönlich in den Orden aufgenommen.

Danach versammelt der Erleuchtete seine Mönche um sich. Hier kommt es zu einem seltsamen Widerspruch in der Überlieferung zwischen dem Pali-Kanon und der *Mahaparinirvana-Sutra* des Sanskrit. Es ist ein gravierendes Beispiel für den Unterschied zwischen Bericht und Legende, zwischen Realität und Verklärung. Dabei geht es um die letzten Worte und die letzte Handlung des Verlöschenden.

Nach dem Pali-Kanon richtete Buddha an seine Mönche dreimal die Frage, ob einer unter ihnen »einen Zweifel oder eine geteilte Meinung hat über Buddha oder über die Lehre oder über die Gemeinde oder über den Weg oder über den rechten Wandel«. Dreimal bleiben die Mönche stumm. Darauf sprach der Erleuchtete seine letzten Worte: »Wohlan, ihr Mönche, jetzt sage ich euch: Der Vergänglichkeit unterworfen sind die Triebkräfte, geht ans Werk ohne Nachlässigkeit.«

Sie sind so oder ähnlich in allen uns bekannten Fassungen und Übersetzungen überliefert. Doch in der Sanskritfassung tritt etwas hinzu. Da heißt es: »Der Erhabene enthüllte sich und sprach zu den Mönchen: ›Betrachtet, ihr Mönche, den Leib des Erleuchteten. Und warum das? – Buddhas, Heilige, wahrhaft Erleuchtete sind selten zu Gesicht zu bekommen, selten wie eine Blüte am Udumbara-Baum. Fürwahr, ihr Mönche, bleibt ruhig. Der Vergänglichkeit unterworfen sind alle Triebkräfte.‹«

In einer chinesischen Übersetzung heißt es: »Da breitete der Erhabene sein Obergewand auseinander und brachte seinen goldfarbenen Arm hervor.« Hier lauten Buddhas letzte Worte: »Den rechten Arm purpurgolden erscheint ein Buddha selten wie eine Udumbara-Blüte. Die Triebkräfte, die dahingehen und wieder herbeikommen, sind ohne Bestand, sie treten in Erscheinung und gehen zugrunde, unablässig.«

Wahrscheinlich liegt dieser Entblößung des Buddha vor seinen Mönchen ursprünglich die Absicht zugrunde, die Vergänglichkeit des Leiblichen, selbst bei einem Erwachten, zu demonstrieren.

Daraus machten spätere Kompilatoren den goldenen Arm oder den einer Udumbara-Blüte vergleichbaren Leib. Das aber soll heißen: etwas unzerstörbar Schönes.

Der Pali-Kanon dagegen kennt diese direkte Bezugnahme des Buddha auf das Leibliche in Gestalt seines eigenen gealterten Körpers nicht. Am Sinn und an der Bedeutung des Nirvana ändert das nichts.

Alle Texte berichten von den vier Schauungen des Erlöschenden. Danach, so lesen wir in Dutoits Übertragung der *Mahaparinirvana-Sutra,* »gelangte der Erhabene zur Sphäre der Unendlichkeit des Raumes, von der Sphäre der Unendlichkeit des Raumes erhob er sich und gelangte zur Sphäre der Unendlichkeit des Bewußtseins, von der Sphäre der Unendlichkeit des Bewußtseins erhob er sich und gelangte zur Sphäre des Nichtsseins, von der Sphäre des Nichtsseins erhob er sich und gelangte zur Sphäre des weder Sich-Bewußtseins noch des Sich-nicht-Bewußtseins, von der Sphäre des weder Sich-Bewußtseins noch des Sich-nicht-Bewußtseins erhob er sich und gelangte zum Aufhören der Empfindung des Bewußtseins«.

Auch hier wiederholen sich, wie in all diesen Texten, die Phasen der Schauungen und des Erlöschens bis zu Buddhas Eintritt ins vollkommene Nirvana. Da bricht ein gewaltiges Erdbeben aus, und Donner erschüttern Himmel und Erde.

Ergreifend sind die Berichte von der Trauer der Mönche und von der Totenfeier, die das Volk von Kusinara dem Buddha bereitete. Die Nachricht vom endgültigen Nirvana des Erleuchteten verbreitete sich wie ein Lauffeuer im Lande. Alle Fürsten Nordindiens schickten Delegationen nach Kusinara, wo ein Streit um die Reliquien des Buddha ausbrach.

DES ERWACHTEN WIRKUNG: EINE LEHRE FÜR DIE MENSCHHEIT

Buddha starb nach jüngeren Berechnungen zwischen 486 und 483 v. Chr. Seine leiblichen Reste wurden verbrannt, seine Reliquien an verschiedene indische Fürsten verteilt, die Stupas – heilige Schreine des Andenkens – darüber errichten ließen. Vieltausendfach nachgebildet erinnern sie in den Ländern zwischen Indien und Japan, zwischen Afghanistan und Indonesien bis heute an Buddhas Nirvana.

Sie sind Denkmäler der Geschichte, doch sie verkörpern auch den Geist des Erwachten, der in weiten Teilen Asiens überlebte und seit dem letzten Jahrhundert auch Europa und Amerika erreicht hat.

Diesem Geist wollen wir nachspüren, wo er lebendig ist. Dabei überrascht uns, wie mächtig das Urgestein von Buddhas Lehre durch alle Wandlungen und Veränderungen hindurchscheint.

Des Erwachten Weg in Form seines Dharma führt, wie er in seinen letzten Stunden mehrfach verkündet hat, tatsächlich über sein Erlöschen hinaus. Buddha bleibt in der Lehre lebendig als ein entkörpertes, doch um so stärker in alle Welt ausstrahlendes Erleuchtungswesen von universaler Kraft und Nachhaltigkeit. Wie anders wollten wir es uns sonst erklären, daß sein Dharma ungebrochen wirkt und an Strahlkraft ständig zunimmt?

Wir müssen uns hier des Weges erinnern, den Siddharta Gautama vor seiner Erleuchtung beschritt: den Bodhisattva-Weg. Als Weg, der zur Buddhaschaft führt, vermittelt er, neben der fortwirkenden Lehre, eine durch die Legende lebendig und anschaulich gebliebene Vorstellung vom Erwachten für den Sangha, den Orden, vor allem aber auch für die Gemeinde der Laienanhänger. Denn nur das Vorstellbare, das Bildhafte ist für die meisten Menschen nachvollziehbar und damit wirksam. Sein Sinn ist mehr als das umstrittene Wort.

Es kann deshalb bei der Betrachtung des Buddhismus, den wir als Heilslehre begreifen, nicht vorrangig um religionswissenschaftliche oder philologische Deutungen gehen, die schon früh versucht worden sind und noch heute die Vertreter der sogenannten Buddhologie und vieler buddhistischer Kreise in Ost und West beschäftigen.

Der Sinn und das Ziel der Lehre Buddhas heißen Hilfe und Verstehen. Für das Verstehen bedürfen wir des Dharma, für die Hilfe des Bodhisattva. Denn hilflos erscheinen uns in Buddhas Todesstunde, wenn wir das richtig sehen, die meisten Mönche und alle, die an Buddhas Lippen hingen und sein Wort vernahmen.

Soviel er auch gelehrt und gepredigt hatte, ohne die großartige Erscheinung war für die meisten sein Wort zu schwer, so klar und beweiskräftig es auch sein mochte. Das scheint mir der Grund, weshalb die Buddhisten in der Mehrzahl mit dem Wort allein nicht zurechtkommen, so sorgfältig es auch mündlich überliefert und später aufgezeichnet worden ist.

Schon bei der siebentägigen Leichenfeier trat dieser Zwiespalt zwischen Erkenntnis und Verehrung, zwischen Wort und Hinwendung deutlich zutage. Lesen wir doch, daß trotz vieler Kümmernis und Tränen, trotz der Trauer der Mönche die Verbrennung, wie damals in Indien üblich, mit Fahnen, Blumen und Weihrauch, mit Musik, Gesängen und Tänzen begangen wurde.

Es war wie ein erstes Aufscheinen dessen, was später mit reicher Prachtentfaltung zu Ehren des Erwachten, zu seinem Andenken, aber auch als Dank für seine Hilfe, in buddhistischen Tempeln zwischen Indien und Japan, zwischen Sri Lanka und Indonesien feierlich begangen wurde und heute noch tausendfältig begangen wird: auch eine Art Zuflucht, wenngleich anders als zu Buddhas Lebzeiten.

Nach seiner Verbrennung waren es vor allem die ihm nahestehenden Mönche, die ein wohl eher nach innen gewandtes Erinnern an den Erloschenen bewahrten und sich täglich sein Wort und damit den von ihm gewiesenen Weg vergegenwärtigten.

Wie das Volk damals, nachdem ihm seine faszinierende, verehrungswürdige Erscheinung genommen war, weiter mit Buddha umging, wissen wir nicht. Doch verehrungswürdig war er den Menschen schon zu seinen Lebzeiten erschienen, daran ist kein Zweifel. Wieviel mehr mag das Bedürfnis verehrenden Umgangs mit seinem Andenken nach der sicher lange im Gedächtnis gebliebenen glanzvollen Leichenfeier im Volke lebendig geblieben sein? Hier schon sehen wir die Wurzel einer anderen Art von Umgang mit Buddha, als er sie selber gewünscht hat und als sie viele Mönche lehrgerecht zu erhalten versuchten.

Wir müssen uns indisches Leben und indisches Brauchtum, indischen Kult und indische Phantasie vor Augen führen, um die Entwicklung recht zu verstehen, die Buddhas Lehre im Laufe der Jahrhunderte nach seinem Tod in Indien und den von ihm beeinflußten Nachbarländern genommen hat.

Dabei ist es notwendig, zwischen einer historisch-spirituellen und einer folkloristisch-zeitgeprägten Entfaltung des Buddhismus zu unterscheiden. An dieser Unterscheidung, die bisher kaum gemacht, geschweige denn dargestellt worden ist, wollen wir im Verlauf der weiteren Betrachtung festhalten, soweit die Spuren der beiden Erscheinungsformen heute noch zu erkennen sind.

Zur historisch-spirituellen Überlieferung gehören Buddhas Reden, die im Pali-Kanon und in den Sanskrit-Sutras gesammelt sind, sowie die Konzile, auf denen diese Texte und die damit verbundene Lehrtradition bewahrt, aber auch revidiert wurden.

Wenn wir davon ausgehen, daß sich in Buddhas Wort eine einmalige Inspiration des Wahren und des Hilfreichen niedergeschlagen hat, so wurde bereits auf den ersten Konzilen an der Ursprünglichkeit dieser Inspiration gerüttelt. Man spürt an so mancher Textstelle die Unfähigkeit der Menschen, mit der Geistigkeit eines Buddha umzugehen. Und man darf es darum fast als ein zweites Wunder nach der Ur-Inspiration ansehen, daß sich trotz verflachender und doktrinärer Einflüsse das Ganze in erhabener Großartigkeit erhalten hat. Selbst viele moderne Übersetzungen atmen diesen Geist des Ursprünglichen.

Zwischen 486 und 483 v. Chr. war Buddha ins endgültige Nirvana eingegangen. Das erste Konzil der Mönche wird, ohne daß es sich historisch belegen läßt, ein Jahr nach seinem Tod angesetzt. Schon von diesem Konzil, das in Rajagaha stattgefunden haben soll, weiß die Überlieferung Streitfälle zwischen Mönchen – vor allem um die Rolle Anandas – zu berichten, die deutlich machen, welchen Gefahren der Orden nach Buddhas Tod ausgesetzt war.

Wahrscheinlich hat sich in den Angriffen einiger Mönche gegen Ananda lang angestaute Eifersucht auf den in Buddhas letzten Lebensjahren zum Lieblingsjünger aufgestiegenen Ananda Luft gemacht. Sie wurde offenbar wieder wach durch Anandas Vortrag der Reden Buddhas auf diesem Konzil, einen Vortrag, der noch in den Niederschriften des Pali-Kanon nachklingt, wenn es dort immer zur Einführung einer Rede heißt: »Das habe ich gehört...« Welche Rolle Ananda auf dem Konzil wirklich gespielt hat, wissen wir nicht.

Von einem hundert Jahre später einberufenen Konzil, an dem etwa fünfhundert Mönche teilgenommen haben, wird berichtet, daß es aufgrund einer Anzeige gegen Mönche aus Vesali einberufen wurde. Sie sollen, so die Anklage, Gold und Silber von Laienanhängern angenommen haben. Auch weitere Verfehlungen im Sangha sollten verhandelt werden, so daß man geneigt ist, dieses zweite Konzil eher als ein Tribunal zu bezeichnen. Tatsächlich kam es während dieses Konzils zu einer regelrechten Gerichtsverhandlung, die zu einer Verurteilung der Mönche von Vesali führte.

Viele Mönche sonderten sich in dieser Zeit der Wirren vom Orden ab – teils um ein abgeschiedenes strengeres Leben zu führen, viele aber auch, um ihre eigenen Wege zu gehen und der Ordensregel zu entkommen. Die Lehre schien damals hinter äußeren Disputen, hinter Rechts- und Formfragen zurückzustehen, so daß ihr Bestand und ihre Überlieferung in Gefahr kamen.

Doch gab es offenbar eine größere Anzahl hervorragend geschulter und mit den Texten wohlvertrauter Mönche, die an der Lehrtradition wie an der Ordensregel festhielten und damit die Voraussetzung für die Weitergabe und die spätere Aufzeichnung des reichen Schatzes an Reden und Berichten aus der Buddha-Zeit schufen.

Trotzdem erkennen wir schon in den ersten beiden Jahrhunderten nach Buddhas Erlöschen deutliche Spaltungstendenzen im Orden, die sich besonders aus Auslegungsfragen der Lehre ergaben. Es fehlte dem Orden in diesen Jahren die große Führungspersönlichkeit. Die sollte ihm im dritten vorchristlichen Jahrhundert von ganz anderer Seite, von jenseits des Sangha erwachsen.

Es war der große Maurya-Kaiser Aschoka, der sich aus Reue um seine blutigen Eroberungszüge, die ganz Indien unter seiner Herrschaft vereint hatten, dem Buddhismus zuwandte.

Ein Jahr lang hat sich Aschoka um 255 v. Chr. in der Lehre unterweisen lassen, ohne von seiner drückenden Gewissenslast befreit zu werden. Doch er ließ sich dadurch nicht entmutigen. Er erkannte die Gefahren, denen der eines wirklichen Oberhaupts entbehrende Sangha ausgesetzt war, und beschloß, sich selbst der Stabilisierung und der weiteren Ausbreitung der Lehre anzunehmen.

Wahrscheinlich war das die Stunde der Lebensrettung für den Buddhismus. Denn es ging Aschoka nicht etwa um die Verweltlichung des Dharma, sondern vielmehr um die Durchdringung seiner Herrschaft, ja der ganzen Verwaltung mit dem Geist der Lehre, durch den er sich eine allgemeine Verbesserung der Lebensverhältnisse in seinem riesigen Land erhoffte. Deshalb auch der Missionsgedanke, dessen Grundlage wahrscheinlich in der damals schon sehr verbreiteten Bodhisattva-Idee zu suchen ist. Ziel der Bemühungen Aschokas war die Heilswirkung für den einzelnen und die Befriedung der Welt.

Dafür schuf er in seinem riesigen Land vielfältige Voraussetzungen. Er gründete Schulen und Krankenhäuser, ließ Klöster und Stupas zum Andenken Buddhas errichten, sorgte für saubere Städte mit baumbepflanzten, schattenreichen Straßen und kümmerte sich um die Wohlfahrt des ganzen Volkes. Aschoka-Säulen mit dem Löwen und dem Rad der Lehre verbreiteten und erhielten seine Edikte im ganzen Land. Sie zeigen heute noch dessen weitgespannte Grenzen.

Das schienen gute Voraussetzungen für ein 246 v. Chr. einberufenes drittes buddhistisches Konzil, an dem über tausend Mönche teilnahmen.

Neun Monate dauerte die große Mönchsversammlung, auf der wahrscheinlich die uns heute vertraute Form des Pali-Kanon der Reden Buddhas in der von Ananda überlieferten Textgestalt festgelegt wurde. Wann ihre Niederschrift erfolgt ist, vermochte man bis heute nicht zu klären. Wahrscheinlich geschah es erst zweihundert Jahre nach diesem dritten Konzil, doch wohl in der unter Aschoka festgelegten Form. Denn in dieser gelangte die Lehre mit einem der ersten buddhistischen Missionare, Mahindra, einem Verwandten des Kaisers, nach Ceylon (Sri Lanka), wo im 19. Jahrhundert jene Palmblatt-Manuskripte der Reden Buddhas aufgefunden wurden, nach denen die ersten Übersetzungen in europäische Sprachen – so auch ins Deutsche – erfolgten.

Die Struktur, die ein Teil der auf dem dritten Konzil anwesenden Mönche der Lehre im dritten vorchristlichen Jahrhundert gegeben hat, nennen wir Theravada-Buddhismus oder Hinayana, das Kleine Fahrzeug. Es ist die Lehre, wie sie die Grenzen Indiens damals auch nach Westen – in Richtung des heutigen Pakistan und Afghanistan – überschritt, die, zwar verändert schon gegenüber dem Ur-Buddhismus, doch dem Dharma, wie Buddha ihn verstanden und gelehrt hatte, am nächsten geblieben ist bis in unsere Zeit.

Weil das Konzil auch die Erhebung des Buddhismus zur Staatsreligion brachte, gab es in Pataliputra erhebliche Lehrstreitigkeiten zwischen den Mönchen, die schließlich zur ersten offiziellen Spaltung des Ordens und zum Auszug einer großen Anzahl von Mönchen führte, die das strenge Lehrgefüge der Theravadin für die Mehrzahl der Menschen ungeeignet fanden. Diese Widersacher des »Weges der Alten«, wie man den Theravada-Buddhismus nannte, bezeichneten sich als Mahasanghikas: die »Große Gemeinde«.

Der ersten Teilung des Ordens waren trotz aller Bemühungen und Hilfen Aschokas viele Konflikte und Verfehlungen in den Klöstern vorausgegangen. Die Zahl der Mönche war durch die großzügige Förderung, die der Kaiser dem Orden angedeihen ließ, unmäßig gewachsen. Viele neue Mönche nahmen die Zuflucht nicht ernst und sahen im Mönchstum nur eine bequemere Lebensart, ohne sich um die Ordensregeln zu kümmern.

Die Wortführer der Mahasanghikas sahen, wie die Ordenszucht nachließ und immer weniger Mönche wirklich noch den Weg des Buddha suchten. Das veranlaßte sie, eine Erleichterung des Heilswegs zu fordern, um wieder wahrhaftig zu werden und die Lehre für das ganze Volk annehmbar zu machen.

Was hier wie eine buddhistische Volksbewegung begann, die vor allem an die Lebensregeln Buddhas anknüpfen und allen Menschen ein erträgliches Leben ohne Härten und Bedrückung ermöglichen wollte, war bereits der Anfang des Mahayana-Buddhismus, des Großen Fahrzeugs, das sich allerdings von diesen fast sozial zu nennenden frühen Ideen eines Volks-Buddhismus weit entfernte.

Der Streit ging vor allem um die Verwirklichung der Lehre Buddhas im täglichen Leben und um die Frage nach der Ehrlichkeit solchen Bemühens. Er wurde in gelehrten Disputen, aber auch auf der Straße ausgetragen. Am Ende stand dann nach vielen vorangegangenen kleineren Auseinandersetzungen jenes Schisma des Sangha – die erste Ordensspaltung.

So gesehen erfüllte sich ein Teil von Buddhas Voraussage zum Ordensverfall vor der Zeit, dafür blieb ihre volle Verwirklichung bis heute aus.

BUDDHA UND BODHISATTVA: DER WANDEL DER LEHRE DURCH DIE JAHRHUNDERTE

Zur Zeit Aschokas vollzieht sich ein deutlicher Wandel im inneren Verhältnis der Menschen zu ihrem großen Lehrer. Die Vergöttlichung und göttliche Verehrung Buddhas beginnt. So nennt ihn der Kaiser selbst mit einem alten Gottesnamen: Bhagavan, Höchstes Wesen, ein Wort für Gott, das bei indischen Ureinwohnern, wie bei den Bhil, noch heute lebendig ist.

Wahrscheinlich war es für die meisten Anhänger der Lehre, so auch für Kaiser Aschoka, am schwersten, sich die völlige Erlöschung des Buddha, seine Unerreichbarkeit, vorzustellen. Darin lag der Grund seiner allmählichen Vergöttlichung, wie auch der Intensivierung und Verbreitung der Bodhisattva-Idee, die eine Art Mittlerrolle zwischen der Lehre des völlig Erwachten, aber für seine Gemeinde auch völlig Entschwundenen, und seinen strengsten Anhängern darstellte.

Unter ihnen scheint sich schon früh die machtvolle Vorstellung eines Bodhisattva Maitreya als Hoffnungsträger für die Zukunft entwickelt zu haben. Denn bereits Buddha selbst hatte von einem künftigen Buddha sowie auch von seinen fünf Vorgängern in unserem Weltalter gesprochen.

Hier haben wir schon zu Buddhas Zeiten und in seinen eigenen Worten Ansätze jenes kosmischen Bezugssystems, über das er sich selbst nicht gern geäußert hat, das aber nach seinem Tode mehr und mehr in den Mittelpunkt der Lehre trat – besonders in den nördlichen Schulen.

Dabei ist eine Angleichung der buddhistischen Lehrtradition an bestehende philosophische und religiöse Vorstellungen des alten Indien zu beobachten, von denen Buddha in seinen Äußerungen zeitlebens bewußt Abstand gehalten hat.

Nun aber drängen durch neue Kräfte des Sangha, wohl aber auch infolge eines Nachlassens der traditionellen Lehrdisziplin, weiterreichende Ideen in den Sangha ein und verändern seine geistigen Strukturen.

Die Folge war nicht nur die Entstehung mehrerer Schulen, sondern bald auch von Spaltungstendenzen innerhalb dieser Schulen. Was dabei unser starkes Interesse verdient, ist die erstaunliche Tatsache, daß Buddhas Grundlehre bei all diesen Wandlungen keinen Schaden genommen hat und in ihrer überlieferten Aussage selbst dort erhalten blieb, wo sich völlig neue äußere Formen herausbildeten, wie etwa in Tibet, Zentralasien, China und Japan.

Diese Entstehung neuer äußerer Formen ist meist auf bereits vorhandene Vorstellungen zurückzuführen, die allerdings zunächst weniger im geistigen und meditativen Bereich als vielmehr im Volksglauben und seinen auf Anschaulichkeit zielenden Bedürfnissen wurzeln.

So stellen wir bei den neuen buddhistischen Gruppierungen von der Zeitenwende an auch starke Fremdeinflüsse, geistige wie folkloristische, fest, ohne daß dadurch Buddhas Lehre in ihren Grundlagen wesentlich verändert oder verfälscht worden wäre, wenngleich das von vielen Anhängern des südlichen Buddhismus immer wieder behauptet wird.

Wir können hier nicht den Wandlungen und Änderungen der Lehrtradition in allen buddhistischen Ländern nachgehen. Darüber gibt es eine reiche Fachliteratur. Was in unserem Zusammenhang interessiert, ist die Frage nach der Wirkung der verschiedenen Formen buddhistischer Verkündigung vor allem in den neu für die Lehre geöffneten Ländern und ihre Bedeutung für die Gegenwart.

Unter Aschoka und seinen weitreichenden politischen Einflüssen hat sich die Lehre nach Südindien, Sri Lanka und Birma, aber auch weit nach Westen, bis nach Persien und Syrien, ja bis zu den griechischen Königen in Mazedonien und Ägypten ausgebreitet.

Da diese Mission allein unter dem Namen des Verkünders erfolgte, gab es nach außen auch weiterhin immer das geschlossene

Bild des Buddhismus, obwohl sich inzwischen, vor allem nach dem dritten Konzil, eine Reihe von Gruppennamen eingebürgert hatte, die heute nur noch der Historiker kennt. Die Ausbildung der buddhistischen Lehr- und Verehrungsformen in weiten Teilen Asiens erstreckt sich vom Konzil in Pataliputra – das heißt von der Mitte des dritten vorchristlichen Jahrhunderts – über mehr als ein Jahrtausend bis zur Entstehung des Vajrayana und des Tantrismus von Indien über Tibet und Zentralasien bis in den Fernen Osten.

Während der Zeit seiner weitesten Ausdehnung in Asien reichte das buddhistische Einflußgebiet im Süden bis nach Indonesien, im Westen bis nach Syrien, im Norden bis nach Rußland, Korea und Japan. Dabei beherrschte das sich zur ursprünglichen Lehre bekennende Hinayana weite Teile Südostasiens, aber auch den Westen Indiens; das sich um die Zeitenwende ausbildende Mahayana den Norden und Osten sowie Zentralasien. Aus dem Mahayana gingen das Vajrayana und das Tantrayana – der tantrische Buddhismus – hervor, die noch in Indien entstanden, bevor dort die Zunahme hinduistischer Einflüsse und schließlich der Einbruch des Islam im 12. Jahrhundert dem Buddhismus ein frühes Ende am Ort seiner Entstehung bereiteten.

Die Geschichte dieser Entwicklung und der damit verbundenen Veränderung und Erweiterung der Lehre ist nur in groben Zügen bekannt. So wissen wir nichts von den ersten Ansätzen des Mahayana, noch kennen wir seinen Entstehungsort, wenngleich seine Grundideen bereits beim Konzil zu Pataliputra aufscheinen.

Als Lehre können wir es nur aus den späteren uns überlieferten Schriften entnehmen, die allerdings einen tiefen und umfassenden Einblick in das neue, erweiterte Lehrsystem bieten.

Für alle Richtungen des Großen Fahrzeugs – des Mahayana – und seiner Folgeerscheinungen gilt eine These, aus der sich auch die zahlreichen Schriften dieser Richtung und ihr Inhalt erklären lassen.

Die Meister des Mahayana behaupten, Buddha habe angesichts der geringen Aufnahmefähigkeit vieler seiner Zeitgenossen, die ihn nach seinem Erwachen zögern ließ, die Lehre zu verkünden, einen großen Teil seines Erleuchtungswissens zurückgehalten. Dieses nun, so lehren Mahayana und Vajrayana, käme jetzt durch große Heilige ans Tageslicht.

Transzendente Weisheit war das Ursprungsschlüsselwort der erweiterten, in die Tiefe führenden Lehre. Es wurde durch einen zweiten Zentralbegriff – Bhakti – ergänzt, der soviel wie selbstlose Liebe, aber auch Glaube und Verehrung heißt. Daraus wird der Bedeutungswandel Buddhas als Erscheinung deutlich, der sich in der Zwischenzeit vollzogen hatte. Er ist nun das verehrungswürdige, zur Gottheit gewordene Wesen, das die tiefste Weisheit verkündet hat und durch seine Nachfolger noch immer ausstrahlt.

Im Mahayana und den nachfolgenden Lehrmeinungen wird die ursprüngliche Lehre zur unumstößlichen Basis einer erweiterten Erlösungsvorstellung, die über das vom einzelnen anzustrebende und auch zu erreichende Nirvana hinausgeht und zu einer Erlösungslehre für die ganze Menschheit wird.

Während das Kleine Fahrzeug den Einzelweg des nach Erleuchtung Suchenden beschreibt, wobei die Lehre wie der Orden nur Hilfen sein können, ist das Große Fahrzeug eine Art Massenbeförderungsmittel ins Nirvana, welches nun nicht mehr allein nach langem Bemühen, sondern oft auch in einem glücklichen Augenblick erreicht werden kann.

Die Unbedingtheit der ursprünglichen Lehre und damit auch die große Anstrengung für jeden einzelnen, der ihr folgen will, sind vermindert. Jeder kann nach seiner Kraft und auf seine Weise den Weg Buddhas gehen. Das war für viele eine großartige Verheißung, bedeutete aber auch eine Verführung zur Lässigkeit, ja zur Nachlässigkeit.

Waren schon zu Buddhas Zeiten Mönche und Laienanhänger sehr unterschiedlich in ihrem Ernst und in ihrer Anstrengung, so galt das jetzt noch viel mehr. Jeder Strebende bedurfte der Hilfe. So wurde der alte Bodhisattva-Gedanke als eine Voraussetzung für rechtes Leben und rechten Glauben zur Unterstützung für alle, die den richtigen Weg suchten, aber allein nicht finden konnten.

Dafür reichte das Dasein lebender Bodhisattvas – der großen

Lehrer – nicht aus. Die Bodhisattva-Idee wurde auch in Form imaginärer Erleuchtungswesen lebendig, die man sich vielgestaltig vorstellte, ohne in ihnen eine reale Gestalt, eine auf dieser Erde verkörperte Erscheinung zu sehen.

So entwickelte sich der Bodhisattva-Gedanke neben der Buddha-Vorstellung und der erweiterten Lehre des Erwachten in den nun folgenden Jahrhunderten zum wichtigsten Träger des Buddhismus bis heute.

Ihren Niederschlag hat die buddhistische Glaubensentwicklung dieser Jahrhunderte in der reichen Literatur der Sutras und später in den Tantras gefunden. Zusammen mit dem Pali-Kanon, den alten Sanskrittexten und den vielfältigen Übersetzungen – vor allem auch ins Chinesische – stellt der Korpus buddhistischer Schriften das weitaus umfangreichste religiöse Textwerk überhaupt dar. Es zeugt von der Lebendigkeit und von der Ausbreitung der sich auch gedanklich und vorstellungsmäßig immer weiter entfaltenden Lehre des Buddha.

Von den spirituellen Bodhisattvas traten vor allem drei in Erscheinung, denen wir bis heute bildhaft in vielen Schreinen des Himalaya-Gebiets als einer Art Trias begegnen. Es sind Avalokiteshvara, der Bodhisattva der unendlichen Barmherzigkeit, Manjusri, der Bodhisattva der göttlichen Weisheit, und Vajrapani, der Bodhisattva mit dem Diamantzepter, der schon früh als Beschützer des Buddha auftritt. Sie alle sind dem Menschen hilfreiche Erscheinungen aus Buddhas Geist. Sie verkörpern Aspekte seiner Lehre, die im Mahayana und später im Vajrayana eine immer weiter gespannte und tiefer gehende Auslegung erfährt.

Während es Buddha selbst vor allem um die rechte Wegweisung zur Erlösung aus dem Samsara ging, wird von den Bodhisattvas auch Hilfe im Samsara geboten, die nicht nur dem Mönch, sondern auch jedem suchenden Laien zuteil werden kann. Dabei bleibt das Ziel, wie es Buddha beschrieben und erreicht hat, bestehen, doch der Weg richtet sich nach der Kraft und der Einsicht jedes einzelnen.

Für einfache Menschen mit geringer Geisteskraft und schwachem Willen gibt es ein Hand-in-Hand-Gehen mit vielen anderen.

Ein starker Geist bezwingt den Weg oft in kurzer Zeit allein und kann Schwächeren zum Helfer werden. Dabei gibt die Vorstellung überirdischer Erleuchtungswesen, die Verbindung zu Buddha wie zum Menschen haben, eine große Beruhigung.

Buddha ist nun nicht mehr der Erloschene, als der er sich selbst seinen Jüngern beschrieb, sondern vielmehr der Leuchtende, der für die Gläubigen, die Anbetenden – um solche handelt es sich nun – die höchste Erscheinung ist.

Diese Verbindung zwischen der weiterführenden Lehre und ihrem großen Begründer wird auch in den Sutras aufrechterhalten. Ja, man simuliert in vielen dieser Texte Zeitgenossenschaft zwischen den Autoren dieser Sutras und dem Erwachten, der als persönlich anwesend zitiert wird, wenn die großen Fragen der Zeit zur Diskussion stehen. Wer hier allerdings an Fälschung denkt, unterliegt einer Fehleinschätzung des Geistes der Zeit. Die Allgegenwart Buddhas in den erweiterten Lehren ist ein Stück geistiger Wirklichkeit, wie sie die Autoren dieser Texte verstanden haben. Sie wollten vom Inspirator ihrer kosmisch-spirituellen Interpretationen des Wirkungsgefüges, als das sie nach Buddha die Welt begriffen, nicht mehr getrennt sein. Fühlten sie sich doch dem auf der Spur, was er Dharma, seine Lehre, genannt hat und was ihnen aufging als Grundbegriff jener Weltbetrachtung, die Buddha als sein Weltgesetz entdeckte.

Dharma, so hatten sie durch ihn begriffen, war mehr als Lehre; Dharma war das Ganze in all seinen Erscheinungen, oder umgekehrt: das Ganze in seinem Ablauf, seinem fluktuierenden Sein, war Gegenstand der Lehre, war Dharma.

Das aber eben ist die tiefste Weisheit und Erkenntnis der Mahayana-Sutras: Buddha hatte durch die Entdeckung der Vier Edlen Wahrheiten nicht nur das Weltgesetz vom Werden und Vergehen erkannt, sondern auch die rechte Art, wie man als Mensch zum eigenen Besten damit umgeht. Das heißt, indem Buddhismus Religion wurde, entfaltete er aus der Geisteskraft seiner großen Interpreten zugleich seine Bedeutung und Tiefe als kosmische Philosophie, als Lehre vom dynamischen und darum formlosen Allzusammenhang, vom Ineinander und Miteinander des Fließenden, des sich unausgesetzt Verändernden. Oder wie es Lama Govinda – ein deutscher Buddhist unserer Zeit – im Vorwort zu einer Sammlung von Mahayana-Sutras sagt: »Was den Buddha von seinen Zeitgenossen unterschied und ihn aus der Gesamtheit des geistigen Lebens Indiens heraushob, war seine Erkenntnis vom dynamischen Wesen der Wirklichkeit. Die Lehre des Buddha ist die Antithese des Substanzbegriffs.«

Das hatte Buddha selbst, wie wir gezeigt haben, in seiner Lehre deutlich werden lassen. Das Verdienst der großen Mahayana-Lehrer – allen voran Nagarjuna, der um 200 n. Chr. gelebt hat – war, dies ganz klar und einsichtig zu machen. Wie schwierig das ist, wollen wir an einem der frühesten Mahayana-Texte, der *Prajnaparamita,* dem »Buch der Transzendenten Weisheit«, erklären.

Man bringt es mit Nagarjuna in Zusammenhang, obwohl die *Prajnaparamita*-Schriften vor die Zeitenwende zurückreichen und Nagarjuna wahrscheinlich nur als Sammler der verstreuten Teile und als erster Herausgeber in Frage kommt.

Jedenfalls ist der bedeutende Lehrer auch im Volksglauben mit den *Prajnaparamita*-Texten verbunden. Soll er sie doch von Nagas – Schlangenmädchen – aus dem Meer empfangen haben, wo sie Buddha als seine wertvollsten Geheimschriften verwahrte. Wir sehen an diesem Beispiel, daß nicht nur die Buddha-Zeit, sondern auch die nachfolgenden Jahrhunderte, indischer Art entsprechend, von reichen Legenden umwoben sind, die selbst das Esoterische in volkstümliche Vorstellungen kleiden.

Prajnaparamita ist kein einzelnes Sutra, sondern ein sich über viele Textgruppen und zeitlich über Jahrhunderte erstreckendes Verbundsystem der Dharma-Erklärung, das erstmals die ganze Breite und Tiefe dieses schwer zu interpretierenden Begriffs angeht.

Wenn man unter Dharma im Sinne der ursprünglichen Wortbedeutung das Tragende und den Vertrag versteht und daraus folgernd das Brauchtum und das Gesetz, so wird deutlich, daß wir es hier im Sanskrit wie auch im Pali – wo es Dhamma heißt – mit einem Urwort zu tun haben.

Aschoka, der Dharma als Lebensgesetz erkannte, wußte um die Übereinstimmung der Vier Edlen Wahrheiten mit dem Ablauf des Lebensprozesses, den er als einen Vorgang des ständigen Wandels aller Erscheinungen begriff.

Das entspricht dem naturwissenschaftlich-philosophischen Dharma-Begriff, wie ihn der Indologe Helmuth von Glasenapp definiert: »Die Dharmas sind selber nichts Beständiges, sondern existieren nur einen Augenblick, um im nächsten Moment Faksimilen ihrer selbst Platz zu machen. Diese ›Dharmas‹ sind je für sich da und inhärieren einander nicht, wirken aber miteinander nach bestimmten Gesetzen zusammen. Der ganze Weltprozeß ist nichts als das Vibrieren dieser subtilen, vergänglichen, aber sich ständig erneuernden Dharmas; es gibt keine Substanz, keine Materie, keine Seele, sondern nur Qualitäten, nur Wahrnehmungen und neutrale Daten.«

Diese Erkenntnis enthüllt nach der Lehre Buddhas das Dharma als Prozeß, den Glasenapp »gleichsam kinematographisch« nennt. Und er schließt folgerichtig, entsprechend der buddhistischen Vorstellung vom Samsara: »Was uns als beharrendes Sein erscheint, ist in Wahrheit nur ein unaufhörliches Werden, eine Kette von Momentanexistenzen.« Eine solche Welt, wie sie Glasenapp hier nach Buddhas Lehre zeichnet, ist leer von allem, was wir als Sein und Selbst bezeichnen.

Wie stellt sich nun diese Erscheinungswelt des Dharma im *Prajnaparamita* dar? Wir haben aus der großen Zahl dieser Texte die kürzeste Fassung ausgewählt, wie sie heute noch in den Mahayana-Klöstern von den Mönchen täglich rezitiert wird. Es ist die Antwort des Bodhisattva Avalokiteshvara auf die Frage eines Mönchs, wie ein Sohn oder eine Tochter die »tiefe Prajnaparamita« zu studieren habe. Der Edle Avalokiteshvara erwidert:

»Wenn ein Sohn oder eine Tochter die tiefe Prajnaparamita zu studieren wünscht, muß er sich zuerst von allen Ideen der Selbstheit befreien. Laß ihn so denken: Persönlichkeit? Was ist Persönlichkeit? Ist sie eine bleibende Wesenheit oder besteht sie aus vergänglichen Elementen? Persönlichkeit besteht aus den fünf greifenden Komponenten: Form, Empfindung, Wahrnehmung, Gestaltung, Bewußtsein, welche alle von Natur leer von jeglicher Selbstheit sind. Form ist Leere, Leere ist nicht verschieden von Form, noch ist Form verschieden von Leere, in der Tat, Leere ist Form. Und weiter: Empfindung ist Leere, Leere ist nicht verschieden von Empfindung, noch ist Empfindung verschieden von Leere, in der Tat, Leere ist Empfindung. Und weiter: Wahrnehmung ist Leere, Leere ist nicht verschieden von Wahrnehmung, noch ist Wahrnehmung verschieden von Leere, in der Tat, Leere ist Wahrnehmung. Und weiter: Gestaltung ist Leere, Leere ist nicht verschieden von Gestaltung, noch ist Gestaltung verschieden von Leere, wahrlich, Leere ist Gestaltung. Und weiter: Bewußtsein ist Leere, Leere ist nicht verschieden von Bewußtsein, noch ist Bewußtsein verschieden von Leere, wahrlich, Leere ist Bewußtsein.

Da alle Dinge die Natur der Leere besitzen, haben sie weder Anfang noch Ende. Sie sind weder fehlerlos noch nicht fehlerlos, sie sind weder vollkommen noch unvollkommen. In der Leere gibt es keine Form, keine Empfindung, keine Wahrnehmung, keine Gestaltung, kein Bewußtsein. Da gibt es kein Auge, kein Ohr, keine Nase, keine Zunge, keine Tastempfindung, keinen Geist. Da gibt es kein Sehen, keinen Ton, keinen Geruch, keinen Geschmack, kein Getast, keinen geistigen Prozeß, kein Objekt, kein Wissen, kein Nichtwissen. Da gibt es keine Zerstörung von Objekten, kein Aufhören des Wissens, kein Aufhören des Nichtwissens. Da gibt es keine Vier Edlen Wahrheiten: kein Leiden, keine Ursache des Leidens, kein Aufhören des Leidens, keinen zum Ende des Leidens führenden Pfad. Da gibt es keinen Zerfall und keinen Tod und keine Zerstörung des Begriffes von Zerfall und Tod. Da gibt es kein Wissen vom Nirvana, da gibt es kein Erreichen des Nirvana, da gibt es kein Nicht-Erreichen des Nirvana.

Warum gibt es kein Erlangen des Nirvana? Weil Nirvana das Reich von keiner ›Dingheit‹ ist. Wenn die Ich-Seele der Persönlichkeit eine dauernde Größe wäre, so könnte sie das Nirvana nicht erreichen. Nur weil die Persönlichkeit aus vergänglichen Elementen besteht, kann sie das Nirvana erreichen. Solange ein Mensch höchstes, vollkommenes Wissen sucht, weilt er immer noch im Reiche des Bewußtseins. Wenn er Nirvana verwirklichen soll, so muß er über das Bewußtsein hinausgehen. Im höchsten Samadhi, nach Überschreitung des Bewußtseins, ist er über Unterscheidung und Wissen hinübergelangt, über die Reichweite von Veränderung oder Angst hinaus; dann genießt er schon Nirvana. Das volle Verstehen von diesem und die geduldige Annahme hiervon ist höchstes, vollkommenes Wissen, welches Prajnaparamita ist. Die Buddhas der Vergangenheit, der Gegenwart und der Zukunft, da sie höchsten Samadhi erreicht haben, indem sie erleuchtet werden, verwirklichen die Prajnaparamita.«

Diese Befragung Avalokiteshvaras durch einen Mönch aus der nächsten Umgebung des Erwachten, der selbst bei diesem Gespräch »in Samadhi« – in Meditation – zugegen ist, müssen wir uns als eine Zusammenkunft von Irdischen und Überirdischen in einer Art von indischem Elysium vorstellen. Es geht hier entsprechend der Überschrift des Sutra um die Enthüllungen letzter Weisheiten über unser Bewußtsein, das nach Buddha und seinen Nachfolgern im Mahayana allein die Bezeichnung Sein verdient.

Lama Govinda sagt dazu in seiner Einführung zu diesen Übersetzungen:

»Hinter der paradoxen Ausdrucksweise der Prajnaparamita-Texte verbirgt sich ein Erlebnis von solch unergründlicher Tiefe, daß Worte nur noch dazu dienen können, uns vom Begrifflichen zu befreien und uns an die Grenzen des Sagbaren zu führen, wo im Ringen um letzte Wahrheit die erste Ahnung einer tieferen Wirklichkeit in uns aufleuchtet, in der die polare Gegensätzlichkeit unserer Begriffswelt ihren Sinn verliert. Im Erlebnis dieser übergegensätzlichen Wirklichkeit wird das Relative nicht zugunsten eines Absoluten verleugnet oder die Vielheit einer abstrakten Einheit geopfert, sondern das Individuelle und das Universelle durchdringen und bedingen einander so völlig, daß das eine nicht ohne das andere gedacht werden kann. Dennoch haben wir es hier nicht nur mit der Feststellung einer allgemeinen Relativität

36 Der tibetische König Srong Tsan Gampo (um 609 bis 649), der den Buddhismus in Tibet einführte, worauf der Buddha-Kopf über seinem Turban hinweist

37 Rechts: Figur des großen Heiligen Padmasambhava, des »zweiten Buddha«, in einem tibetischen Tempel

38 Unten: Thiang Poche, das mit 4000 Metern höchstgelegene Kloster der Erde zu Füßen des Mount Everest vor seiner Zerstörung durch Feuer

39 Links: Padmasambhava in einer seiner schrecklichen, flammenumloderten Manifestationen als Guru Dragpo

40 Unten links: Der Jo-bo-Buddha im Jokhang von Lhasa – eine Morgengabe der chinesischen Tang-Prinzessin Weng Cheng an ihren königlichen Gemahl Srong Tsan Gampo – gilt als das heiligste Bild Tibets

41 Unten rechts: Pilgerinnen aus Nordtibet im Hof des Klosters Sakya

42 Oben rechts: Die Ruinen des in der Kulturrevolution von den Chinesen zerstörten Klosters Ganden, dem heiligsten Kloster Tibets

43 Mitte: Aus eigener Kraft und eigenen Mitteln bauen die Tibeter ein von den Chinesen zerstörtes Dorfkloster im Yarlung-Tal wieder auf

44 Unten: Im wiederhergestellten Ramochhe-Tempel in Lhasa empfingen die tibetischen Lamas 1988 zum erstenmal wieder Gastmönche aus der Mongolei

45 Oben: Im regenarmen Ladakh gab es 1978 sintflutartige Regenfälle. Der oberste Lama Ladakhs – Bakula Rinpoche – bei der Regenbannung

46 Unten: In einem tibetischen Flüchtlingskloster in Leh, der Hauptstadt Ladakhs, blasen Mönche ihre alphornartigen Hörner – die Dungchen – zum Empfang eines kleinen Rinpoche

47 Unten: Ein Lama trägt den kleinen Chogon Rinpoche, die Wiedergeburt eines berühmten osttibetischen Abtes, über die Schwelle des Gastklosters

48 Oben: Lamas begrüßen den jungen Rinpoche mit weißen Schleiern

49 Oben rechts: Flüchtlings-Lamas im tibetischen Kloster von Bodhgaya, dem Ort der Erleuchtung Buddhas

50 Oben: Vor großen buddhistischen Zeremonien der Lamas streuen Mönche aus gefärbtem Sand große Mandalas, die nach Beendigung der Feiern rituell zerstört werden

51 Unten: Der Dalai Lama zelebriert im schweizerischen Rikon 1985 die Kalachakra-Initiation zur Erhaltung des Weltfriedens

52 Diese figürliche Darstellung der Kalachakra-Gruppe stammt aus dem Kloster Ganden, wo sie die Chinesen bei ihrem Zerstörungsakt vergeblich zu zerschlagen versuchten. Spuren davon sind am Sockel erkennbar

zu tun (die dem modernen Menschen so gelegen kommt zur Entwertung aller Werturteile, ja, zur Leugnung aller ethischen und geistigen Werte), sondern mit der Erkenntnis einer Wirklichkeit, welche über diese Relativität hinausdringend zum Erlebnis dessen führt, was diese Relativität erst möglich macht: eben jener in allem Individuellen verborgenen allumfassenden Ganzheit. Dieses Ganzheitserlebnis ist ebensoweit entfernt von einer ›absoluten Einheit‹ wie von einer ›absoluten Vielheit‹, von der Einförmigkeit eines statischen Kosmos wie von der widerstreitenden Vielfalt eines ungebändigten Chaos. Es mag in jedem ›Individuum‹ verschieden sein und dennoch die Einheitserlebnisse aller anderen ›Individuen‹ in sich schließen. Denn ein Individuum, oder wie immer wir die Daseins- und Erscheinungsformen lebendiger Wesen nennen mögen, ist nicht eine sinnlose Wiederholung, Nachahmung oder bloße Kopie des Kosmos, sondern ein einzigartiger und unnachahmlicher Ausdruck: die Bewußtwerdung dessen, was allen gemeinsam, aber keinem einzelnen besitzbar ist, was jeder in sich selbst erleben muß, um von sich selbst frei zu werden.«

Die buddhistische Bewußtseinslage, die hier als rechte Erkenntnisvoraussetzung demonstriert wird, bietet Lebenshilfe und Welterkenntnis zugleich. Sie macht auch deutlich, daß Mahayana nicht, wie von Kritikern behauptet wird, Entartung, sondern Erweiterung buddhistischen Denkens darstellt. Sie wird deshalb, wie die ursprüngliche Buddha-Lehre, in unserer weiteren Betrachtung eine entscheidende Rolle spielen.

Dabei kann eine Gegenüberstellung der Hauptfiguren von Hinayana und Mahayana – von Arhat und Bodhisattva – nützlich sein. Der Arhat, ein Jünger Buddhas, ein Heiliger der »Alten Schule«, geht konsequent den ursprünglichen Buddha-Weg. Der Bodhisattva dagegen ist nicht Selbsterlöser, sondern Welterlöser; er ist eine Art Heiland, wenn wir es christlich zu sehen versuchen. In Buddha verkörpern sie sich beide: Arhat, der Erleuchtete, und Bodhisattva, der Lehrende und Helfende. Schon darin erkennt man die Bedeutung beider Richtungen. Ihr Nebeneinander, das in mancherlei Hinsicht ein Miteinander ist, kann nicht mit dem Nebeneinander der christlichen Kirchen verglichen werden. Denn ein Dogma, um das man sich streiten könnte, gibt es im Buddhismus nicht. Ob man ihn als Weisheitslehre oder Religion betrachtet, ob man nur dem Buddha oder auch den aus seiner Lehre erwachsenen Bodhisattvas folgt, der Geist der Toleranz, der Friedfertigkeit, der Güte und der Hilfsbereitschaft prägt jeden, der als Buddhist lebt oder sich auch nur von der Lehre inspiriert fühlt.

Darum wohl ist der Buddhismus die einzige Lehre, die nie, wie das Christentum, zur offiziellen Menschenvernichtung aus Bekenntnisgründen und auch nie zum Mord an Ungläubigen wie der Islam aufgerufen hat. Sie ist von Anfang an eine tolerante Lehre gewesen, die man vielleicht schon wegen der zeitweiligen Grausamkeiten und Gewalttaten der anderen Glaubensrichtungen nicht Religion nennen sollte. Denn Grausamkeit, so denke ich, ist eine nicht mit Weisheit und Menschlichkeit zu vereinbarende Erscheinung. Das lehren der Buddha und die Bodhisattvas. Und ihre echten Anhänger leben danach.

LOTOS AUS DEM SUMPF: EIN SUTRA VON DER ERLÖSUNG DER WELT

Im Herbst 1992 gab es ein kaum wahrgenommenes literarisches Ereignis im deutschen Sprachraum, dem man mehr als säkulare Bedeutung zusprechen muß: die Übersetzung eines indischen Mahayana-Sutra aus dem Japanischen. Sie schlägt für uns eine Brücke über fast zweitausend Jahre und schafft eine Verbindung zur frühen Buddha-Lehre: eine Übersetzung, von der sich trotz Kenntnis des Titels *Saddharmapundarika* (Lotos-Sutra des wunderbaren Gesetzes) kaum jemand vorstellen konnte, was sie für uns bedeuten würde.

Auch wenn sie nicht auf den Bestsellerlisten steht, ist diese Übersetzung eines der wichtigsten Bücher aus dem buddhistischen Bereich, das in den letzten Jahrzehnten in deutscher Sprache erschienen ist.

Ein Ereignis, als ob man plötzlich einem Werk wie Homers *Ilias* oder Dantes *Göttlicher Komödie* neu begegnete, nur eben nicht abendländisch, sondern im Geist des Buddha, mehr von Einsicht als von Handlung erfüllt, mehr vita contemplativa vermittelnd als vita activa.

Das *Saddharmapundarika-Sutra* gehört zu den neun Dharmas des Mahayana-Buddhismus. Es sind Sutras verschiedenen Alters und verschiedener Lehrrichtungen, die im Gegensatz zu den Reden Buddhas bisher fast nur in der Fachwelt bekannt sind und über die bei uns viel Kritisches geschrieben wurde.

Aus der Sicht des Urbuddhismus und seiner heutigen Anhänger, wie auch des südostasiatischen Hinayana, hat das seine Berechtigung. Von China und Japan her, wo schon früh Übersetzungen des *Lotos-Sutra* entstanden sind, sieht das anders aus.

In Japan gilt es als die »Bibel« der wichtigsten buddhistischen

Gruppierungen mit Millionen von Anhängern. Diese Bedeutung gewann es im Fernen Osten aber nicht nur als buddhistisches Lehr- und Bekenntnisbuch, sondern auch wegen seiner hohen literarischen Qualitäten, die in der deutschen Übersetzung Margareta von Borsigs deutlich erkennbar sind.

Vergleichbar den Hauptwerken christlicher Mystiker ragt es aus der Fülle der indischen Sutras des Mahayana wie ein erratischer Block hervor. Auf geniale, phantasievolle Weise bildet es die Klammer zwischen Buddhas Leben samt Legende und den Vorstellungen, die sich in den Jahrhunderten nach ihm aus seinem beispielhaften Leben und der damit unlösbar verbundenen Lehre entwickelt haben.

Wer wissen will, was Mahayana ist und bedeutet, sollte das *Lotos-Sutra des wunderbaren Gesetzes* lesen. Es offenbart die Größe, aber auch die Schwächen der Mahayana-Idee, die sich, wie man leicht erkennen kann, in Übertreibungen ausdrücken. Die haben sich bei den Verfassern wahrscheinlich aus einer Art Euphorie ergeben, die für sie von Buddhas Lehre ausging. Es war eine Euphorie, die durch Vorstellung von wunderwirkenden, auch heute und hier zu erreichenden Bodhisattvas noch verstärkt wurde. Die Autoren hatten wohl die Absicht, Buddha, Dharma und Nachfolge in einen unermeßlichen Glanz zu tauchen, ein Buch der Glorie des Buddhismus zu schreiben.

Die Entstehung des *Lotos-Sutra* erstreckte sich über einen längeren Zeitraum. Das führte zu immer neuen Steigerungen in den späteren Kapiteln. Sicher waren die Texte in der Mitte des dritten nachchristlichen Jahrhunderts abgeschlossen. Denn bereits zwischen 265 und 316 n. Chr. kam es zu einer ersten Übersetzung ins Chinesische. Im Jahre 406 entstand dann die berühmte Übertragung des gesamten *Saddharmapundarika* durch den indischen Mönch Kumarajiva, die seither in China, vor allem aber in Japan, in hohen Ehren gehalten wird.

Sie hat wesentlich zur Verbreitung und Erhaltung des Buddhismus in den beiden Ländern beigetragen. In Japan bildet sie die Grundlehre der wichtigsten Schulen des Buddhismus – Tendai und Nichiren –, wird aber auch von modernen buddhistischen

Richtungen des Landes wie der Laienbewegung Risshokosei-kai (der Gesellschaft zur Errichtung des wahren Glaubens und für Mitmenschlichkeit) sowie der spektakulären Sokagakkai-Bewegung (der Wertschaffenden Gesellschaft) benutzt.

Das Werk besteht aus Versen – Gathas – und Prosateilen, die sich jeweils aufeinander beziehen. In den ersten Kapiteln begegnen wir dem historischen Buddha, der vor einer unübersehbaren Schar von Buddhas, Bodhisattvas, Göttern, Heiligen, Lehrern, Mönchen, Nonnen, Laien beiderlei Geschlechts, aber auch vor Tieren und Fabelwesen durch die Aussendung eines Blitzstrahls aus seiner Urna, dem Haarbüschel zwischen den Augenbrauen, zu einer imaginären Rede ansetzt.

Sie ist Ansprache an das Weltall in all seinen irdischen und überirdischen Erscheinungen. Die Wirklichkeit versinkt in Äonen – in Ewigkeiten und Unendlichkeiten von Zeit und Raum. Dabei soll wohl die demonstrierte Fülle das Bewußtsein der völligen Leere erzeugen.

Oft ist am Überdimensionalen des Textes, an der Beschwörung unzählbarer Wesen und unvorstellbarer Ausmaße Kritik geübt worden. Doch scheint mir, daß gerade im vordergründig Kritisierten die tiefste, hintergründigste Weisheit steckt: der Gedanke, Samsara zu übertreiben und so im Bewußtsein der Menschen ad adsurdum zu führen.

Es ist die gleiche Überlegung, die im Mahayana dazu beitragen kann, einen schlimmen, aber einsichtigen Verbrecher näher am Nirvana zu sehen als den ständig sich Bemühenden, dem es doch verwehrt bleibt, die letzten Hürden der Seinsverstrickung zu nehmen, und seien sie auch noch so leicht.

Ein eigenartiges, schon an spätere tantrische Lehren erinnerndes Bezugssystem tritt bereits im ersten Kapitel des Sutra in Erscheinung, als Buddha den geheimnisvollen Lichtstrahl in den Kosmos aussendet.

Der im Kreis der Hörenden anwesende Bodhisattva Maitreya, ein sich auf seine künftige Rolle als Buddha Vorbereitender, überlegt, was dieses unübersehbare Zeichen bedeuten könnte. Den Buddha, der in Versenkung sitzt, kann er nicht fragen. So wendet er sich an Manjusri, den Bodhisattva der göttlichen Weisheit. Dabei wird die Frage angesichts des entrückten Buddha selbst zu einer Predigt, genauer zu einer Lobpreisung von herrlichster sprachlicher Strahlkraft.

Hier wird das weltweite Wirken der Buddha-Lehre bildhaft beschworen. Nach vielen Versen erst kommt Maitreya zu seiner Frage, die selbst noch einmal Lobeshymne auf den Erleuchteten wird. Da heißt es:

»Sohn Buddhas, Manjusri!
Möchtest du die Zweifel von uns lösen!
Die vierfache Gemeinde, glücklich aufblickend,
schaut auf dich und auf mich.
Aus welchem Grund hat der in aller Welt Verehrte
einen solchen hellen Lichtstrahl entsandt?
Sohn Buddhas! Gib jetzt Antwort!
Erfreue uns, indem du die Zweifel löst!
Um welch reicher Zuwendungen willen
zeigte er diesen hellen Lichtstrahl?
Wünscht der Buddha,
das wunderbare Gesetz, das er erlangte,
als er auf der Terrasse der Erleuchtung saß,
zu predigen?
Oder gibt er eine Prophezeiung?
Daß er zeigt, daß alle Buddha-Länder
kostbar, strahlend und rein sind,
und daß wir alle Buddhas sehen,
das ist nicht wegen einer geringen Ursache.
Manjusri, du mußt wissen,
die vierfache Gemeinde, die Nagas und Geister
blicken auf dich,
ob du nun nicht etwas sagst.«

Und Manjusri antwortet:

»Ihr guten Söhne! Wie ich urteile, wünscht jetzt der Buddha, der in aller Welt Verehrte, das große Gesetz zu predigen, den Regen des großen Gesetzes regnen zu lassen, die Muschel des großen Gesetzes zu blasen, die Trommel des großen Gesetzes zu schlagen und die Bedeutung des großen Gesetzes darzulegen. Ihr guten Söhne alle, als ich bei den vergangenen Buddhas dieses günstige Zeichen sah, daß sie einen solchen Lichtstrahl entsandten, so bedeutete dies, daß sie das große Gesetz predigten. Deshalb muß man wissen: Wenn der Buddha jetzt den Lichtstrahl erscheinen läßt, so zeigt er aufgrund dessen, daß er wünscht, daß man das Gesetz, das in allen Welten schwierig zu glauben ist, zu hören und zu kennen erlangt, dieses besondere Zeichen.«

In Prosa läßt nun Manjusri die Buddhas vergangener Zeiten auferstehen und künden, um auf diese Weise den Allzusammenhang zu verdeutlichen, der durch Buddhas Fassung des Dharma hergestellt worden ist.

Dadurch wird deutlich, was das *Lotos-Sutra* als Ganzes vermittelt: daß es sich bei dieser Strahlen aussendenden Buddha-Gestalt, die dann im zweiten Kapitel zu ihrer großen Rede ansetzt, nicht mehr um Buddha Shakyamuni handelt, sondern um einen allumfassenden kosmischen Buddha-Geist, der nun auch nicht mehr allein bemühten einzelnen, sondern der ganzen Menschheit Buddhaschaft verheißt.

Im zwölften Kapitel des Sutra demonstriert Buddha diesen Allerlösungsvorgang am Beispiel seines in die Hölle verstoßenen Schwagers Devadatta, von dem er hier sagt, daß er dereinst zum Devaraja, zum Himmelskönig, werde. Das aber ist die Botschaft des ganzen Lotos-Sutra: Durch Buddhas Erbarmen können alle Menschen – auch die Bösen – Erlösung erlangen.

Weiter konnte sich das Mahayana von der ursprünglichen Lehre Buddhas nicht entfernen. Christliche Erlösungsverheißung klingt hier eher durch als Buddhas gütige und doch unabdingbare Strenge.

Aber die Menschen, die das Sutra hörten, fühlten sich verstanden und angenommen. Das war der Erfolg des Mahayana, vor allem bei Laien, die nicht das Nirvana, sondern vor allem Lebenshilfe suchten, denen es auf noch ein paar Wiedergeburten – womöglich unter besseren Voraussetzungen – gewiß nicht ankam.

Deshalb kommt auch dem Bodhisattva Avalokiteshvara im *Lotos-Sutra* eine zentrale Rolle zu. Denn er gilt als der große Nothelfer. Ja, wahrscheinlich ist er auch der, durch den der Text seinen Namen bekam: *Lotos-Sutra des wunderbaren Gesetzes,* denn sein ältester Name ist Padmapani, der Lotosträger. Und mit der Lotosblume ist er, wie wir im nächsten Kapitel sehen werden, auch immer wieder dargestellt worden.

Was aber bedeutet der Lotos in unserem Zusammenhang? Er wurde zum Symbol des Mahayana wie das Rad der Lehre Symbol des Ur-Buddhismus und des Hinayana ist.

Die absolute Unschuld und Reinheit, mithin das Überirdische symbolisierende weiße Lotosblume auf einem Teppich dunkelgrüner Blätter ist wie das Jenseitige, das sich aus der Tiefe von Wasser und Erde, aus Sumpf und Dunkel, makellos erhebt. Sie verkörpert das Lebendige, das, unberührt vom Schmutz unseres Alltags, sich immer wieder auf dünnem Stengel prachtvoll entfaltet. In diesem Sinne wurde sie, vor allem in den Bildern des buddhistischen Pantheons, zu einem tragenden, wenn auch bisher noch nicht voll erfaßten Symbol des späteren Buddhismus und seiner weltweiten Ausdehnung, so wie sie auch zum Symbol des japanischen Staates wurde. Wir werden ihr in ihrer ganzen Bedeutungsfülle im nächsten Kapitel wiederbegegnen.

DIE BILDERSPRACHE DES BUDDHISMUS

Wir haben bisher von Buddha und seiner Lehre gesprochen: von Wort und Rede, wie sie uns vielfältig überliefert sind. Doch Buddha ist nicht nur durch seine Lehre weltweit bekannt geworden, sondern auch durch sein Bild.

Vielleicht ist es dieses Bild mehr noch als die Lehre, an das man denkt, wenn sein Name genannt wird, ist es doch geprägt durch deutliche Kennzeichen und eine Ausdruckskraft, die außer im Buddha-Gesicht nur noch in der Abbildung Jesu so überzeugend aufleuchtet. Dabei besteht zwischen der buddhistischen und der christlichen Kunst ein grundsätzlicher Unterschied. Die eine ist ikonische Darstellung, die andere – die buddhistische – Versinnbildlichung. Die buddhistische Bilderwelt ist nicht eigentlich Kunst – dazu haben sie westliche Betrachter erst gemacht –, sondern Bewußtseinsspiegelung der Gläubigen: eine Bildersprache, die zur Selbstbegegnung und zur Selbsterkenntnis führen soll.

Im Bild hat sich nicht nur Buddha selbst, entsprechend der Wandlung und esoterischen Erweiterung seiner Lehre, vervielfältigt. Er kommt nun in Gemeinschaft mit einer Fülle von Erscheinungen daher, die wir als buddhistisches Pantheon bezeichnen, das vieltausendfach in Tempeln und Klöstern des nördlichen Buddhismus als Malerei und Skulptur gegenwärtig ist. Und das alles, obwohl die Lehre vom Nirvana bilderlos angelegt ist, wie sie es zu Buddhas Lebzeiten ja wohl auch blieb.

Auf ein überliefertes Bild des Buddha jedenfalls mußte seine Gemeinde mindestens sechshundert Jahre warten. Bis dahin drückte sich der Buddhismus nur in einprägsamen Symbolen aus, die wir vor allem an Stupas und ihren Einzäunungen finden. So weisen Buddhas Fußabdrücke, der Thron unter dem Bodhi-

Baum, das Rad der Lehre und die Leiter, mit deren Hilfe er seine Mutter bei den Göttern besuchte, auf den Erwachten hin.

Aus diesen ersten Jahrhunderten nach Buddha ist uns dagegen kein einziges Bild von ihm überliefert. Doch gibt es tibetische Übersetzungen alter indischer Texte, nach denen Buddha-Porträts zu seinen Lebzeiten nach der Natur gefertigt worden sein sollen.

Die bekannteste dieser Legenden bezieht sich auf König Bimbisara von Magadha, dem wir in der Lebensgeschichte Buddhas schon begegnet sind. Er hatte von einem befreundeten Herrscher ein wertvolles Panzerhemd geschenkt bekommen und wußte nicht, wie er sich für das kostbare Geschenk revanchieren sollte. Da riet ihm einer seiner Minister, doch vom in der Nähe weilenden Buddha ein Porträt malen zu lassen. Von diesem Vorschlag war der König begeistert, und er bat Buddha um die Erlaubnis, daß einige seiner Künstler ihn porträtieren dürften. Buddha willigte ein und schlug vor, das Gemälde mit den wichtigsten Sätzen aus seiner Lehre zu versehen. Das Bild sollte während eines Gastmahls entstehen. Doch die Maler waren von der Ausstrahlung des Buddha so überwältigt, daß sie kein Porträt von ihm zustande brachten. Da setzte sich Buddha an das flache Ufer eines Teiches, und die Künstler fertigten das Bildnis nach der Spiegelung des Erleuchteten im Wasser an. Die Wirkung des Bildes soll gewaltig gewesen sein.

Durch nichts zu beweisen ist diese schöne Legende wie auch die andere, nach der vor der Himmelsreise des Buddha zu seiner Mutter eine wunderbare Sandelholzstatue des Erwachten geschnitzt worden sein soll, die von magischen Kräften erfüllt war. Es gibt noch weitere legendäre Berichte von Buddha-Bildern, die zu seinen Lebzeiten oder kurz danach entstanden seien, doch keines davon hat sich erhalten.

Mehr als fünfhundert Jahre mußten vergehen, bevor die ersten uns überlieferten Buddha-Bilder entstanden, dann aber in großer Zahl und – auch das gleicht einem Wunder – an drei verschiedenen, weit auseinanderliegenden Plätzen Indiens: in Gandhara, einem mächtigen Reich im Gebiet des heutigen Pakistan und

Afghanistan, wo persischer, hellenistischer und römischer Stileinfluß zusammentrafen; in Mathura, im Nordwesten Indiens, wo eine eigenständige Kunst schon seit Jahrhunderten zu Hause war; und in Südostindien, wo reges religiöses Interesse und der Austausch mit Sri Lanka befruchtend wirkten.

Doch selbst der Zeitpunkt dieses Beginns von Darstellungen des Buddha ist nicht genau festzulegen. Es mag im ersten Jahrhundert nach der Zeitenwende gewesen sein, daß Buddha bildhaft in Erscheinung trat. In Gandhara folgte man westlichen Vorbildern, deren Stil wohl über die Seidenstraße nach Osten gelangt war. Besonders Apollo-Statuen werden als Vorbilder der ersten stehenden Buddhas angesehen. Dabei ist in Gandhara auch der Gesichtsausdruck des Erwachten westlich geprägt. Aber selbst die Buddha-Köpfe Südostindiens zeigen abendländische, wohl römische Einflüsse, ohne daß man diese im einzelnen nachweisen und ihren Weg nachverfolgen könnte.

Bei dieser frühen Bildersprache des Buddhismus geht es nicht nur um den Buddha selbst, sondern um seine ganze Lebensgeschichte und Legende. In Reliefs, die den Umgang der zahlreichen Stupas zieren, begegnet uns auf erzählerische Weise der Weg Buddhas vom letzten Aufenthalt im Tusita-Himmel über Mayas Empfängnis und Buddhas Geburt aus der Hüfte der Mutter, die Flucht aus dem väterlichen Palast, die Askese und alle Stationen des Suchenden bis zur Erleuchtung. Es folgen Lehrtätigkeit und Wunder, vielfältige Begegnungen mit dem Volk, mit Mönchen und Heiligen, bis zu den letzten Szenen und dem endgültigen Verlöschen im engsten Kreis der trauernden Jünger. Die Verbrennung der leiblichen Reste, die Reliquienverehrung und die Errichtung der ersten Stupas sind weitere Reliefthemen, die alle, zum Teil in hoher künstlerischer Vollendung, in dem nicht leicht zu bearbeitenden grauen Schiefer Gandharas ausgeführt wurden.

Die frühe buddhistische Bilderwelt geht aber bereits über Buddha und seine Lebensgeschichte weit hinaus. Wir begegnen lebensgroßen Bodhisattvas in fein ausgeführten Gewändern mit reichem Schmuck, die wahrscheinlich Fürstensöhne der Zeit zum porträthaften Vorbild hatten. Und im Mathura-Bereich finden wir neben vorbuddhistischen Naturgöttern – den Yakshas – bereits weibliche Gottheiten, die in das buddhistische Pantheon integriert wurden, sowie Apsaras, die den lehrenden Buddha umschweben.

Es wird deutlich, daß hier schon das Mahayana die Szene beherrscht, obwohl sich das Hinayana nicht bilderfeindlich zeigt, wenngleich sich seine Bildersprache weitgehend auf den Erwachten beschränkt. Er ist in den Tempeln und Klöstern Südostasiens bis heute das Meditationsvorbild der Mönche.

Im Norden dagegen – vor allem in Tibet und im Himalaya – tritt Buddha hinter Hunderten, ja zum Teil hinter Tausenden von Erscheinungen des Mahayana- und Tantrayana-Pantheons zurück. Und man fragt sich nach ihrer Bedeutung. Nicht nur Buddha hat sich vervielfacht, tritt in esoterischen Formen wie den Ur-Buddhas und den Tathagatas auf, auch die Bodhisattvas vervielfältigen sich mit den Anlässen, bei denen sie gebraucht werden.

Mit dem Vajrayana und Tantrayana treten auch weibliche Erleuchtungswesen – Taras – auf. Schutz- und Initiationsgottheiten begegnen uns in geschlechtlicher Vereinigung – yab-yum –, einer Position, die allerdings nicht den Orgasmus, sondern die Überwindung aller körperlichen Triebe und Wünsche zum Ziel hat. Trotzdem sind wir mit dieser Fülle der Erscheinungen, die das spätere buddhistische Pantheon darstellen, weit vom Buddha und seiner Lehre entfernt.

Um so erstaunlicher bleibt durch die Jahrhunderte bis in die Gegenwart ein bisher kaum beachtetes, wohl als fast selbstverständlich genommenes Phänomen. Das ist der Lotosthron, einfach oder doppelt, umlaufend oder nur frontseitig ausgeführt, auf dem fast alle diese Figuren – vom Buddha Shakyamuni über die Bodhisattvas und Taras bis zu Yab-yum-Gruppen und dämonischen Erscheinungen – sitzen oder stehen.

Hier ist ein verbindendes Merkmal der buddhistischen Bildersprache zu erkennen, über das es sich nachzudenken lohnt.

Mehr und mehr wurde im späteren Buddhismus, vor allem im Mahayana, die Lotosblüte neben dem Rad der Lehre zum Hauptsymbol. Das hat seinen Grund in der Wandlung des Buddhismus, wie wir sie kennengelernt haben. Neben dem Dharma des Buddha, wie er von den Arhats weitergetragen wurde, gewinnt der Lotos, dem wir als Thema der wichtigsten Mahayana-Sutra begegneten, mehr und mehr an Bedeutung.

Während das Rad der Lehre – nun oft von zwei Gazellen flankiert – das Symbol des Buddha darstellt, dürfen wir den Lotos, der den Sanskritnamen padma trägt, als Symbol des wichtigsten Bodhisattva, des Avalokiteshvara, bezeichnen, der ursprünglich Padmapani (Lotosträger) genannt wird. In allen seinen frühen Darstellungen hält er in der linken Hand den voll erblühten Lotos. Zum Teil ist er auch von zwei Lotosranken umrahmt.

Doch auch der Bodhisattva Manjusri, der in vielen Skulpturen das Schwert der göttlichen Weisheit in der Rechten hoch erhoben hält, wird auf späteren Malereien und Bronzen lotosumrankt dargestellt. Dabei befinden sich in Höhe beider Schultern ebenfalls voll entfaltete Lotosblumen, die in ihrem Blütenzentrum das aufgerichtete Schwert und das Buch der Weisheit tragen.

Daß es sich hier um ein weitgespanntes Bedeutungsgefüge von noch nicht voll erkannten Zusammenhängen handelt, sieht man daran, daß auch der künftige Buddha Maitreya in seinen vielfältigen Erscheinungsformen oft lotosgerahmt dargestellt wird, wobei zuweilen eine der Blüten als noch nicht entfaltete Knospe erscheint. Die Symbolik ist offensichtlich: Maitreya ist der Menschheit zwar verkündet, aber er hat sich ihr noch nicht geöffnet. Die Knospe hat den Sumpf des Samsara, den unser aller Leben darstellt, noch nicht durchdrungen. Andererseits gibt es auch Taras (weibliche Bodhisattvas), die zu beiden Seiten mit Lotosranken geziert sind. Die grüne Tara – Reinkarnation einer nepalischen Prinzessin – stützt in manchen Darstellungen ihren lässig nach unten gestreckten Fuß auf eine Lotosblume.

Auch große Heilige und Lehrer, so der tibetische Reformator Tsongkhapa, finden wir oft mit Lotos dargestellt.

Kein Zweifel, daß der Lotosthron, auf dem sich alle Figuren des buddhistischen Pantheons befinden, wie auch diese Begleitpflanzen, die aus Lehmwasser aufsteigen, auf den Durchbruch des Lebendigen aus Sumpf und Trübnis zu Licht und Klarheit hinweisen, den Buddha gelehrt hat und um den auch alle auf ihn folgenden buddhistischen Glaubenstraditionen bemüht sind.

Das ist nur eins der Kapitel buddhistischer Bildersprache, das uns zeigt, wie wenig es hier um künstlerische Form, wie sehr dagegen aber um den überzeugenden Ausdruck des Dharma geht.

Jedes dargestellte Symbol ist genauso ein Aspekt der Lehre, wie jede Figur des Pantheons, das allerdings ohne Symbole nicht vorstellbar, weil nicht verständlich wäre.

Die Geschichte der buddhistischen Bilderwelt von Indien über Tibet und China bis Japan, von Zentralasien über Sri Lanka, Birma, Thailand und Kambodscha bis Indonesien ist trotz mancher Ansätze noch nicht geschrieben. Es fehlen dafür allzu viele Voraussetzungen. So kennen wir die Malereien und Skulpturen aus Tibet erst seit wenigen Jahren. Dabei bergen gerade sie die größten Geheimnisse, zählt das tibetische Pantheon doch nach Tausenden ikonographischer, das aber heißt auch esoterischer Varianten.

Seit der Besetzung Tibets durch die Chinesen und der Flucht vieler Tibeter sind ungezählte Stücke aus Klöstern und Tempeln außer Landes gebracht worden. Sie befinden sich heute über die ganze Welt verstreut in Museen und Privatsammlungen. Dort betrachtet man sie zum Teil als Ausstellungsgut, im privaten Bereich wohl auch als Wertanlage.

Doch sind die Malereien und Skulpturen des alten, geheimnisvollen Tibet für viele Sammler zum Anstoß tieferer Beschäftigung mit dieser schwer zu erfassenden Bilderwelt geworden. Es kam zur inneren Auseinandersetzung mit dem Geist der Stücke, aus dem mancher Aufschluß über die eigene Befindlichkeit empfing.

So dürfen wir bei der Betrachtung der Einflüsse buddhistischer Lehren und Bewegungen auf Menschen unserer Zeit die Bildersprache gewiß nicht außer acht lassen. Ohne sie würde vielen der Zugang zu Buddhas Lehre noch schwerer als er ohnehin schon ist, und das – wenn man streng und genau gegen sich selbst ist – in allen seinen Richtungen.

VOM ALLZUSAMMENHANG – DIE TANTRISCHE DIMENSION DES BUDDHISMUS

Es ist verständlich, daß viele westliche Buddhisten das Mahayana mit seinen esoterischen Buddhas und Bodhisattvas, aber mehr noch das Vajrayana – den tantrischen Buddhismus – mit seinen vielfältigen irrealen Erscheinungen ablehnen, ja verteufeln, seine Praktiken als Götzendienst abtun, weil sie das Tantrische nicht verstehen, weil sie zu eng denken für indische Dimensionen, weil sie das kosmische Ausmaß dieser Erscheinungen und ihrer Hintergründe nicht begreifen.

Und doch sind es wahrscheinlich gerade diese Erweiterungsbewegungen, die asiatischem Geist so genau entsprechen, denen der Buddhismus als Ganzes sein Überleben bis in die Gegenwart verdankt, sooft auch Gefahren für den Fortbestand auftauchten.

Zu der Zeit, für die Buddha das Ende des Sangha prophezeit hatte, gab es nicht nur in Indien und Sri Lanka festgefügte Ordensgemeinschaften der Theravadin, sondern, wie wir gesehen haben, auch jene lebhafte Weiterentwicklung buddhistischer Vorstellungen im Norden, Westen und Osten – bis ans Mittelmeer und bis nach China.

In diesen Gebieten entfaltete sich das Mahayana zu einer einflußreichen Religion unter anderen rivalisierenden Glaubensrichtungen, die zum Teil durch größere Volksnähe, vor allem aber auch durch ihren Bilderreichtum wirkten.

So kam es wohl, daß die Entwicklung einer eigenen Bildersprache besonders für den nördlichen Buddhismus zu einer Überlebensnotwendigkeit wurde, die ihm aber zugleich Tore in bis dahin verschlossene Gebiete mit starken Volksreligionen – vor allem im Himalaya – öffnete.

Voraussetzung für diese zunächst unerwartete Entfaltung, die sich in den Jahrhunderten nach der Zeitenwende ereignete, war die allseitige Entwicklung eines überzeugenden, ja überwältigenden Pantheons, das mit seinen teils glanzvollen, teils schrecklichen Erscheinungen Eindruck vor allem auf die Volksmassen machte, die sich vom Mysterium geheimnisvoller Erlösungswesen und ihrer Helfer wie von den zum Dienst für die Lehre niedergerungenen Dämonen ergriffen zeigten.

Diese auf Rollbildern, den Thangkas, und als Skulpturen dargestellten Erscheinungen entstammen der Vorstellungswelt uralten indischen Denkens, das sich in der Welt der Tantras – geheimnisvoller mythischer Texte – niedergeschlagen hat, die dann zur bildlichen Darstellung kamen.

Tantras gelten bis heute vor allem in Tibet und im Himalaya als heilige Schriften, deren komplizierte, Außenseiter, ja selbst Praktizierende oft bewußt in die Irre führende Texte ohne die bildhafte Umsetzung der in ihnen verwendeten Symbole gar nicht zu verstehen wären.

Die Schwierigkeit, Tantra zu erklären und zu verstehen, beginnt mit dem Begriff. Er ist wie die aus dem Wort Tantra hervorgegangene Bezeichnung Tantrismus vieldeutig und wird oft ohne jede Differenzierung auf sehr unterschiedliche Lehren und Lebensweisen angewandt.

Schon seine Übersetzung aus dem Sanskrit bereitet Schwierigkeiten. Die Wurzelsilbe *tan* bedeutet ausbreiten, vermehren. Für das Hauptwort *tana* finden wir im *Wörterbuch Sanskrit-Deutsch* von Klaus Mylius die Übersetzung Faden, aber auch Ausdehnung. Und unter *tantawa* steht: aus Fäden gemacht, gewebt. Für *tantra* selbst sind zwei Bedeutungen verzeichnet: vorgeschrieben, normiert und Saitenspiel.

In einer europäischen Sprache taucht das Wort Tantra zum erstenmal 1799 auf. Damals entdeckten englische Missionare in Indien geheime Schriften der shivaitischen Sekte der Shaktas, die als »tantras« bezeichnet wurden. So gering auch das Verständnis für die fremden Texte war und lange Zeit blieb – gewisse, immer wiederkehrende, als obszön, wenn nicht gar teuflisch geltende Wendungen genügten, um die Tantras zu verdammen. Ohne

Kenntnis ihres wirklichen Inhalts wurden sie in allen Veröffentlichungen der Kirche wie der Wissenschaft ein Jahrhundert lang verschwiegen oder als Produkte tiefer moralischer Verworfenheit verurteilt.

Seit dem 3. Jahrhundert, vielleicht auch schon früher, sind in Indien hinduistische, buddhistische und auch jainistische Tantras in großer Zahl entstanden, von denen allerdings nur wenige wissenschaftlich bearbeitet, ediert, geschweige denn in europäische Sprachen übersetzt worden sind. Trotz des ständig wachsenden Interesses für asiatische Kulturen hat sich deshalb an der verbreiteten Unkenntnis über Tantras und Tantrismus bis heute nur wenig geändert.

Die Texte der Tantras sind genauso wie die Beschreibungen tantrischer Kultvorgänge wörtlich genommen und auch so interpretiert worden. Daß ihnen eine tiefe Symbolik zugrunde liegt, tritt erst in jüngster Zeit durch behutsame Deutung zutage. Und allmählich begreifen wir, daß hier Texte und Rituale vorliegen, die vor tausendfünfhundert Jahren vorausgenommen haben, was abendländische Mediziner erst Anfang unseres Jahrhunderts entdeckten: die Geheimnisse der menschlichen Seele.

Aus solcher später Erkenntnis mag das Interesse resultieren, das gerade der Tantrismus heute findet. Dabei soll nicht verschwiegen werden, daß unter dem vieldeutigen Wort noch immer die obskursten Auslegungen und abwegigsten Praktiken verkauft werden, die schon manchen am Buddhismus wirklich Interessierten verunsichert, wenn nicht gar abgestoßen haben.

Wir wollen deshalb versuchen, die historischen und religiösen Zusammenhänge des buddhistischen Tantrismus darzustellen. Seine Voraussetzung war die Entstehung des Mahayana-Pantheons mit seinen Meditationsbuddhas, die auch als Dhyanibuddhas oder Tathagatas bezeichnet werden, und seinen zahlreichen Bodhisattvas.

Aus diesem esoterischen Buddhismus, dessen umfangreiches Schrifttum wir schon kennengelernt haben, entwickelte sich in den ersten Jahrhunderten unserer Zeitrechnung in zwei weit auseinanderliegenden Gebieten Indiens, in Bengalen und Kaschmir, das Vajrayana – der Buddhismus des Diamantfahrzeugs. Sein Entstehen ist auf starke Einflüsse aus dem Westen, vor allem aus Persien, aber auch aus den Naturreligionen, den Fruchtbarkeits- und Zauberkulten Nordostindiens und des Himalaya-Gebiets zurückzuführen. Im Bereich von Bihar, Bengalen, Orissa und Assam kam es bei der Ausbildung des Vajrayana zu einer in der uralten Lebensweise dieser Landschaft begründeten Synthese zwischen dem zur Religion gewordenen Mahayana-Buddhismus und angestammten Fruchtbarkeitsriten, aus denen sich die vielfältigen Formen des Tantrismus entwickelt haben. Hier hat sich eine Angleichung von Extremen vollzogen, wie sie in der Religionsgeschichte absolut einmalig ist. Man kann sie nur aus der Psyche des indischen Volkes, aus der Vielfalt seiner rassischen, geistigen und religiösen Varianten und aus seiner uralten, tief im Volk verwurzelten gesellschaftlichen Rangordnung – dem Stammes- und Kastensystem – begreifen.

Die Lehre des Buddha war dem vom Gemeindenken bestimmten Inder zu persönlich und zu abstrakt. So hatte sie der Glaube des Volkes schon früh – ja, wahrscheinlich bereits zu Lebzeiten Buddhas – mit all den Vorstellungen von Göttern, Geistern und Dämonen durchsetzt, ohne die indisches Leben und Seinsverständnis nicht denkbar wäre.

Der frühe Buddhismus war für den Inder Ergänzung eines Denkens und Handelns, das ihm von altersher aus dem Yoga vertraut war. Allein die Abwendung des Buddha vom Körperlichen, das leibliche Askesegebot, blieb vielen unverständlich, so verbreitet das Asketentum im Lande auch war. Stärker und indischem Wesen gemäßer waren die besonders bei den Ureinwohnern im Osten verbreiteten phallischen Kulte der Volksreligion. Aus ihnen erwuchs die tantrische Variante des Buddhismus, wahrscheinlich noch bevor es zur Ausbildung des tantrischen Hinduismus kam, der bis heute in Indien eine wichtige Rolle im religiösen Leben des Volkes spielt.

Doch während dieser hinduistische Tantrismus Elemente der Volksreligion in der Gestalt des obersten Hindugottes Shiva sowie der aus vorhinduistischer Zeit stammenden Rudra-Shiva-Kulte übernahm und damit die körperlich-sexuelle Bedingtheit dieser Form des Tantrismus betonte, ging der buddhistische Tantrismus ganz andere Wege.

Was sich hier vollzog, war eine Ausweitung der Vorstellungswelt der phallischen Kulte ins Geistige und damit zum kosmischen Ganzheitserleben, das in der zur Religion gewordenen Lehre des Buddha seine esoterische Basis fand. Buddhas Lebensanweisungen wurden im Tantrismus zum Kern einer universalen Weltschau, die auf dem Weg geheimer Welten stufenweise zu erlangen ist. Die Voraussetzung dafür war die Emanation des Buddha Shakyamuni in ein vielfältiges Pantheon der das Weltganze symbolisierenden Buddhas, Bodhisattvas und Gottheiten.

Bereits im Mahayana-Buddhismus hatte sich die Buddha-Vorstellung in diesem Sinne ganz wesentlich gewandelt. Der historische Buddha als Erleuchteter und Lehrer war nur noch ein Aspekt der Buddha-Existenz, die nunmehr in drei Seinsweisen – dem trikaya – begriffen wurde.

Jeder Buddha erscheint nach dieser Lehre in dreifacher Gestalt. Als irdischer Scheinleib verkörpert er das nirmanakaya seiner zeitlich begrenzten Erdentage. Als überirdisches Wesen herrscht er im sambhoga-kaya – einem Heilsleib – über himmlische Wesen in einem Paradies, das durch seine guten Werke entstanden ist. Schließlich hat er mit seinem kosmischen Leib – dharma-kaya – teil an der geistigen Wirklichkeit aller Buddhas – der einzigen Wirklichkeit überhaupt –, die nach mahayana-buddhistischer Auffassung zugleich Urgrund allen Seins ist.

In diesem Bereich des dharma-kaya begegnen wir dem Ur-Buddha Vajradhara und den Geistemanationen der Tathagatas, von denen sich die Zentralerscheinung des Vairocana mit Vajradhara zum All-Buddha als Zentrum des Kosmos verbindet.

Beide – Vajradhara und Vairocana – symbolisieren ikonographisch den Weg ins Vajrayana – den Eintritt in die Geheimlehre des tantrischen Buddhismus. Bei Vajradhara drückt er sich aus in den beiden Zeichen, die der Ur-Buddha in seinen vor der Brust gekreuzten Händen hält. Es sind Vajra, das Diamantzepter, und Ghanta, die Glocke, als Attribute des Männlichen und des Weiblichen, die hier zugleich die Polarität allen Seins verkörpern, das erst im Nirvana aufgehoben ist.

Deutlicher noch als bei Vajradhara treten diese Polarität und ihre Aufhebung in der Vereinigung der Gegensätze bei gewissen Darstellungen des Vairocana zutage. Seine übliche Handhaltung, die dharmacakra-mudra (Geste des Lehrens), ist bei vielen Skulpturen durch die bodhiagri-mudra ersetzt, die auf eindeutige Weise die Vereinigung von upaya – der männlichen Aktivität – und prajna – der Weisheit als weiblichem Element – symbolisiert. Wenn man sich vor Augen führt, daß diese Mudra bereits im 2. oder 3. Jahrhundert bei Buddha-Darstellungen aus dem Gandhara-Gebiet vorkommt, so erkennt man, daß der buddhistische Tantrismus wahrscheinlich zwei weit auseinanderliegende Wurzeln hat, aus denen dann schließlich der spätere lamaistische Tantrismus der Himalaya-Region und Tibets hervorgegangen ist, der bis nach China und Japan gewirkt hat.

Dem westindischen Tantrismus, der einen esoterischen, wohl stark von der Lichtreligion Persiens beeinflußten Ursprung hat, steht in Nordostindien ein buddhistischer Tantrismus ganz anderer Art gegenüber, der durch die Sexualkulte der dortigen Volksreligionen geprägt ist und sich schon frühzeitig nicht allein in Buddha- und Bodhisattva-Darstellungen, sondern auch in phantasievollen Bildern von Göttinnen sowie von vielarmigen und mehrköpfigen Yab-yum-Gruppen, die Schutz- und Initiationsgottheiten verkörpern, ausdrückt.

Aus der Erkenntnis der kosmischen Zusammenhänge aller Erscheinungen, die sich in unserem menschlichen Bewußtsein spiegeln, entwickelte sich im Vajrayana-Buddhismus die Einsicht in die Ganzheit von Geist und Körper, von Mann und Weib, von Makrokosmos und Mikrokosmos. Unser Körper hat nach dieser Auffassung seine Entsprechung im All, wie der Mann seine Entsprechung in der Frau hat und der Geist seine im Leib.

Die Aufhebung der Dualität der in solchen Gegensatzpaaren angelegten äußeren Spannung ist das Ziel des Tantrismus. Um es zu erreichen, bedarf man der Erfahrung des alle Dualismen überstrahlenden Einen, das in der Geistnatur des Buddha gegeben ist.

Das Symbol dieser Buddhaschaft hat dem späten Buddhismus den Namen gegeben.

Es ist der Vajra, das Diamantzepter, der sich aus dem Donnerkeil, der magischen Waffe des vedischen Gottes Indra, entwickelt hat, die wahrscheinlich auf ein Wurfgeschoß ältester Zeiten zurückzuführen ist.

Der Vajra des Buddhismus ist das männliche Symbol des Weges zur Erleuchtung, zugleich aber Ausdruck der unveränderlichen, klaren Selbstnatur des Buddha, wie sie sich in Vajradhara und Vairocana manifestiert. Strahlend und doch unveränderlich wie der Diamant, so lehren es die Sutras des Mahayana-Buddhismus, ist das reine Buddha-Wesen, durch das der Suchende Klarheit und schließlich Erleuchtung findet.

Der makellosen Durchsichtigkeit des Diamanten entspricht auch der von dem großen Mahayana-Lehrer und Wegbereiter des buddhistischen Tantrismus, Nagarjuna, der um die Zeitenwende lebte, betonte Shunyata-Begriff.

Er bezeichnet die große Leere, die das Ziel jenseits der Fülle von Erlebnissen, Eindrücken, Erfahrungen und Erregungen ist, denen sich jeder Mensch ausgesetzt weiß. Die Leerheit von allem Vergänglichen entspricht jener makellosen, nichtsenthaltenden Durchsichtigkeit des Diamanten, in der sich das reine Buddha-Wesen ausdrückt. Doch der Vajra ist nur eines in einer Fülle von Symbolen, die das spirituelle System des Vajrayana und des Tantrismus erkennbar machen. Ghanta, die Glocke, als Symbol des Weiblichen, das zusammen mit dem Vajra den Dualismus des äußeren Seins spiegelt, gehört neben dem Vajra zu den wichtigsten dieser Kennzeichen.

In den Händen der tibetischen Lamas werden Vajra und Ghanta zu zentralen Meditationsobjekten des tantrischen Kults. Doch auch der Phurbu, der Geisterdolch, der zur Bändigung von Dämonen dient, die Butterlampen und Reisgefäße, vor allem aber die Bilder und Figuren im Tempel, sind im Bewußtsein des Gläubigen nicht das, als was sie vor unseren Augen erscheinen, sondern Symbole einer geistigen Welt, die sich dem Meditierenden mit ihrer Hilfe mehr und mehr erschließt.

Das aber heißt, tantrische Kunst ist nicht Kunst in unserem Sinne der schönen Erscheinungen, auch nicht Götterbild, das Anbetung erfährt, als vielmehr Meditationsobjekt, das dazu dienen soll, den Eintritt in jene geistige Welt zu erleichtern, die sich dem Meditierenden erschließt, wenn er die fluktuierende Scheinwelt der sogenannten Wirklichkeit hinter sich läßt. Er erstrebt Zugang in eine neue Wirklichkeit, die Ausdruck des diamantenen Kosmos der reinen Buddhaschaft ist.

Im Gegensatz zum langen mühevollen Weg des Theravada-Buddhisten ins Nirvana, der durch zahllose Existenzen führt, ist der in den Tantras beschriebene Shunyata-Weg reich an Bildern. Der Tantriker ist sich der hilfreichen Kräfte zahlloser Buddhas, Bodhisattvas und anderer Götter ständig bewußt und kann sich an ihrem symbolhaften Dasein orientieren. So überwindet er die Einflußsphäre der zerstreuenden Außenwelt, die er gleichfalls als Scheinwelt hinter sich läßt, und erfährt das Erlebnis der Leere in Kommunikation mit Gleichen und im Bewußtsein einer hilfreichen Umgebung, die in Gestalt von Bildern und Symbolen allgegenwärtig ist.

Der Tantriker kennt drei Eingänge in die spirituelle Welt: Yoga, Mantra und Yantra – die Beherrschung des Körpers, die Beherrschung der Stimme und die Beherrschung der Form. Das Ritual, dem er dabei folgt, die Silben, die er zu rezitieren, und die Symbole, die er zu gestalten und immer wieder zu erkennen hat, sind der Inhalt Hunderter von Tantras, die in den letzten anderthalb Jahrtausenden verfaßt und vielfältig kommentiert worden sind.

Yoga, das wissen wir schon vom Buddha Shakyamuni, ist der unumgängliche Weg zur Meditation. Die Entleerung des Selbst, das Freiwerden von allen äußeren Umwelteinflüssen, das Zur-Ruhe-Kommen des Ich und sein endliches Aufgehen in der kosmischen Ganzheit, sind Erfahrungen aus dem Yoga, die schließlich zu den kosmischen Schauungen und zur Erleuchtung führen. Dabei wird der Zusammenhang zwischen Meditierendem und der Welt jenseits der Erscheinungen – zwischen Mikrokosmos und Makrokosmos – durch kosmische Zentren im Körper, die sogenannten Cakras, hergestellt.

In den sieben Cakras, die im Kundalini-Yoga als entfaltete Lotosblüten mit zunehmender Blütenblätterzahl entlang der Wirbelsäule vom Wurzelcakra bis zum Scheitel aufsteigen und als Zentren der Kraft empfunden werden, erkennt der Meditierende Farbe und Form von sieben Symbolen, denen Keimsilben – Mantras – zugeordnet sind, die, ins Bildhafte übertragen, je eine Gottheit in Umarmung mit ihrer weiblichen Entsprechung darstellen.

Dieser Innenwelt der Bilder, die der Tantriker als Schauungen begreift, entsprechen Bilder der Außenwelt – Kunstwerke –, die ihrerseits Hilfen auf dem Weg nach innen sind. Hier wird bereits die Allverbundenheit tantrischer Praktiken, ihre Verwobenheit mit dem Kosmos, deutlich. Doch diese Praktiken betreffen nicht allein das Schauen. Die Verbindung zwischen dem Meditierenden und den Bildern und der sich eröffnende Weg nach innen sind nur möglich durch anfangs kontrolliertes, später unwillkürlich gelenktes Atmen, das Pranayama, mit dessen Hilfe allein Dharana, die für tantrische Riten erforderliche Konzentration erreicht werden kann.

Zur Atemwelt, die die Bildwelt der Cakras wie des Makrokosmos lebendig macht, zählt auch die Lautwelt der Mantras, die nicht nur als leuchtende Inschriften der Cakras, sondern auch als Töne, die man aus magischem Wissen nach strengen Regeln rezitiert, dazugehören. Auf diese Weise, durch Atmung, Rezitation und bildhafte Vorstellung, entsteht im Meditierenden jene Verbindung zwischen Ich und Unendlichkeit, zwischen Mikrokosmos und Makrokosmos, die als Eintritt in die Welt der tantrischen Geheimnisse begriffen wird.

In dieser Welt steht alles mit allem in Verbindung. Das kosmische Erlebnis ist nicht nur ein Sich-Verbunden-Fühlen mit der Fülle der Erscheinungen, sondern auch mit dem Unsichtbaren, ja mit dem zunächst Undenkbaren. Für den Tantriker ist die sichtbare, uns wirklich erscheinende Welt verbunden mit zahllosen Welten, die wir weder sehen noch mit unseren sonstigen Sinnen erfahren können, die aber für den Tantriker existieren und auf ihn den gleichen Einfluß haben wie die sichtbare, die spürbare Welt.

Das heißt, Menschen und Götter haben an dieser wie an jenen Welten teil. Dabei ist die Gottheit nicht, wie im Christentum, eine zentrale, überirdische Gestalt, sondern auch eine Erscheinung, die dem Wandel vom Hier zum Dort unterworfen ist. Für den Menschen kann sie ein Wegweiser zur Selbstverwirklichung sein. Das Ziel des Tantrikers heißt deshalb, wie das des christlichen Mystikers, selbst zur Gottheit, ja zum Buddha zu werden: seinen Weg zu gehen.

MANDALA – DAS GEHEIMNIS DES HEILIGEN KREISES

Die große Schwierigkeit für den westlichen Menschen, in den Geist des Tantrismus einzudringen, besteht vor allem darin, daß die wichtigsten Texte nicht übersetzt und die übersetzten infolge des Symbolcharakters ihrer Sprache für uns zum größten Teil unverständlich sind. Das hängt jedoch nicht nur mit der Esoterik und der uns fremden Bilder- und Metaphernfülle zusammen, die diese Literatur charakterisieren, sondern auch mit der Einseitigkeit unserer allgemeinen Schul- und Universitätsbildung, die asiatischer Lebens- und Denkweise nur in einschlägigen Vorlesungen oder Übungen, und selbst dort noch meist unter abendländischen Vorurteilen, Raum gegeben hat. Für viele unter uns hat asiatisches Denken noch immer den abwertenden Beigeschmack des Exotischen, das der »europäische Tatsachenmensch« allenfalls als interessante Kuriosität, keinesfalls aber als ernstzunehmende Alternative zu seiner eigenen Geisteshaltung betrachtet.

Hier liegt der Grund für das Unvermögen der meisten Menschen des technischen Zeitalters, sich mit den Weisheitslehren des Ostens und besonders mit seiner schwierigsten – dem Tantrismus – ernsthaft auseinanderzusetzen.

Wenn ein bedeutender europäischer Gelehrter wie G. Tucci die Geschichte der Religion in Indien als »mühsamen Weg zur Eroberung des Selbstbewußtseins« definiert, womit er zweifellos recht hat, wird deutlich, welchen Schaden sich der westliche Mensch durch solche Ignoranz zufügt. Tucci ist dieser Thematik in einem Buch nachgegangen, das dem Zentralsymbol des tantrischen Buddhismus gewidmet ist. Es heißt in der deutschen Übersetzung *Geheimnis des Mandala* und versucht, dem westlichen Menschen die Bedeutung des Mandala zu erklären.

Im Hinblick auf den abendländischen Leser schreibt Tucci: »In Indien ist der Intellekt nie so stark gewesen, um sich über die seelischen Kräfte zu erheben, und hat sich nie so weitgehend von ihnen getrennt, um eine verhängnisvolle Spaltung zwischen sich selbst und der Psyche zu verursachen, die im Westen zu einer Krankheit wurde.«

Es ist, wir wissen es, die Krankheit unserer Zeit, die durch die verhängnisvolle Scheinattraktivität unseres Lebensstils längst auf Asien übergegriffen hat und dort das gleiche Unheil anrichtet wie bei uns, wo Geist und Seele verkümmern und der Intellekt zum Götzen erhoben worden ist.

Tucci schreibt dazu: »Der reine Intellekt, von der Wesenheit des Menschen getrennt, bedeutet dessen Tod. Der Intellekt, der sich überschätzt, indem er an sich selber zu große Anforderungen stellt, der sich in anmaßendes Sich-Selbst-Genug-Sein flüchtet, veredelt den Menschen nicht; vielmehr demütigt und entpersönlicht er ihn. Der Intellekt, ausschließlich auf sich selber gestellt, ist etwas Totes, Mörderisches, ein Prinzip der Desintegration. In Indien spielt der Intellekt eine geradezu untergeordnete Rolle. Die Welt des Unterbewußtseins wurde nie verleugnet und zurückgedrängt. Sie wurde gesteuert und sublimiert im harmonischen Prozeß mit dem Ziel der Selbstbewußtwerdung, der Erkenntnis eines Ichs, das naturgemäß kein einzelnes Ich ist, sondern das Ich des kosmischen Bewußtseins, von dem alles ausgeht und zu dem alles wieder zurückfindet, von keinem konkreten Gedanken umschattet ist und dennoch für alle konkreten Gedanken die Voraussetzung bildet, die die seelische Wirklichkeit eines lebenden Individuums ausmachen.«

Der Weg, den Tucci hier andeutet, ist vom Mittleren Pfad, wie ihn Buddha Shakyamuni lehrte, nicht weit entfernt. Es ist der Weg der Selbstbesinnung und der Kontemplation. Sein Geheimnis heißt Meditation. Sein Bezugspunkt ist das Mandala.

Damit sind wir beim schwierigsten, doch zugleich auch zugänglichsten der tantrischen Symbole angelangt, wobei das Wort zugänglich wörtlich zu nehmen ist. Denn ein Mandala ist begehbar, wenn auch nicht immer mit unseren Füßen, wie etwa das größte Mandala dieser Erde, der berühmte Borobudur in Zentraljava, so doch in Gedanken.

Dabei ist das Mandala das Gegenteil des Labyrinths. Es führt nicht in die Irre, sondern ins Zentrum. Und sein Zentrum ist identisch mit dem Zentrum in uns. Wir erkennen und erfahren in ihm den Buddha, den Bodhisattva oder den Gott, der wir selber sein könnten, wenn wir nur die Außenwelt zu überwinden vermöchten.

Der Eintritt in den Kreis des Mandala ist der Eintritt in die kosmische Ordnung, der wir angehören, deren sich aber die meisten nicht bewußt sind, weil sie statt Sammlung Zerstreuung, statt Mitte Vielfalt suchen.

Das Kloster, der Tempel, das Mandala – Symbole einer Gliederung, einer geistigen Ordnung, in bedrohlicher, unwegsamer und darum unfaßbarer Weite –, darin ist einer der Ursprünge lamaistisch-tantrischer Kunst zu sehen, ein Grund auch für den tiefgreifenden Wandel der buddhistischen Lehre in dieser Welt von Himalaya und Transhimalaya. Man kann das Mandala als den unmittelbaren Ausdruck, als die sichtbare Gestaltung dieses Wandels begreifen.

Der Gedanke, ein Gott oder die Götter hätten die Welt geschaffen, wie er der jüdischen, der christlichen und auch den anderen vorderasiatischen Religionen zugrunde liegt, ist dem Tibeter genauso fremd wie dem Inder. Doch während die Gottheit für den Inder die mythisch-magische Bezugsfigur ist, das Bild, in dem sich die Vielfalt der Welt zusammengenommen spiegelt, ist die tibetische Sphäre zunächst götterlos – wohl von Geistern und Dämonen beherrscht, aber ohne jene ausgleichenden Kräfte, die das Böse, das Gefährliche, das Verhängnisvolle zu bannen vermögen.

Die Götter Tibets, wie wir ihnen in bedrängender, doch zugleich rettender Fülle im Mandala begegnen, sind Schöpfungen des Menschen, sind Ausdruck eines Selbstbewußtseins, das sich aus den Niederungen einer ungeformten, vom Zufall beherrschten, gefahrvollen Umwelt erhoben hat, um zu sich selbst zu finden. Die Religion ist hier, zumal in ihrer tantrischen Version, nichts anderes als Hilfe bei dieser Selbstfindung. Buddhas, Bodhisattvas und Gottheiten spielen dabei die Rolle von rettenden Fixpunkten im umgebenden Meer des andrängenden Scheins, der dem Menschen die Außenwelt immer wieder als Realität und sinnvolle Wirklichkeit vermitteln möchte. So gesehen sind Statuen und Bilder – ist vor allem das Mandala – bildgewordener Schöpfungsvorgang.

Der ungeformten, chaotischen, unüberschaubaren Außenwelt aus Gebirgen, Wüsten, Hochflächen, Gletschern und Steilhängen, die das Landschaftsbild Tibets prägen, entspricht das angstgequälte, ständigen Nöten ausgesetzte Innere des tibetischen Menschen. Beiden steht das Mandala als Inbild und Sinnbild gegenüber. In ihm sind Chaos und Wirrwarr durch Form und Ordnung überwunden. Doch der Bezug zur Außenwelt bleibt lebendig: Mittelpunkt des Mandala ist, welcher Gott auch immer dort thronen mag, die axis mundi, die Weltenachse, die sich kein Tibeter anders vorstellen kann als im heiligen Berg, dem Meru, dessen Bild – mag es der Kailash im Westen Tibets oder einer der heiligen Berge des östlichen Himalaya sein – ihm ständig vor Augen steht.

Was sich um diese axis mundi entfaltet ist die Umwelt der Tibeter mit Zelten, Hütten, Häusern, Palästen und Klöstern, ist die spärliche Pflanzenwelt, symbolisiert im Kreis der Lotosblütenblätter des Mandala, die zugleich die Welt ihrer Herkunft – Indien – beschwören, von der in den heiligen Texten wortreich und bildhaft farbig die Rede ist.

Doch das Zentrum des Mandala hat auch noch eine andere Bedeutung, ist Raum des Herzens, Identifikationsraum für den Menschen, der im Mandala Selbstfindung sucht. Tucci hat das in seinem Mandala-Buch in unübertrefflicher Weise erklärt, wenn er schreibt:

»Im Raum des Herzens, der in magischer Weise in den kosmischen Raum verwandelt wird, vollzieht sich das Wiederfinden unserer inneren Realität, jenes unbefleckten und unerfaßbaren Prinzips, aus dem alles entsteht, was in seiner illusorischen und vergänglichen Erscheinung im Werden begriffen ist. Dieses Wiederfinden erfolgt stufenweise. Wie sich auf dem kosmischen Berg rings um die axis mundi auf immer höheren Stufen die Götter befinden, einer über dem anderen und immer reiner, und wie man nach und nach gegen den Gipfel und über den Gipfel hinaussteigt, bis die Spitze all dessen erreicht ist, was wird und Form hat, so vollzieht sich stetig wie jeder Übergang auf eine höhere Ebene die Verwandlung von der samsarischen Ebene zur Nirvana-Ebene hinauf in nachfolgenden Phasen, Stufe um Stufe. Diese Stufen werden nach bekannter indischer Tradition durch Götterbilder versinnbildlicht. So wird der Prozeß der Zusammenfassung des Vielen in Einem anschaubar, der sich in zweifacher Weise vollzieht. Es kann geschehen, daß der Meditierende in geeigneter Art handelt, um eine Gottheit, die eine bestimmte Stufe versinnbildlicht, zu zwingen, zu ihm hinabzusteigen. Dies ist Avahana, die gewaltsame Heraufbeschwörung einer neuen geistigen Lage und – symbolisch betrachtet – die Niederkunft des Gottes in die Mitte des Herzens, durch die der Meditierende verwandelt wird. Diese Herabkunft bedingt einen Wechsel der Ebene. Der Schüler hat sich mit dem versinnbildlichten Gott identifiziert. Diese Fühlungnahme bewirkt einen Riß im Schleier der Maya und vernichtet ihn. Es ist ein Vorgang, den die liturgischen Zeremonien dadurch vorschreiben, daß niemand, der nicht selber Gott geworden ist, Gott verherrlichen kann: nadevo devam arcayet. Oder es handelt sich um einen umgekehrten Prozeß. Unter den vielen Möglichkeiten des in seinem Herzen mystisch gegenwärtigen Bewußtseins beschwört der Meditierende die Gottheit herauf, mit der er sich identifizieren möchte. Er tut es gemäß der traditionellen Anweisung des Yoga. Das mystische Wesen jeder Gottheit drückt sich in Silbensymbolen aus, die ihr höchstes Prinzip wiedergeben. Beim Meditierenden, der sich jenen lichten flammenden Samen im eigenen Herzen vorstellt und sich zugleich auf die geistige Schau jenes Gottes konzentriert, wie er in der traditionellen Ikonographie erscheint, bewirkt jener Same, der sich am Feuer der Erkenntnis entzündet, die Entstehung eines Bildes, das er in die Mitte seines Herzens aufnimmt.«

Hier wird die Identifikation vom Makrokosmos des Universums samt seinen Göttern mit dem Mikrokosmos unseres Selbst als zentrales Anliegen tantristischer Kultformen dargestellt. Das Mandala aber ist der Ort dieser Identifikation. In ihm konzentrieren sich Welterfahrung und Weltüberwindung. Die Wirklichkeit, die es in seinen Formen – den Kreisen, Quadraten, Toren, Höfen und Friedhöfen – symbolisiert, wird überhöht und damit überwunden durch die Götter, Buddhas und Bodhisattvas, die es als geistige Projektionen des Meditierenden bevölkern. Dabei wird der Weg zu immer größerer Abstraktion vom Bildner des Mandala selbst beschritten. Gibt es doch Beispiele, in denen Buchstaben, Silben oder Symbole an die Stelle der Gottheiten treten und damit deutlich machen, daß es sich hier nicht um eine Welt wandelbarer Gestalten, sondern vielmehr um ein geistiges Bezugssystem handelt, bei dem nicht nur alles mit allem verwandt ist, sondern auch alle Erscheinungen untereinander auswechselbar sind nach dem Gesetz von Samsara, dem Scheincharakter unserer Erlebnis- und Vorstellungswelt, die das Mandala in seiner symbolischen Gestalt jedoch hinter sich läßt.

Es kann uns nicht verwundern, daß diese eindrucksvolle Lehre von der Ganzheit des Seins in all seinen Erscheinungen – von den Tantras bis zum Mandala –, neben dem seit hundert Jahren im Westen heimischen Theravada-Buddhismus mit seinen zahlreichen Anhängern, heute auch bei uns viele Menschen erreicht und fasziniert. Und das besonders, seit entsprechend einer Prophezeiung des Padmasambhava, von der wir im nächsten Kapitel hören werden, tibetische Lamas – an ihrer Spitze der Dalai Lama als Gottkönig Tibets im Exil – auch bei uns Zeugnis für diese Lehre und ihre Gültigkeit ablegen.

DIE PROPHEZEIUNG PADMASAMBHAVAS, DES »ZWEITEN BUDDHA«

Aus der Welt des tantrischen Buddhismus, der sich in den Jahrhunderten nach der Zeitenwende zunächst vor allem in Indien mehr und mehr entfaltete, bis er von etwa 500 n. Chr. an seinen Höhepunkt erreichte, ragt als Einzelerscheinung ein Prinz aus dem Gandhara-Gebiet hervor, an dem wir Geist und Ausdruck dieser Bewegung demonstrieren können.

Wir sprechen von dem wahrscheinlich im heute pakistanischen Swat-Tal im 8. Jahrhundert geborenen Padmasambhava, der vor allem von den Buddhisten des Himalaya als Dämonenbezwinger und zweiter Buddha verehrt wird.

Er ist der Begründer des tibetischen Lamaismus: eine schillernde Erscheinung, das genaue Gegenteil des Erwachten, als dessen Nachfolger er den Lamas noch heute gilt. Er drehte die Lehre Buddhas um und brach bewußt ihre Moral. Trotzdem wurde er zu einer der bewundertsten und verehrtesten Erscheinungen des späten Buddhismus bis in unsere Zeit.

In jedem der auf ihn zurückgehenden Rotmützenklöster, ja selbst bei den reformierten Gelbmützen des Tsongkhapa in Tibet, finden wir seine Statue oder Thangkas mit seinem Bildnis, dem sich meist seine beiden Lieblingsfrauen sowie eine Fülle von weiblichen Dämonen – Dakinis – und fliegenden göttlichen Wesen zugesellen.

Denn das war der große Sprung des Padmasambhava, daß er der Urlehre des Buddha – dem Achtfachen Tugendpfad – etwas unerhört Neues entgegensetzte: die Erleuchtung und Befreiung durch Selbstverwirklichung, durch Ausleben der Triebe in all ihren Formen, durch Enthüllung und Befriedigung innerster Wünsche, bis hin zum Drang nach Verbrechen und seiner bewußten

Auflösung, wobei die uns überlieferten Texte das alles als harte, teils schaurige Realität ausdrücken, was in Padmasambhavas Lehre nur Symbolcharakter hat und so die für einen Asiaten selbstverständliche Übereinstimmung zwischen materieller und psychischer Wirklichkeit darstellt.

Das Leben Padmasambhavas und vieler späterer lamaistischer Gurus ist durch sündige Taten auch nach der Erkenntnis des rechten Weges gekennzeichnet, was deutlich machen soll, daß unser von einem ständigen Auf und Ab bestimmtes Erdenleben Böses und Gutes zwangsläufig einschließt, daß es aber letztendlich für die Erleuchtung und Erlösung nicht auf unser Tun, sondern auf seine geistige Sublimierung ankommt. Erleuchtung ist in diesem Zusammenhang Bewußtwerdung des in den Kreislauf der Leiden eingeschlossenen Menschen, der sich daraus befreit. Auf diesem Wege viel Schlimmes zu erleben, die Welt mit ihren Greueln zu erfahren ist den Lamas etwas Selbstverständliches. Als solches schlägt es sich auch in ihren Lebensgeschichten nieder – wie eben bei Padmasambhava.

Die Legende will wissen, daß der Heilige als etwa einjähriger, herrlich ausgebildeter, von einer Goldaura umgebener Knabe auf einem vollerblühten Lotos im Teich des Königsgartens von Urgyan (auch: Udayana) im heute pakistanischen Swat-Tal erschien und von König Indrabodhi an Kindes Statt angenommen wurde.

Padmasambhavas Biographie stellt eine direkte Verbindung zwischen dem Tod Buddhas – seinem Eintritt ins Nirvana – und dieser wunderbaren Geburt her. Wir lesen da:

»Kurz vor dem Hinscheiden des Buddha sprach er zu den weinend um ihn stehenden Jüngern: ›Da diese Welt vergänglich und das Sterben für jedes Lebewesen unumgänglich ist, sehe ich die Zeit meines Hinübergehens gekommen. Trauert nicht. Denn in zwölf Jahren wird aus einer Lotosblüte auf dem Teich von Urgyan einer geboren, der weiser und geistesmächtiger sein wird als ich. Er wird Padmasambhava heißen, und durch ihn werden alle Geheimlehren enthüllt werden.‹«

Wenn auch die angeblich von Buddha prophezeiten zwölf Jahre bis zum Erscheinen des Padmasambhava in Wirklichkeit zwölfhundert Jahre waren, so hat das der Größe und Ausstrahlung dieses »zweiten Buddha«, des Guru Rinpoche*, keinen Abbruch getan. Im Gegenteil: Padmasambhava steht noch heute als die große esoterische Führergestalt im Zentrum des Rotmützen-Lamaismus, obgleich man in den ältesten Aufzeichnungen der Reden Buddhas von einer Ankündigung Padmasambhavas keine Spur findet. Dort erfahren wir vielmehr, daß Buddha nichts von Geheimlehren und esoterischem Zauber hielt und auch keinen Nachfolger für sich sah.

»Drei Dinge leuchten offen und nicht im geheimen: die Sonne, der Mond und die Lehre des Buddha«, so soll er auf die Frage von Mönchen nach letzten geheimen Offenbarungen reagiert haben. Trotzdem konnte sich Jahrhunderte nach seinem Verlöschen die Lehre durchsetzen, daß geheime Schriften des Buddha, die Terma (Schätze), überall in den Ländern des Buddhismus, besonders aber im Himalaya-Gebiet verborgen lägen und der vorbestimmten Schatzfinder – bedeutenden Lamas – harrten.

Nach der Lehre der spätesten buddhistischen Version – des Vajrayana oder Diamantfahrzeugs – war Padmasambhava der erste in dieser Entdeckerreihe. Er wird darum auch mit dem Vajra, dem Diamantzepter, dargestellt, als dem Symbol der absoluten Klarheit und Erkenntnis, das durch seine Leuchtkraft die letzten Geheimnisse erschließt.

Von seiner Entdeckung der geheimen Lehren Buddhas heißt es in der Padmasambhava-Biographie: »Eine Dakini erschien vor Padmasambhava, begrüßte ihn als die ›Verkörperung des Geistes von Buddha Amitabha‹ und erklärte, die Zeit zum Hervorholen der verborgenen Texte von Buddhas Lehren sei gekommen. Padmasambhava sammelte die Texte aus den himmlischen Welten, aus der Naga- und aus der Menschenwelt und wurde nach Beherrschung ihres Inhalts ›Die mächtige Fülle der Welt‹ genannt.«

* Der Ausdruck Rinpoche (sprich: Rinpotsche) wird später für wiedergeborene hohe Lamas verwendet. Weiteres siehe Seite 227.

Später hat Padmasambhava im östlichen Himalaya selbst solche Schätze vergraben, die von seinen Nachfolgern entdeckt wurden und wesentlich zur Entfaltung des Lamaismus im Himalaya beigetragen haben.

In der umfangreichen Biographie des im 8. Jahrhundert historisch nachweisbaren Padmasambhava mischen sich Legende und Ansätze nachprüfbarer Wirklichkeit zu einer Lebensgeschichte von tiefer Geistigkeit und obskurer Phantastik. Sie ist ein echtes Beispiel altindischen Fabulierens, wobei Parallelen zur Lebenslegende des Buddha Shakyamuni auffallen. So gleichen die ersten Jahrzehnte Padmasambhavas am Königshof von Udayana denen des Siddharta Gautama im Palast seiner Eltern in vielerlei Hinsicht: das gleiche Wohlleben, die verlockenden Mädchen seiner Umgebung, das Glanzvolle der Erscheinung, die Angst des Königs, ihn als Nachfolger zu verlieren.

Doch im Gegensatz zu Siddharta, der nach seinen Begegnungen mit verschiedenen Formen menschlichen Leidens konsequent den Weg der Hauslosigkeit beschreitet, der über die Askese zur Meditation und schließlich zur Erleuchtung führt, geht Padmasambhava ganz andere Pfade. Er führt das Leben eines Wundertäters und Zauberers, wird mehrfach zum Mörder, erfährt harte Bestrafung, aus der er aber jedesmal rein und strahlend hervorgeht. Selbst mehrere grausame Tötungen übersteht er.

Seine Taten erstrecken sich, folgt man der Biographie, über mehr als ein Jahrtausend. So wird berichtet, daß auf ihn die Bekehrung des indischen Kaisers Aschoka zurückzuführen sei.

Die Legenden um Buddha nehmen sich, gemessen an den Taten Padmasambhavas, bescheiden aus, wenngleich sich Padmasambhava in all seinen überlieferten Reden und Lehren auf Buddha beruft. Doch im Gegensatz zu Buddha, der ein Leben der Entsagung führte, berichten Legende und zeitgenössische Darstellungen von Padmasambhava, daß er ständig von Frauen umgeben war und Geschlechtsverkehr als einen Weg zur Erlangung von Erleuchtung empfahl.

An diesem Punkt setzte verständlicherweise im 19. Jahrhundert die europäische Kritik an Padmasambhava und dem von ihm vertretenen tantrischen Buddhismus, wie man das Vajrayana auch nennt, ein. Durch ein Wörtlichnehmen aller Berichte über den Guru Rinpoche und seine zahlreichen Nachfolger, von denen die Mahasiddhas – die sogenannten vierundachtzig großen Zauberer – die bekanntesten sind, entstanden zudem Mißverständnisse, die noch in jüngsten Kommentaren zum Tantrismus herumgeistern.

Um Padmasambhavas Wirken in seiner Zeit richtig zu verstehen, muß man sich vergegenwärtigen, daß ihm in Indien der inzwischen mächtig gewordene Hinduismus und in Tibet, wohin ihn der dortige König eingeladen hatte, das Bontum – die angestammte Volksreligion – die Durchsetzung des buddhistischen Glaubens schwer machten. Er schaffte es, indem er die heimischen Religionen in den Buddhismus integrierte und die tantrischen Elemente der ostindischen Naturreligionen in den buddhistischen Symbolismus einbezog.

Dabei entstanden tantrische Praktiken »zur rechten und zur linken Hand«. Die rechtshändigen Praktiken bedeuteten Überwindung der körperlichen Vereinigung durch die erlösende Kraft der Vorstellung. Wenn im Tantrismus der Volksreligionen und im linkshändigen buddhistischen Tantrismus die sexuelle Vereinigung als heilige Handlung verstanden und vollzogen wurde, so war die Umarmung im rechtshändigen buddhistischen Tantrismus von vornherein nur ein Akt der Vorstellung, in dem sich das männliche Element der Aktivität – upaya – mit dem weiblichen Element der Weisheit – prajna – vereinigt und den Meditierenden auf dem Wege des Bewußtseins von der Einheit der Zwei zur Erleuchtung führt. Tantrismus ist, so begriffen, Überwindung des Dualismus, des Gegensatzes von Ich und Du, ist Vereinigung von Makrokosmos und Mikrokosmos, von Welt und Mensch.

In diesem Sinne der Überwindung des Gegensätzlichen, das sich auch im Wirken von Gut und Böse ausdrückt, ist die Großtat zu sehen, mit der Padmasambhava als Gastlehrer im tibetischen Hochland die Dämonen bezwang und sie zu Hütern der buddhistischen Lehre machte. Denn das war die Geburtsstunde des Lamaismus in Tibet. Ihr freilich sind eine Reihe von Untaten und

Abenteuern des Padmasambhava vorausgegangen, aus denen man sich, nimmt man die Berichte wörtlich, die Einladung an den tibetischen Königshof nicht ohne weiteres erklären kann.

Schon im väterlichen Reich war Padmasambhava als tanzender Yogin zum Mörder mehrerer Untertanen seines Vaters geworden, die er mit dem Vajra – dem Diamantzepter – tötete. Damals hatte ein dem Buddhismus feindlich gegenüberstehender Minister über den mordlustigen Prinzen die Todesstrafe verhängt. Doch der König erreichte trotz der schweren Verbrechen seines Adoptivsohns die Umwandlung der Todesstrafe in Verbannung. Damit war der Weg frei für jene Wanderschaft, die Padmasambhavas Ruhm begründete. Die Legende will wissen, daß er seine Heimatstadt, von Göttinnen und Feen begleitet, auf dem Wunderpferd Valahaka durch die Luft verließ.

Betrachtet man diesen legendären Anfang der Padmasambhava-Biographie genauer, kann man freilich schon hier eine übertragene Bedeutung seiner Untaten hinter der Erzählung vermuten. Möglicherweise weist die Tötung der Beamten mit dem Vajra auf ihre Bekehrung zum Buddhismus hin. Und die Strafe der Verbannung wird vom König aus Schwäche verhängt, weil er sich gegen den ungläubigen Minister, der die Todesstrafe fordert, nicht durchsetzen kann. Eine solche Zweideutigkeit lamaistischer Texte müssen wir immer für möglich halten, wenn wir sie auch nicht durchgehend unterstellen können.

Padmasambhava kommt auf seiner Wanderschaft durch viele Länder. Er studiert Medizin, Astrologie und Alchimie, lernt die verschiedensten religiösen Lehren kennen, vertieft sich in die Tantras sowie in Bücher über Zauberei und Teufelsbeschwörung. Mit der Zunahme seines Wissens wächst seine Macht. Er wird bewundert, zugleich aber auch gefürchtet.

In der nordwestindischen Stadt Sahor begegnet er der durch eine göttliche Befruchtung zur Welt gekommenen Prinzessin Mandarava. Die Prinzessin wird nicht nur seine glühende Anhängerin, sondern auch seine Geliebte. Als der König von dieser dem mönchischen Gebot widersprechenden Verbindung erfährt, läßt er die Prinzessin in eine Dornengrube werfen und den Heiligen am Spieß verbrennen. Doch die Flammen erreichen ihn nicht. Selbst sein Gewand bleibt unversehrt. Wieder erscheint, wie zur Stunde seiner Geburt, ein Lotos, und unberührt thront Padmasambhava auf der wunderbaren Blume inmitten der Flammen.

Der durch dieses Wunder bekehrte König gibt Padmasambhava die Prinzessin zur Frau und verleiht ihm die Herrschaft über sein Königreich. Nachdem Padmasambhava durch seine außergewöhnlichen Fähigkeiten alle Feinde des Königs von der Sinnlosigkeit eines beabsichtigten Angriffs auf sein Reich überzeugt und damit den Frieden gesichert hat, zieht er in Begleitung Mandaravas weiter.

Von nun an, so will die Legende wissen, tritt Padmasambhava in vielen Erscheinungen auf – als Guru, als Zauberer, ja als feuerroter, furchterregender Dämon –, oft in geschlechtlicher Vereinigung mit einer wilden Dakini.

Der Lamaismus kennt Padmasambhava aber auch als großen Schriftsteller, von dem wir lesen: »Die vielen Bücher, die er schrieb, verbarg er in der Menschenwelt, in den Himmelswelten und im Bereich der heiligen Schlangen, unter dem Wasser der Meere und Seen, damit die ursprünglichen, unverfälschten Lehren für künftige Geschlechter bewahrt bleiben.«

Die Vorstellung, daß Padmasambhava der Autor vieler heiliger Texte sei, die im Laufe der Jahrhunderte nach ihm entdeckt wurden, mag nicht unwesentlich zu seiner Beliebtheit und Popularität bis heute beigetragen haben.

Padmasambhava scheint ein Mann von solcher Geisteskraft und Faszination gewesen zu sein, daß er die Mächtigen, aber auch das Volk überall auf seine Seite zu bringen wußte und sein Ansehen durch Zauber und Wundertaten immer mehr zu steigern verstand. Dabei ist es interessant zu sehen, wie viele seiner Wundertaten biblischen Legenden entsprechen. So hat er in Tibet bei Wassermangel durch einen Schlag mit seinem Stock gegen einen Felsen Wasser strömen lassen, so wie wir es vom Wasserwunder Moses in der Wüste Sinai kennen.

Die Geschichte der Bekehrung des tibetischen Volkes zum Buddhismus und der Überwindung aller das Land bedrohenden und tyrannisierenden Geister und Dämonen wird in der Legende selbst zur Wunderhandlung aus der geistigen Kraft des Padmasambhava. Der große Guru entfaltet dabei alle jene magischen Kräfte, die bis heute zum Repertoire des Lamaismus gehören. Das sind die Überwindung des Todes, die Erweckung von Leichen, das Durch-die-Luft-Gehen, das Über-der-Erde-Schweben, das Berge-im-Flug-Erreichen, um nur einige der Wundertaten zu nennen, deren sich erleuchtete Lamas fähig fühlen und die durch frühere europäische Tibet-Reisende, wie zum Beispiel Alexandra David-Neel, teilweise bestätigt worden sind.

In Tibet sprach Padmasambhava jene Prophezeiung aus, die ihn in unmittelbare Verbindung zu unserer Zeit und so auch zum Thema unseres Buches bringt. Er sagte: »Wenn der Silbervogel fliegt und die Pferde auf Rädern dahinrollen, werden die Tibeter wie Ameisen über die Welt verstreut, und die Lehre des Buddha kommt in die fernsten Länder.«

Viele Jahrhunderte lang hat man gerätselt, was diese Aussage bedeuten könne. Denn Tibet war bis nach dem Zweiten Weltkrieg das verschlossenste Land dieser Erde. Heute wissen wir, was Padmasambhavas Prophezeiung meint. Sie hat sich inzwischen erfüllt.

TIBET – EIN BUDDHISTISCHES SCHICKSAL

Vom Oktober 1950 an, als der Silbervogel schon lange flog und Pferdestärken Räder trieben, begann sich Padmasambhavas Prophezeiung auf erschreckende Weise wörtlich zu erfüllen. Ein großer Teil des tibetischen Volkes, vor allem seine Führungskräfte und viele Lamas – unter ihnen der Dalai Lama, Gottkönig des Landes – flohen in den folgenden Jahren vor den chinesischen Invasoren. Sie wurden in alle Welt verstreut.

Doch sie sorgten auch dafür, daß der letzte Teil der Prophezeiung wahr wurde. Sie verkündeten und verkünden in wachsendem Maße ihren Buddhismus, der bis in die jüngste Zeit als eine Art Geheimreligion galt, in vielen Ländern, auch in solchen, in denen man bis dahin kaum etwas vom Buddhismus wußte.

Es kann kein Zweifel sein, daß die tiefe, weltweite Anteilnahme am politischen Schicksal Tibets – seiner Besetzung und Unterdrückung durch die Chinesen – vor allem auf die Religion dieses Landes und das Festhalten seiner Bewohner am Buddhismus, auch in der Not der Besetzung oder des Exils, zurückzuführen ist. Wäre doch kaum ein anderes Land zu denken, dessen Flüchtlinge einen so innigen Kontakt zu den Zurückgebliebenen halten, und dessen geflohener Monarch, der Dalai Lama, zur Integrationsfigur des ganzen Volkes – drinnen wie draußen – hätte werden können.

Hier zeigt sich die ungebrochene Kraft einer Religion, die China vergeblich auszurotten versucht und die sich stärker als jede andere in unserer gottfernen Zeit über die ganze Welt verbreitet; und das ohne eine göttliche Vatergestalt, von der drei Weltreligionen künden, die den Menschen weder Einsicht noch Güte oder gar Erlösung zu bringen vermochten.

Welch ein starker Impuls dagegen geht vom tibetischen Buddhismus und seinem geistigen Führer, dem Dalai Lama, aus. Vielen erscheint er als ein Buddha unserer Zeit. Und wir fragen uns, wo die Quellen dieser Kraft und dieser Wirkung liegen, die heute in aller Welt spürbar sind.

Als Tibet unter seinem König Srong Tsan Gampo im 7. Jahrhundert buddhistisch wurde, hatte das mehr politische als religiöse Gründe. Es ging um die Behauptung und Ausbreitung der Macht im Lande, um die Unterwerfung von Stammesfürsten, die sich auf die Priester der überkommenen traditionellen Religion des Landes stützten. Und wäre es nach den Einflüssen und Wechselfällen der Politik in Tibet gegangen, würde wahrscheinlich schon lange nicht mehr von diesem Land am Dach der Welt gesprochen. Es wäre ein Teil Chinas, so wie weltweit manch ein Territorium politisch von Fremden beherrscht und sein Volk von den Invasoren unterdrückt wird.

In Tibet war es von Anfang an eine andere Situation. Dieses Volk hat vor mehr als tausend Jahren seinen Glauben gefunden: den Buddhismus, der aus Indien und Nepal kam und den es sich anverwandelte als eine Art geistig-geistliches Kleid. Denn Tibet, das gilt trotz aller Wirren und Bedrohungen durch die Jahrhunderte, hat im Buddhismus seine Heimat, so wie der Buddhismus, in der besonderen Prägung des Tantrismus-Lamaismus, seine Heimat in Tibet gefunden hat.

Diese Menschen, das spürt man im Umgang mit jedem gläubigen Tibeter, wurzeln im Buddhismus. Er stellt das Lebenselement dar, das dieses Volk stark, aber auch in all seiner Not zufrieden, ja glücklich macht.

Wir können dieses einmalige Phänomen weit zurückverfolgen in der Geschichte. Denn Tibet, so abgelegen und unangreifbar es in seiner Höhe zwischen Himalaya, Karakorum und Kunlun-Gebirge auch erscheint, war immer ein begehrtes, deshalb auch oft angegriffenes Land.

Sowohl die Chinesen als auch die Mongolen unternahmen im letzten Jahrtausend Versuche, sich Tibets zu bemächtigen. Und es kam immer wieder zu politischer und militärischer Einwirkung, nicht aber zur Eroberung und Besetzung des Landes, die erstmals ab 1950 erfolgte.

Bis dahin bestand Tibet trotz vieler Bedrohungen – die Mongolen überschritten 1207 zum erstenmal seine Grenzen – als ein zumindest in der religiösen Allverwurzelung unbezwungenes Land. Es war und blieb buddhistisch. Ja, mehr noch, der Einfluß kehrte sich um. Tibetischer Buddhismus gelangte in die Mongolei und wurde dort – wie in Tibet – zur Staatsreligion.

In beiden Ländern herrschte in den letzten Jahrhunderten bis zur kommunistischen Machtergreifung ein Gottkönig. Die Herrschaft im politischen und religiösen Bereich lag in den Händen jeweils eines Mannes.

Doch auch China, in dem sich der Mahayana-Buddhismus schon seit dem ersten Jahrhundert nach der Zeitenwende auszubreiten begann, blieb vom tibetischen Buddhismus nicht unberührt. Er war vor allem im Kaiserhaus der Ming- und der Mandschu-Dynastie – vom 15. bis zum Anfang unseres Jahrhunderts – hoch angesehen. Und die tibetischen Lamas erhielten in Peking ein prachtvolles Prinzenpalais als Tempel und Kloster. Ja, nördlich von Peking, in der alten Kaiserstadt Jehol, wurde den Lamas ein weiträumiger heiliger Bezirk mit Nachbildungen der bedeutendsten tibetischen Tempel und Klöster überlassen, der selbst in der Kulturrevolution Mao Tse-tungs weitgehend unzerstört blieb.

So schwer auch die machtpolitischen Bedrückungen der Tibeter von außen durch die Jahrhunderte bis heute waren, ihren Kern – den Buddhismus – haben sie nicht getroffen. Im Gegenteil!

Der tibetische Buddhismus wirkte auf fast alle Menschen, die je mit ihm in Berührung kamen, auf eine wohltätige, Verständnis bewirkende, Nachdenken hervorrufende Weise ein.

Das gilt auch für heute – und nicht nur im Exil. Denn die Absicht der Chinesen, den Buddhismus in Tibet auszurotten, indem sie Hunderte von Tempeln und Klöstern zerstörten, den Tibetern den Hausaltar, ja selbst ihre Gebetsmühle verboten, führte nicht zum Erfolg.

Ab 1979 lockerten sie deshalb das Religionsverbot, öffneten die heiligen Stätten – nun auch für Touristen. Und seither brennen die Butterlampen wieder vor den heiligen Bildern. Doch kann sich kaum jemand vorstellen, welche Opfer das für die Bevölkerung bedeutet, die lieber hungert, als auf den Glanz der Lichter und ihre Spiegelung in den goldenen Statuen zu verzichten. Bilder des Dalai Lama in diesem Lichterglanz sind, obwohl von der Besatzungsmacht verboten, Ausdruck der Hoffnung in einem Land, wo Religion wirklich einzige Zuflucht ist – und das ganz im Sinne des Erwachten, der die Lehre vor zweitausendfünfhundert Jahren verkündet hat.

Nach diesem Religionsverständnis der Tibeter diesseits und jenseits der Grenzen ihres gequälten Landes, das eine chinesische autonome Region zu nennen sie sich weigern, ist Tibet heute überall: eine geistige Provinz von gewaltiger Ausstrahlung, der sich kaum jemand entziehen kann, der einmal dazu Kontakt gefunden hat.

Als ich 1980 Tibet zum erstenmal besuchte, habe ich davon nur wenig verspürt. Doch mit jedem weiteren Aufenthalt am Dach der Welt – in weiten Teilen Tibets, in Ladakh, Nepal, Sikkim und Bhutan – verstärkte sich der Eindruck, in einem Gebiet von besonderer geistiger Strahlung zu weilen.

Oft wirkten Landschaft, Klöster, Tempel, Wohnhäuser und Menschen – nicht nur Äbte und Lamas –, sondern auch Handwerker, Bauern, Yaktreiber, ja das ganze Volk, in diesem Sinne zusammen, erzeugten das, was ich ein ursprünglich religiöses Gefühl nennen möchte – eine Ausstrahlungskraft, die ich auch noch verspürte, wenn ich längst wieder in Deutschland war. Zu Hause, wollte ich eben schreiben. Doch angesichts der wiedergegebenen Eindrücke fragt man sich natürlich nach dem wahren Zuhause.

Ich gestehe, daß ich es oft auch in der Begegnung mit Buddhisten, vor allem aus Tibet und dem übrigen Himalaya, hier in Europa empfunden habe, dieses Gefühl des Geborgenseins, das man ja auch Zuhause nennt.

Ich denke an Stunden mit dem Dalai Lama, mit dem Karmapa, dem Bakula und dem Kalu Rinpoche, um nur diese zu nennen,

Stunden, in denen mir aufging, was tantrisches Denken bedeutet: Tibet als geistiges Zentrum.

Dieses Gefühl, ja dieses tiefe Wissen um elementare kosmische Zusammenhänge, ist natürlich nicht aus Büchern zu gewinnen, wenngleich es des Anstoßes aus oft sehr dunklen Texten bedarf, um zur Einsicht in tantrische Zusammenhänge vorzustoßen.

Ich denke zurück an das Kapitel »Vom Kreislauf der Wiedergeburten«, und ich versuche, die Brücke zu schlagen zu den Wiedergeburtsvorstellungen des Lamaismus, die sich auf den Bodhisattva-Gedanken stützen.

Von Padmasambhava, dem legendenumwobenen Guru Rinpoche hörten wir. Rinpoche ist ein tibetisches Wort für wiedergeborene hohe Lamas. Als Rinpoches verkörpern sich nach tantrischem Glauben immer neu die Heiligen und Gurus, die großen Äbte und Lehrer des Lamaismus, die Tantriker, aus denen Wissen und Hilfe kommt für alle, die sie brauchen.

Der Rinpoche im Lamaismus ist der freiwillig Wiedergeborene, der von Mönchen unter Mühen gesucht wird, um ihn an den richtigen Platz zu bringen, wo er seine Funktion hat, wo sein Vorgänger starb. So wissen wir es von den Dalai Lamas. Deren jetzige Reinkarnation, der Vierzehnte, gibt in seiner Autobiographie von seiner schwierigen Auffindung als Kind genaue Kunde. Und wir erlebten es beim 1982 verstorbenen sechzehnten Karmapa, dessen Wiederfindung sich in jüngster Zeit so schwierig gestaltete.

Ich hatte oft Begegnungen mit jungen Rinpoches – auch mit einem, der gerade erst gefunden worden war –, und ich muß gestehen, daß sie besonders im kindlichen Alter einen starken, tiefen Eindruck auf mich gemacht haben. Dabei begriff ich, daß es der Rinpoches bedarf, um den tantrischen, den kosmischen Zusammenhang auch im menschlichen Bereich zu gewährleisten.

Der Erkenntnisgewinn aus tantrischen Begegnungen und Erfahrungen ist von dem, den uns Buddha in seinen Reden vermittelt, gar nicht so weit entfernt, wenn es im Tantrismus auch andere Wege sind, durch die er uns erreicht.

Doch ich glaube, auf die Art der Wege kommt es letztendlich nicht an, wohl aber auf das Ziel, das wir uns stecken. Und das ist allemal ein Ziel, das der Dalai Lama auch für sein Land gesetzt hat. Es heißt Befreiung, wobei für viele Tibeter, die ich kennengelernt habe, die geistige, die innere Befreiung längst erfolgt ist. Sie erzeugt Kräfte, denen sich auf Dauer selbst eine Macht wie China nicht wird widersetzen können. Die äußere Befreiung wird folgen.

Auch deshalb ist der Buddhismus für Tibet so wichtig, nicht nur unter den Tibetern, sondern überall in der Welt. Wir müssen ihn zu verwirklichen suchen. Dabei sind als Voraussetzungen nötig: Toleranz, Güte, Ehrlichkeit, Verständnis, Wohlwollen, Entschlossenheit und geistige Stärke, um den so mächtigen Kräften des Bösen auf dieser Erde zu widerstehen, so wie es vor zweitausendfünfhundert Jahren Buddha getan hat.

Nach tibetischer Auffassung gibt es eine ganze Reihe von Wegen und Techniken zur Lebensbewältigung und zur Erlösung der Menschheit aus Zwängen und Nöten, denen sie besonders in diesem Jahrhundert unterliegt und denen gerade Tibet und die Tibeter selbst auf erschreckende Weise ausgesetzt sind.

KALACHAKRA UND DIE SUCHE NACH SHAMBALA

Wir können hier nicht alle Wege aufzeichnen, die uns die Tantras und das Wissen tibetischer Gurus weisen. Als Wege des Ostens sind die meisten für uns ohnehin schwer verständlich und deshalb auch nur bedingt nachvollziehbar. Deshalb wollen wir uns denen zuwenden, die, wie die Lehre des Buddha selbst, Brückenfunktion haben können, zwischen West und Ost, zwischen Realitätssinn und Esoterik.

Da steht heute in seiner Bedeutung voran das letzte und bedeutendste der buddhistischen Tantras – das Kalachakra –, das »Rad der Zeit«, wie es in wörtlicher Übersetzung heißt.

Wir können uns diesem wichtigen Tantra über seinen schwierigen Text und dessen zahlreiche, ebenfalls schwerverständliche Kommentare, aber auch über Bild und Skulptur sowie über ein komplexes Silbensymbol – das Dashakaro Vashi – nähern. Dieses kosmisch-magische Diagramm, dem »die Mächtigen in zehn Gestalten« – Zentralfiguren des Tantra – als kosmische Keimsilben (Bijas) eingeschrieben sind, umfaßt Wind, Feuer, Wasser, Erde, den Weltberg Meru, die Sphären von Körperlichkeit und Körperlosigkeit, Sonne und Mond als Zeichen des Männlichen und des Weiblichen sowie den Dämon Rahu, der Sonnenfinsternisse bewirkt.

Neben der vierundzwanzigarmigen, viergesichtigen Figur des Kalachakra, der seine achtarmige, gleichfalls viergesichtige Prajna Vishvamata umarmt, kann dieses Diagramm auch Zentrum des Kalachakra-Mandala sein, das bis heute eines der wichtigsten Meditationsbilder des tantrischen Buddhismus darstellt.

Fast tausend Jahre alt, ist es für den initiierten Lama jung und wirksam wie am ersten Tage. Oder, wie mir ein Rinpoche sagte:

»Seine Wirkungskraft verstärkt sich von Jahr zu Jahr.«

Diese Gewißheit scheint der Grund dafür zu sein, daß der Dalai Lama seit der chinesischen Besetzung seines Landes und der vielfältigen Bedrohung der Weltsicherheit in unserer Zeit in allen Weltteilen Kalachakra-Initiationen für den Weltfrieden zelebriert, von deren heilsamer, friedensstiftender Wirkung er überzeugt ist.

Ich habe 1985 im Schweizer Rikon an einer solchen Initiationszeremonie teilgenommen. Es war ein überwältigendes Erlebnis. Tausende von Teilnehmern ließen etwas erfahren, das bei Massenveranstaltungen unmöglich erscheint: Stille, Ruhe, Einkehr, Versenkung. Vielleicht war das das Größte an diesen elf Tagen menschlicher Gemeinsamkeit von Teilnehmern verschiedener Nationen und Konfessionen; denn nicht nur Buddhisten waren gekommen.

Mönche hatten aus vielfarbigem Sand für die Initiationszeremonien ein Kalachakra-Mandala gestreut. Über dem Thronsessel des Dalai Lama war ein großes Thangka mit dem Bild des Kalachakra in yab-yum aufgehängt.

So stand das dominierende Weltprinzip der geschlechtlichen Paarung als Visualisierung unserer Herkunft über der Veranstaltung. Nur, daß es nicht im Sinne der ständigen Wiederholung des zum kurzen Orgasmus führenden Geschlechtsakts und seiner Folgen gezeigt wurde, sondern vielmehr im Hinblick auf dessen erstrebte Überwindung.

Vereinigung nicht als Verstrickung, sondern als Befreiung – das war hier ein Grundimpuls unter anderen, die aber alle dem gleichen Ziel folgten: der Selbsterkenntnis zum Zwecke der Selbstüberwindung. Damit sollte ein Stück tantrische Idee Lebensrealität werden, nicht nur für jeden einzelnen der Anwesenden, sondern für die Weltgemeinschaft der Menschen, die durch die Versammelten wie in einer Art globalem Parlament vertreten waren.

Zum Verständnis der Initiationszeremonie müssen wir zunächst zwei Fragen beantworten: Was ist das Kalachakra außer seiner oben beschriebenen äußeren Form, und wie wird es für Menschen spürbar umgesetzt?

Das Kalachakra gilt als das wichtigste und wirksamste Tantra des Buddhismus. In der Figur des Kalachakra verkörpert sich nach Auffassung der Gläubigen Buddha selbst in seiner Form als Ur-Buddha – als Vajrasattva.

So wird durch Kalachakra jeder Initiant unmittelbar mit Buddha verbunden. Zugleich, und das ist der tantrische Aspekt, wird ihm dabei klar, daß sich in seinem Körper der ganze Kosmos widerspiegelt: der Makrokosmos des Alls im Mikrokosmos eines jeden einzelnen Menschen.

Dieses Bewußtsein schafft eine körperlich-geistige Verbindung, die für die Kalachakra-Initiation eine wichtige Voraussetzung bildet, aus der im Laufe der folgenden Tage eine Gemeinschaft Gleichempfindender und Gleichwollender entsteht.

Das Gefühl heißt Gemeinsamkeit, das Ziel Frieden. Der Weg besteht in der Intensität des gemeinsamen Nachvollzugs der heiligen Handlung, die am ersten Tag – damals war es der 21. Juli 1985 – mit einer Art Landnahme und Reinigung des Bodens, auf dem das Mandala entstehen und die Zeremonie zelebriert werden soll, beginnt.

Die Rituale der folgenden sechs Tage gelten der Herstellung des Mandala, bei denen auch die Erdgöttin beschworen wird.

Der achte Tag führt nach der Vollendung des Mandala zu seiner Anschauung und Weihe. Die neunstündigen Zeremonien werden von ritueller Musik und sakralen Tänzen begleitet, die auch visuell und akustisch in den inneren Kreis der heiligen Handlung einführen sollen. Es ist der Weg zur Weihe des Mandalas und zur Einweihung der Initianten.

Verbindendes Ritual aller Zeremonien der Initiation ist das Sadhana des Mandalas des Geistes. Was das bedeutet, soll der Initiant im Laufe der nächsten Tage durch Übung, Rezitation und Konzentration erfahren. Dabei entsteht ein tantrischer Verbindungszusammenhang aus Anschauung, Sprache und Versenkung, der den Weg ins Sadhana – der Erkenntnis der Leere als einziger Realität – öffnet.

Daß dieser Weg über die Visualisierung göttlicher Erscheinungen führt, wie hier in der Kalachakra-Initiation, ist für den Nicht-

Eingeweihten schwer nachvollziehbar. Man muß sich dabei das Bild immer als Spiegel vergegenwärtigen, in dem man sich selbst erkennt, durch den man aber auch auf den rechten Weg geleitet wird.

Um das so vollkommen wie möglich zu erreichen, wird nicht nur das Bild, sondern auch eine darauf bezogene Folge heiliger Silben – der Mantras – im Initianten visualisiert. Ja, bis in seine Träume soll er vom Wunsch nach Sadhana erfüllt sein. Dabei geht es um die Ausschaltung aller Außeneinflüsse, um eine Umgrenzung mit zielgerichteten Bildern, die einem helfen, das Bewußtsein der absoluten Leere in sich zu erzeugen. Am Ende soll dann die Bildlosigkeit stehen, die Entleerung unseres Bewußtseins von allen Vorstellungen und Einbildungen des Samsara, dessen Überwindung auch hier, genau wie in den Vier Edlen Wahrheiten des Buddha, letztes Ziel ist.

Doch wie anders verläuft der Weg und wie unmittelbar ist die Erlösungshoffnung, die Aussicht auf Erleuchtung. Sie kann, wie die Lamas versichern, während der Initiation geschehen, wenn man sich der Kalachakra-Idee intensiv genug hingibt.

Vom neunten bis zum elften Tag – den wichtigsten Tagen der Initiation – wird der Tantra-Weg intensiv beschritten. Er beginnt mit äußeren Vorbereitungen – von der Reinigung bis zur richtigen Motivation – und führt von der »Bitte um die Stufen der Einweihung«, das »Nehmen von Gelübden und das Orakelwerfen« bis zur Untersuchung der Träume.

Nachdem sich der einzelne so in den tantrischen Gesamtzusammenhang des Kalachakra-Mandala eingebracht hat, erfolgt am zehnten Tag der Eintritt ins Mandala selbst mit verbundenen Augen. Das ist der Schritt zur Selbstvisualisierung als Kalachakra-Gottheit. Auf die Frage der Gottheit: »Wer bist du?« antwortet der Initiant: »Ich bin ein vom Glück begünstigter Anhänger des Tantrayana und erhoffe den Zustand der großen Glückseligkeit.« Daraufhin legt er die tantrischen Gelübde ab.

Unter Mantra-Rezitation betritt der Initiant nun das Mandala und verpflichtet sich zur Geheimhaltung seiner tantrischen Erfahrungen. Das dient dem Schutz von jenen, die noch nicht so weit vorgedrungen sind; ein Mißverstehen könnte sich für sie schädlich auswirken. Sobald der Initiant das Innere des Mandala erreicht hat, wirft er eine Blume, die je nach der Richtung, in die sie fällt, den künftigen Tathagata – den Meditationsbuddha – des Initianten bestimmt. Danach wird ihm die Blume aufs Haupt gelegt und die Augenbinde abgenommen. Er darf das Mandala schauen und wird vom initiierenden Lama mit den Gottheiten des Mandala bekannt gemacht.

Am elften Tag folgen dann die eigentlichen sieben Einweihungen als zentrales Ereignis der ganzen Initiation. Immer tiefer dringt der Initiant nun in die Geheimnisse des Kalachakra-Tantra ein. Das Ganze ist ein weitgespannter Akt der Identifizierung mit den Mandala-Gottheiten als Entsprechungen des eigenen Mikrokosmos.

Dabei gibt es für die Anwesenden verschiedene Stufen der Initiation, vom bloßen Dabeisein, das auch schon Segnung bedeutet, bis zu den Geheimweihen, von denen wir eben gehört haben.

Eigenartig am ganzen Ritual ist, daß die eigentliche Zielsetzung der Initiation – die Erhaltung des Weltfriedens – auch in den begleitenden Rezitationen des Dalai Lama, die ein kosmisches Programm der Allverbundenheit darstellen, nicht ausgesprochen wird. Doch das ist tantrisch im tiefsten Sinne: Was man erreichen will, umschreibt man. Die Auswirkungen des Angesprochenen und Beschworenen führen eher zum Erfolg als das direkte Darauf-Zugehen. Das ist lamaistisches Bewußtsein, wie es mir im Gespräch mit Lamas und tantrischen Gurus immer wieder deutlich geworden ist. Dabei bleibt die Welt in ihren üblen Erscheinungen draußen. So tanzen hier Kalachakra und seine Prajna auf Erscheinungen dieser Außenwelt in Gestalt des vedischen Sturmgotts Rudra und Maras, des Bösen, der auch in seiner Erscheinung als Kama, des indischen Liebesgottes, nicht darüber hinwegtäuschen kann, daß er Herr des Samsara ist.

Der Außenstehende, ja selbst der buddhistischen Ideen Zugeneigte, mag nun fragen, was kann eine solche komplizierte Initiation, die zudem das eigentliche Thema umgeht, selbst wenn ihr Tausende hingebungsvoll und gläubig folgen, für das Wohl der

Menschheit oder gar – wie es der Dalai Lama will – für den Frieden in dieser so friedlosen Welt bewirken? Die Antwort läßt sich nur aus dem Vertrauen finden, das die Lamas in die Initiation, in die Einweihung gutwilliger Menschen setzen. Der Dalai Lama sieht hier, wie er mir einmal erklärte, eine Art von Wunsch- oder Willenszusammenhang.

Je mehr Menschen wirklich Frieden wollen, der Gewalt mit angespanntem Willen entgegenwirken, ohne selbst Gewalt anzuwenden, um so größer wird das Potential guten Denkens und Wollens, dessen es bedarf, um eine Veränderung der schlechten Welttendenzen zu bewirken. Das ist die Hoffnung aus der Gedankenfolge, die eine Kalachakra-Initiation ihren Teilnehmern suggerieren will.

Doch kehren wir nach der Zerstörung des Mandalas von Rikon am zwölften Tag der Initiation, dem 1. August 1985, die damit ihr Ende gefunden hat, zurück nach Asien, wo der Tantrismus und Kalachakra zu Hause sind.

Im Gegensatz zu den frühen großen buddhistischen Tantras – dem Guhyasamaja, dem Cakrasamvara und dem Hevajra –, die alle in Indien entstanden sind, stammt das Kalachakra wohl aus Zentralasien.

Es enthält Hinweise auf das Christentum, den Manichäismus und den Islam, den es als eine Barbarenreligion bezeichnet, was auf erste Begegnungen von Buddhisten mit Moslems hindeutet. Wahrscheinlich ist diese Begegnung einer der äußeren Auslöser für die Entstehung des Kalachakra-Tantra gewesen.

Wenn wir der Entstehungsfrage nachgehen, die bis heute unbeantwortet ist und es wohl auch bleiben wird, stoßen wir auf ein zweites großes Geheimnis des tibetischen Buddhismus, und das heißt Shambala.

Fragt man heute die tibetischen Lamas nach Shambala, so antworten sie unbeirrt: »Das ist ein heiliges Land, nördlich von Tibet.« Und wenn sie dann ins Schwärmen kommen, möchte man meinen, sie sprechen vom Paradies der Bibel vor dem Sündenfall. Doch einen Sündenfall hat es in Shambala offenbar nie gegeben. Deshalb besteht das heilige Land noch immer, wenn es für den heutigen Menschen auch nicht auffindbar ist. Doch soll von ihm, auch das ist die Meinung der Lamas, in nicht zu ferner Zeit die Erlösung der Menschheit ausgehen: die Vernichtung des Bösen durch einen vom König von Shambala geführten letzten Krieg – und danach der Anbruch eines goldenen Zeitalters.

In diesem geheimnisvollen Land, über das viel gerätselt und auch geschrieben worden ist, ohne daß es Augenzeugen für seine Existenz gibt, soll das Kalachakra-Tantra entstanden sein. Darauf beharrt auch der Dalai Lama, der in dieser Entstehungsgeschichte des Kalachakra zugleich den Beweis für die Existenz von Shambala sieht.

Wir wollen uns hier nicht an den seit Jahrhunderten währenden Spekulationen um Shambala beteiligen, auch nicht untersuchen, ob es im Tarim-Becken nördlich von Tibet oder in einem verschlossenen Tal des östlichen Himalaya gelegen hat und womöglich noch liegt.

Für uns ist Shambala ein tantrisches Problem – keine Frage mit realem Hintergrund, sondern eine, die uns verdeutlichen kann, wie wenig es im tibetischen Buddhismus, ja, genau betrachtet, im Buddhismus überhaupt, um vordergründige Realitäten oder Realisierungen geht, die ja bei rechter Anwendung der Lehre ohnehin keine Bedeutung haben.

Shambala ist das Reich des Kalachakra. Beide sind untrennbar verbunden durch den Geist nachdenklicher Suche und tiefer Meditation.

Es scheint, der Weg ins Innere des Kalachakra-Mandala, wie ihn der Dalai Lama in seinen Initiationen für den Weltfrieden weist, ist zugleich der Weg nach Shambala: der friedenstiftende Weg in ein mögliches, Glück bescherendes Reich unseres beruhigten Bewußtseins.

Doch Shambala bietet jenseits dieser realen Gegenwartsbezogenheit, die der Dalai Lama mit seinen Kalachakra-Initiationen herstellt, auch noch einen anderen Aspekt. Es ist der Aspekt uralter, auf Shambala und seine legendären Herrscher bezogener Prophezeiungen, die sich ähnlich wie die Prophezeiung des Padmasambhava auf unsere Zeit beziehen.

Wir finden sie in den Kalachakra-Kommentaren, die scharfe Kritik an der außerbuddhistischen Welt, vor allem am Islam, üben. Sie richten sich gegen die ungeistige, die barbarische Welt des Materialismus – die Mleccha –, die jene Kommentatoren und ihre modernen lamaistischen Interpreten jedoch nicht nur bei den Moslems, sondern genauso im Judentum und im Christentum ausgeprägt finden.

So sagt ein hoher Lama unserer Zeit, Chopgye Trichen Rinpoche: »Es gibt viele Arten von Barbaren. Allen fehlen die spirituellen Werte. Sie sind Materialisten, und es ist ihnen gleichgültig, ob sie Millionen von Menschen töten, wenn sie damit nur sich selbst oder ihrem Land oder ihrer Lehre Ruhm und Macht verschaffen.«

Damit wendet sich der Rinpoche eindeutig gegen die herrschenden Tendenzen unserer Zeit, auch gegen die Unfähigkeit der heutigen religiösen Führungskräfte, Frieden zu stiften, ja, das auch nur zu wollen.

Die einzige Gegenmacht liegt für die tibetischen Buddhisten in Shambala und seinen geheimnisvollen Königen, deren einundzwanzigster – Aniruddha – nach den Kalachakra-Prophezeiungen 1927 die Herrschaft angetreten hat und bis 2027 regieren wird.

Nach zwei weiteren Nachfolgern wird im Jahre 2337 Rudra-Cakrin – der »Rasende mit dem Rad« – den Thron von Shambala besteigen und die Welt des Materialismus besiegen.

Die letzte Schlacht gegen die verdorbene Menschheit und ihre korrumpierten Machthaber wird nach dieser Vorhersage im Vorderen Orient – wahrscheinlich im iranischen Raum – geschlagen.

Ihr gehen nach den Prophezeiungen Naturkatastrophen, Hungersnöte, Epidemien, Kriege und Bürgerkriege voraus, deren alle politischen, wissenschaftlichen und wirtschaftlichen Bemühungen der selbstsüchtigen, nur nach Gewinn und Erfolg strebenden Menschheit nicht Herr werden können. Reichtum und Armut als die Gegensätze einer heillosen Welt, so heißt es da, werden niemand mehr froh sein lassen: Die einen gehen am Elend, die anderen am Überfluß zugrunde. Denn die materialistische »Intelligenz des Machens« wird den Zusammenbruch nicht aufhalten können.

Wenn sich die »Herrscher der Barbaren« auf dem Höhepunkt ihrer Macht wähnen, wird sie Rudra-Cakrin vernichten. Und ein goldenes Zeitalter wird anbrechen.

In diesen ausufernden, bilderreichen, phantastischen Kommentaren drückt sich symbolisch die Auseinandersetzung der spirituellen Geisteswelt des Buddhismus mit der »Wahnbefangenheit« einer an reale Wirklichkeit glaubenden und entsprechend handelnden Menschheit aus.

Der Gegensatz zwischen östlicher und westlicher Geisteshaltung wird hier deutlich. Es ist der Gegensatz zwischen den fortschrittsgläubigen Anhängern der modernen Wissenschaft und Technik und den von der Lehre des Buddha überzeugten Verächtern einer, wie sie meinen, illusorischen Wirklichkeit, die ihrer Meinung nach nichts als Täuschung ist.

Interessant an den Shambala-Prophezeiungen ist, daß sich der Name des letzten Königs dieses legendären Reiches – Rudra-Cakrin – aus dem vedischen Götternamen Rudra, das ist der altindische Sturmgott, und Cakra, dem Rad, das wir vom Rad der Lehre her kennen, zusammensetzt. Daran erkennen wir, daß bis in die Spätzeit der Ausbildung buddhistischer Lehr- und Deutungsformen, zwischen Urindischem und dem Dharma Buddhas, eine Verbindung besteht, die wahrscheinlich ganz wesentlich zum Erhalt der buddhistischen Lehre und ihrer starken Wirkung bis in unsere Zeit beigetragen hat.

DER SECHZEHNTE KARMAPA UND SEINE UMSTRITTENE WIEDERGEBURT

Zu den großen Geheimnissen des tibetischen Buddhismus, die auch bei uns über die buddhistischen Kreise hinaus starkes Interesse finden, gehören die Wiedergeburtsgeschichten bedeutender Lamas: der Rinpoches. In ihnen verkörpern sich Repräsentanten und Lehrer des Vajrayana, die als Äbte wichtiger Klöster oder geistige Häupter der unterschiedlichen Lehrsysteme des tantrischen Buddhismus wirken. Neben dem vom Dalai Lama, dem heute im Exil lebenden weltlichen und geistlichen Oberhaupt Tibets, geführten Orden der tibetischen Staatsreligion, Gelugpa (den sogenannten Gelbmützen), der Ende des 14. Jahrhunderts vom Reformator Tsongkapa gegründet wurde, gibt es in Tibet eine Reihe altüberkommener Formen aus den Anfängen des Vajrayana. Wir nennen sie entsprechend den Kopfbedeckungen ihrer Lamas Rotmützen. Die zahlenmäßig kleinste, doch ihrer geistigen Bedeutung wegen hochgeachtete, traditionsreiche Gruppierung, die Karma-Kagyü-Schule, hat in den letzten Jahrzehnten auch in Europa und Amerika besondere Beachtung gefunden.

Ihre geistigen Oberhäupter, die Karmapas, führen sich auf zwei der bedeutendsten Mahasiddhas, der großen Lehrer des indischen Vajrayana-Buddhismus – Tilopa und Naropa – zurück, denen der große Lehrer Marpa und sein berühmter, 1052 geborener Schüler Milarepa, Tibets größter Dichter, folgten. In Gampopa, der zu Milarepas Zeiten lebte, erwuchs der jungen Karma-Kagyü-Schule der erste Kommentator der Lehrtradition des Vajrayana, dessen grundlegendes Werk zum tibetischen Buddhismus unter dem Titel *Juwelenschmuck der geistigen Befreiung* 1989 auch in einer gelungenen deutschen Übersetzung von Herbert Guenther erschien.

Als dieses Werk vor fast tausend Jahren entstand, gründete Düsum Khyenpa, der erste in der langen Reihe der Karmapas, den bis heute lebendigen, hochangesehenen Orden Karma Kagyü, dessen Lehrweisheit auf empfängliche Menschen einen tief wirkenden Einfluß hat. Es ist die Geistessphäre, die auch den sechzehnten Patriarchen der Karma-Kagyü-Tradition, den 1982 verstorbenen Karmapa Rigpe Dorje, umgab und sich seiner Umgebung mitteilte.

Für mich wurde Karmapa Rigpe Dorje zum wichtigsten Inspirator buddhistischen Denkens und Erkennens. Ich habe nie wieder einen Menschen von seiner geistigen Ausstrahlung und seinen Fähigkeiten der Kraftübertragung erlebt.

Meine erste Begegnung mit dem Karmapa fand 1977 im Hinterzimmer einer alten Kreuzberger Ladenwohnung statt, in der damals die Berliner Anhänger des tibetischen Buddhismus regelmäßig zu Unterweisungen und Begegnungen mit Lamas, die vorübergehend in der Stadt weilten, zusammenkamen. Ich bin dort auch Kalu Rinpoche, von dem noch zu sprechen sein wird, mehrere Male begegnet.

Meine erste Stunde mit dem Karmapa in Berlin, die wir im Zwiegespräch über die Möglichkeiten geistiger Befreiung verbrachten, wurde für mich zu einem entscheidenden Erlebnis, das sich später, bei weiteren Begegnungen in Berlin und in Rumtek, dem Exilkloster des Karmapa, nahe Gangtok, der Hauptstadt Sikkims, vertiefte.

Obwohl ich dem Karmapa immer wieder meine unüberwindliche Neigung zum Einzelgängertum bekundet hatte, gab er mir am 18. September 1978 im Haus Bethanien in Berlin-Kreuzberg nach dem symbolischen Abschneiden eines Haarbüschels den Dharma-Namen Karma Dondub Wangschuk.

Ein Jahr später war ich Gast des Karmapa in Rumtek und erlebte zum erstenmal im traditionellen Rahmen die berühmte Schwarzhut-Zeremonie, die seit Jahrhunderten im Mittelpunkt des Zeremoniells der Kagyü steht. Das anschließende Gespräch in seinem schönen Haus oberhalb des Klosters ließ mich den Unterschied zwischen westlicher und östlicher Geisteshaltung und

Denkungsart hier in Sikkim noch deutlicher erkennen als zuvor in Berlin. Mir wurde klar, daß unsere materialistisch geprägte Welt mit dem ihr eigenen Anspruchsdenken des einzelnen den Weg zum Verstehen der spirituellen Elemente der Kagyü-Lehre sehr erschwert. Und doch spürte ich in den folgenden Jahren, welche Hilfe die Unterweisungen des Karmapa für mich bei der Bewältigung des Alltags in unserer westlichen Welt bedeuteten. Zugleich aber belasteten die gewonnenen Einsichten mein Verhalten als Glied einer sich wesentlich in Konfrontationen und Konflikten manifestierenden Umwelt mit ihren Pflichten und ihren Vorurteilen so stark, daß ich zuweilen darunter litt.

Als mich 1982 aus Amerika die Kunde vom Tod des Karmapa erreichte, der sich dort einer Krebsoperation unterzogen hatte, traf sie mich wie die Nachricht vom Tod eines nächsten lieben Verwandten. Ich konnte mir nicht vorstellen, daß sein Thron im Rumtek-Kloster nun für lange Zeit, vielleicht für immer, wie es zunächst schien, leer bleiben würde.

Denke ich heute mit dem Abstand von mehr als zehn Jahren an den Karmapa zurück, der mein wichtigster buddhistischer Lehrer gewesen ist, so wird mir deutlich, daß mich die Begegnung mit ihm von all meinen persönlichen Beziehungen zu Menschen der östlichen Geisteswelt am stärksten geprägt hat.

Ich habe in den auf seinen Tod folgenden Jahren, vor allem bei meinen Besuchen in Rumtek, auf Nachrichten und Hinweise zur Auffindung seiner Wiedergeburt gehofft und gewartet. Ich war in Ladakh, wie auch in Sikkim und Bhutan schon mehrfach jungen Rinpoches als Nachfolgern berühmter Äbte begegnet. Um den neuen Karmapa aber gab es lange Zeit nur Gerüchte.

Grund genug, einmal über den Ursprung von Karma Kagyü und seine Verwobenheit in den Gesamtzusammenhang des tibetischen Buddhismus nachzudenken. Wie überall im Buddhismus gibt es auch hier eine mehr oder weniger verbürgte historische Tradition sowie eine esoterische, die im Legendären gründet. In diesen Bereich gehört das zentrale Kultgeschehen des Kagyü: die Schwarzhut-Zeremonie. Kopfbedeckungen haben im tibetischen Buddhismus eine besondere Bedeutung. Sie sind nicht nur von

Zeremonie zu Zeremonie verschieden. An ihren Farben unterscheidet man die Lehrrichtungen: Gelbmützen tragen die Reformierten, die Gelugpa, die dem Dalai Lama unterstehen; Rotmützen tragen die Lamas der alten Schulen, von denen es immer noch zwölf gibt. Eine dieser Schulen, die Kagyudpa, hat sich schon früh von der ursprünglichen Karma Kagyü der Schwarzhut-Karmapas als Rotmützen-Sekte abgespalten.

Die schwarze Krone der Karmapas soll aus dem Haar von Dakinis – weiblichen Dämonenwesen, die die inspiratorische Kraft des Bewußtseins verkörpern – gefertigt worden sein. In ihr ist für alle Zeiten die Fähigkeit des Heilswirkens aller Buddhas und Bodhisattvas konzentriert. Sie bedeutet und bewirkt potenzierte spirituelle Aktivität.

Aus solchem Geist und in diesem Sinne sind die Karmapas dem Avalokiteshvara als dem Bodhisattva des allumfassenden Mitleidens und Helfens verbunden. Man verehrt sie als seine Verkörperungen. Das aber gilt auch für die Dalai Lamas, in denen sich die vierarmige Form des Avalokiteshvara – der Shadakshari – reinkarniert.

Die tantrische Verknüpfung – die esoterische Verwobenheit – der höchsten Lamas mit spirituellen Bodhisattvas wird hier wie an vielen anderen solcher Beispiele erkennbar. Zugleich aber enthüllt sich dabei ein Bedeutungszusammenhang, der ins historische Geschehen und somit in den religiösen wie in den politischen Alltag Tibets und des Himalaya hineinreicht. In dieser Doppelschichtigkeit ihrer Rollen muß man Männer wie die Dalai Lamas oder die Karmapas sehen.

Das zeigt sich besonders nach ihrem Ableben bei der Suche nach ihrer Wiedergeburt. So haben wir es beim jetzigen vierzehnten Dalai Lama nach dem Tode des dreizehnten erlebt und erleben es nun nach der langen Ungewißheit und umstrittenen Auffindung des siebzehnten Karmapa, dessen Authentizität vor allem von der Familie seines Vorgängers und von vielen Kagyü-Anhängern im Westen angezweifelt wird.

Inzwischen haben sich die Massenmedien des spektakulären Falles angenommen. Der Münchner Regisseur Clemens Kuby hat die Suche nach dem siebzehnten Karmapa über Jahre verfolgt und im Film dokumentiert. Am 21. Oktober 1993 widmete die Illustrierte *Stern* ihr Titelblatt dem achtjährigen neuen Karmapa – einem Nomadenkind aus dem chinesisch besetzten Osttibet – mit dem Titel »Ein Kind ist Gott«.

Gleichzeitig hat der weltbekannte italienische Filmregisseur Bernardo Bertolucci in Nepal und Bhutan mit großem Aufwand die Wiedergeburtsgeschichte *Little Buddha* gedreht, die von einem siebenjährigen Jungen aus dem amerikanischen Seattle erzählt, den ein tibetischer Mönch als Reinkarnation seines verstorbenen Lama-Lehrers erkennt.

Bertoluccis Film ist eine Paraphrase zum Thema Reinkarnation, aber auch zum Thema Buddha und Buddhismus. Sie wird das Augenmerk der Zuschauer auf die vielschichtige Thematik des Buddha, seiner Lehre und seiner Nachfolge lenken. Das kann ungeahnte Folgen haben, viele Menschen über Buddha nachdenken lassen, aber auch neue Zweifel wecken an der Wiedergeburtslehre und ihrer spektakulärsten, zugleich umstrittensten Form: der Reinkarnation von Rinpoches.

Vielleicht werden sich in solchen Filmen und Bildberichten, die sich zwischen Spekulation und Dokumentation bewegen, die Visualisierungen wiederholen, die nach tantrischer Auffassung zur Selbstbegegnung und Selbstdurchschauung führen und damit für den Suchenden hilfreich sein können. Es wird auf den einzelnen ankommen, der ihnen begegnet, und auf die Einstellung, mit der er das Gebotene zur Kenntnis nimmt.

Wie weit die starke Anteilnahme der Weltöffentlichkeit an einst so internen Ereignissen wie der Suche und Auffindung von Rinpoches auf deren Ablauf und esoterische Intensität einwirkt, ist schwer zu sagen. Die Umstände und Folgen der Auffindung des siebzehnten Karmapa lassen die Befürchtung zu, daß negative Einflüsse, wie sie früher schon – etwa bei der Suche nach den Reinkarnationen von Dalai Lamas – vorkamen, zunehmen.

Dabei spielt die Tatsache der unfreiwilligen Teilung des tibetischen Volkes in Daheimgebliebene und Exiltibeter eine nicht zu unterschätzende Rolle. Während sich erstere gegen den wachsenden Einfluß und die zahlenmäßige Zunahme der chinesischen Invasoren zur Wehr setzen müssen, besteht für die Exilierten die Gefahr des Identitätsverlusts durch eine fremde, meist verständnislose Umwelt, wenngleich sich die geistigen Führer der Tibeter im Ausland als Lehrer und Traditionshüter bewährt haben. Um so mehr aber vermißt man sie in Tibet.

So wie der vierzehnte Dalai Lama war auch der sechzehnte Karmapa 1959 nach dem Überfall Chinas auf Tibet mit vielen Vertrauten ins Exil gegangen. Während sich der Dalai Lama im indischen Dharamsala niederließ, erhielt der Karmapa vom König von Sikkim einen Berg in der Nähe der Hauptstadt Gangtok geschenkt, wo er sein Kloster Rumtek errichtete. Sein Stammkloster Tsurphu nordwestlich von Lhasa, das vom ersten Karmapa gegründet worden war, zerstörten die Chinesen in der Kulturrevolution.

Bei meinen zahlreichen Tibet-Reisen wurde ich immer wieder auf die beiden geistigen Führer im Exil angesprochen, und man trug mir Grüße für sie auf. Man vermißt sie im Lande, das wurde mir deutlich, wie schützende Väter.

So kann es nicht verwundern, daß viele Tibeter auf eine Wiedergeburt des Karmapa in Tibet hofften. Diese Hoffnung teilte auch der Dalai Lama, der nur aus politischen Vernunftgründen darauf verzichtet, heimzukehren.

Immer mehr wurde das Warten auf den siebzehnten Karmapa in Tibet, aber auch für alle Tibeter und ihre Freunde in der Welt zu einer Qual, die sich in vielen Gesprächen ausdrückte, die ich mit Lamas diesseits und jenseits der tibetischen Grenzen, aber auch mit vielen einfachen Menschen – Handwerkern, Bauern und Nomaden – in Tibet führte.

Von Zeit zu Zeit tauchten Gerüchte auf, der siebzehnte sei gefunden. Es blieben Gerüchte, bis Situ Rinpoche, einer aus dem engsten Kreis um Karmapa, 1992 in einem Amulettkästchen, das ihm Karmapa Rigpe Dorje kurz vor seinem Tode geschenkt hatte, einen Brief von der Hand des Karmapa entdeckte. Schon oft waren Briefe die Wegweiser zur Auffindung des nächsten Rinpoche gewesen. So auch hier. Der Karmapa hatte in Rumtek geschrieben: »Nördlich von hier, im Osten des Schneelandes, ist eine Gegend, in der göttlicher Donner erschallt. Es ist Nomadenland. Der Vater heißt Döndrup, die Mutter Lolaga. Dort werdet ihr den finden, der als Karmapa wiederkehrt.«

Und sie fanden ihn – Ugyen Thinley Dorje –, einen Jungen mit sechs Schwestern, ein Nomadenkind, im Juni 1985 geboren und dem Kloster geweiht, seit ihn die Eltern als Dreijährigen zum erstenmal in die Umgebung brachten, die nun im Stammkloster der Kagyü sein Reich als heranwachsender Karmapa sein soll.

Ein Blick in das Gesicht des heute Achtjährigen läßt – vergleicht man es mit dem seines Vorgängers – keinen Zweifel zu. Er ist die Wiedergeburt von Rigpe Dorje. Das bestätigte auch der Dalai Lama, als ihn Situ Rinpoche über die Auffindung des Briefes und über seinen Inhalt unterrichtete. So wurde Ugyen Thinley Dorje am 27. September 1992 als siebzehnter Gyalwa Karmapa mit dem Segen des Dalai Lama im wiedererrichteten Kloster Tsurphu inthronisiert.

Dabei geschah etwas, das dem Dalai Lama Hoffnung machte, außerhalb Tibets aber mit großem Befremden aufgenommen wurde: Die chinesische Regierung beglückwünschte das neue Oberhaupt der Kagyü und gestand ihm den einst vom chinesischen Kaiser an hohe Lamas verliehenen Titel »Lebender Buddha« zu. Viele sehen darin eine Bestätigung ihres Verdachts, daß es sich bei der Suche und Auffindung des neuen Karmapa um eine mit den Chinesen ausgekungelte Manipulation handele.

Diese These hat zwei Wortführer. In Rumtek ist es Shamar Rinpoche, ein ehrgeiziger Neffe des sechzehnten Karmapa, der die Bedeutung Rumteks und damit seinen eigenen Einfluß schwinden sieht, falls Ugyen Thinley Dorje weltweit als neuer Karmapa anerkannt wird. Von Betrug und Fälschung spricht auch ein bekannter dänischer Anhänger des sechzehnten Karmapa, Ole Nydahl, der mehrere Bücher über seine Begegnung mit dem Vajrayana-Buddhismus geschrieben hat. Die Konfrontation, die sich hier abzeichnet, hat nichts mit buddhistischem Geist zu tun. Eher scheint es um Machtbesessenheit, verbunden mit mangelnder Sensibilität, zu gehen. Die lautstarke Einmischung eines Europäers in diese internen Probleme der Tibeter erscheint mir besonders unangebracht, vor allem, wenn sie im fernen Sikkim Folgen zeigt, die man nur bedauern kann.

Im August 1993 griffen in Rumtek Parteigänger der Anerkennungsverweigerer Situ Rinpoche, der mit einigen Gläubigen und Mönchen für den neuen Karmapa beten wollte, mit Steinen, Messern, Äxten und Säurebeuteln an. Hier zeigen sich Auswirkungen jener ganz unbuddhistischen, ihre Initiatoren charakterisierenden Gewalt, gegen die der Dalai Lama weltweit und so oft er nur kann seine Botschaft des Friedens und der Gewaltlosigkeit richtet.

DER ZEN-WEG

Aus dem Bereich tiefer, im Kosmischen gründender Esoterik und tantrischer Weihen, wie sie der tibetische Buddhismus nun auch in die westliche Welt getragen hat, wo er so viele Anhänger fand, treten wir jetzt in einen weitaus nüchterneren Bezirk buddhistischer Übungen ein: ins Za-Zen.

Für mich war es die erste Begegnung mit der buddhistischen Praxis überhaupt. Sie vollzog sich 1963 im Zen-Kloster Engakuji im japanischen Kamakura. Ich hatte dort das Glück, dem großen Zen-Meister Sogen Asahina zu begegnen und von ihm in die Anfänge des Zen eingeführt zu werden. Obwohl ich vorher schon viel darüber gelesen hatte, war es mir, einschließlich seines praxisbezogenen Aspekts, des Za-Zen, des unbewegten Sitzens, eine fremde Sphäre.

Verglichen mit der farbigen Bilderwelt des Tantrismus ist Zen streng und fast bilderlos. Selbst die Buddha-Statue gilt nur als ein Stück Holz oder Metall. Zen ist der schwarzweiße Umkreis der Selbsterfahrung des versunkenen Sitzens in klarer Konzentration. Das soll ohne Streben, ohne Erwartung von Nutzen erfolgen.

Uninteressiertes, unbezogenes Sitzen – das ist Za-Zen. Es geht zurück auf Buddhas Verweilen unter dem Bodhi-Baum vor seiner Erleuchtung, vor dem Erwachen.

Indische Mönche brachten das Wissen darum nach China, von dort gelangte es nach Japan, das neben China seit Jahrhunderten bis heute als Heimat des Zen-Buddhismus gilt.

Die japanische Landschaft bietet dazu eine eigenartige, intensive Entsprechung. Das habe ich nicht nur in den aus Kieseln bestehenden, steinbeherrschten Zen-Gärten Kyotos, sondern auch unter den wilden Kirschblüten am Biwasee wie in den Bergklöstern über der mittelalterlichen Stadt Himeji erfahren. Es ist, als ob sich hier, anders als etwa in Indien, der Buddhismus einem Land und seinen Menschen anverwandelt habe. Nirgendwo ist mir die Verbindung zwischen Umwelt und Geist, zwischen Natur und Selbsterfahrung so deutlich geworden wie hier. Nirgendwo aber auch hat sich Buddhismus so weit von der Gesamtheit seines Ursprungs und seiner Entwicklung entfernt wie in Japan – und das unter völliger Beibehaltung seiner Essenz, die ich zum Beispiel in Europa oder Amerika vermisse, so erkennbar mir auch dort die Bemühung vieler seiner Anhänger wird.

Zen ist das tiefste Geheimnis des Buddhismus und zugleich seine klarste Ausprägung in der Praxis. Ich konnte nicht begreifen, was es bedeutet, bevor ich zum erstenmal zwischen den Mönchen saß. Dann aber ging es mir auf: dieses Erfahren von Jetzt und Hier, von dem, was wir sind außerhalb unseres Tuns, unserer Aktivitäten, unseres Rückbesinnens und unserer Pläne für morgen und alle Zukunft.

Jetzt und Hier, das ist es: Selbstbesinnung, Abstand nehmen von der Unruhe, die wir als Sein, als Existenz begreifen. Zen verewigt den Augenblick der Schauung, das Erwachen von Siddharta Shakyamuni unter dem Bo-Baum von Bodhgaya – jenes einmalige, millionenfach ins Bild gesetzte Erleuchtungserlebnis, das für Za-Zen die Voraussetzung ist.

Ich habe in Japan, anders als in Tibet, im Himalaya und in Südostasien, viele Menschen aus den verschiedensten Berufen und Gesellschaftsschichten kennengelernt, die täglich Za-Zen ausüben. Es ist ihnen, wie sie mir sagten, zur zweiten Natur geworden, genauer gesagt, zur eigentlichen Natur. Denn man spürt diese Zen-Haltung auch in ihrem alltäglichen Umgang, in ihrem Verhalten. Sie bedürfen dazu weder des Klosters noch der Laiengemeinschaft. Zen ist ihr aus Za-Zen erwachsenes, ganz gegenwartsbezogenes Bewußtsein. Ihre häusliche Umgebung ist dabei sehr hilfreich. Die fast möbellosen Räume, die Sitzmatten anstelle unserer Stühle und Sessel, die das Leben von vornherein in die Ebene und Haltung des Za-Zen verlegen, schaffen bessere Voraussetzungen für den vermittelnden Umgang mit Körper und

Geist als es unsere veräußerlichte, Moden unterworfene Wohn- und Lebenskultur möglich macht.

Die Tee-Zeremonie, das Blumenstecken, das Zeichnen mit Tusche, das Aufhängen von Rollbildern – den Kakemonos – in dafür bestimmten Nischen sind vorbereitende Handlungen, die zum Za-Zen hinführen.

Das häusliche Leben des Japaners ist von daher geschlossener, harmonischer, wenngleich auch hier Wohnungsnot und moderne Technik – besonders das Fernsehen – in den letzten Jahrzehnten viel von der alten Harmonie, die vor allem in Stille bestand, zerstört haben.

Doch Za-Zen behauptet bis heute daneben seinen Platz, wenn es auch nicht mehr die vorrangige Stellung im japanischen Leben einnimmt wie einst.

Um so erstaunlicher ist es, daß der Zen-Buddhismus in den letzten Jahrzehnten in Europa immer stärkeren Einfluß gewonnen hat und zunehmend weiter gewinnt. Eine verbreitete Sehnsucht nach Stille und Konzentration in unserer lauten, oberflächlichen Welt drückt sich hier deutlich aus.

Man begreift Zen auch bei uns mehr und mehr als einen Weg zur Befreiung aus dem Gefängnis einer alles beherrschenden, alles verplanenden Umwelt. Selbstfindung heißt das Ziel. Za-Zen ist eine Voraussetzung dafür: der Weg, der zur Geistbeherrschung, zur Begegnung mit sich selbst führt.

Das Großartige am Zen scheint mir dabei das Ganzheitliche seines Wirkens auf den Za-Zen übenden Menschen zu sein. Aus Zen erwächst dem davon erfüllten einzelnen ein neues Bewußtsein von Leben, von Kultur. Das haben viele bedeutende japanische, aber auch europäische und amerikanische Autoren eindringlich dargestellt. Zen ist nicht nur Religion.

Auf andere, doch nicht mindere Art als der tibetische Tantrismus erfüllt es das ganze Leben. Es ist ein Ausdruck von Klarheit, Bewußtheit und Stil. Doch hat diese Bewußtheit nichts mit Bewußtsein zu tun. Sie ist vielmehr Ausdruck des Nichtbewußtseins, das der große japanische Zen-Interpret Daisetz Taitaro Suzuki als eine Voraussetzung für Zen bezeichnet hat.

53 Diese feuervergoldete tibetische Bronze zeigt einen der frühen Karmapas mit seinem berühmten Kennzeichen: dem schwarzen Hut (Zürich, Sammlung Berti Aschmann)

54 Rechts: Die berühmte Schwarzhut-Zeremonie des 16. Karmapa in seinem Exilkloster Rumtek in Sikkim

55 Mitte: Der 16. Karmapa führt bei seinem ersten Besuch in Berlin frohgestimmt eine Initiations-Zeremonie mit deutschen Anhängern durch

56 Unten: Der osttibetische Nomadenjunge Ugyen Thinley Dorje, der 1992 als 17. Karmapa von Lamas entdeckt wurde (Foto: Jörg Wischmann / STERN)

57 Oben: Japanisches Zen-Kloster in Kyoto

58 Unten: Ein Zen-Mönch in Kyoto fertigt eine der traditionellen Zen-Tuschmalereien

59 Oben: Die berühmte japanische Teezeremonie gehört genauso zum Zen-Alltag wie das Za-Zen, das Sitzen in Zen-Meditation

60 Unten: Auch das zeremonielle Bogenschießen ist Teil der Zen-Praxis

61 Oben links: Im September 1967 begegnete der Autor im japanischen Kamakura zum erstenmal dem Erzabt des Engakuji-Klosters, Sogen Asahina

62 Oben rechts: Der 1252 in Teilen gegossene, zwölf Meter hohe Amitabha-Buddha in Kamakura. Die aus Holz erbaute Tempelhalle dieser gewaltigen Meditationsfigur an den Ufern des Pazifik wurde 1495 durch Taifune und Flutwellen zerstört

63 Links: Meditierende Theravada-Mönche in einem buddhistischen Kloster in Nordthailand

64 Oben: Die Mönche verlassen den Tempel nach der heiligen Handlung

65 Rechts: Der Buddha Maitreya in einer frühen Darstellung (11. Jh.) aus Guge in Westtibet. Er trägt als Signum den Stupa im Haar

66 Oben: Hier hält der Buddha Maitreya in der für ihn typischen europäischen Sitzhaltung die Hände in der Geste des Lehrens vereint (Hamburg, Sammlung G. W. Essen)

67 Links: Der Boddhisattva Maitreya in europäischer Sitzhaltung wartet nach buddhistischem Glauben im Tusita-Himmel auf seine letzte Wiedergeburt auf Erden in 2500 Jahren

68 Der Kopf des 26,2 Meter hohen Bodhisattva Maitreya, der Anfang unseres Jahrhunderts im Kloster Tashilumpo bei Shigatse als letzte bedeutende Groß-plastik Tibets entstanden ist

Zen ist keine Lehre, sondern ein Zustand der Weltbetrachtung, in dem alle Vielfalt, alle Fülle, damit aber auch alle Wirrnis, alle Zerstreuung ausgeschlossen bleiben.

Wie in der ursprünglichen Lehre des Buddha geht es um die Überwindung der Erscheinungen – um Leerheit von allen Vorstellungen, Wünschen, Hoffnungen. Das aber heißt: von allen Täuschungen, von allem Wahn. Es geht, wie Suzuki es im Titel seiner *Einführung in den Zen-Buddhismus* nennt, um »die große Befreiung«.

Diese Befreiung, die aus der Leere folgt, hat etwas mit Nirvana zu tun, mit dem Erwachen, das im Zen Satori heißt, hier freilich anders begriffen wird als die Erlangung der Buddhaschaft, obwohl auch im Satori ein Erwachen erfolgt. Es ist ein Erwachen, das nach Auskunft vieler Zen-Adepten plötzlich, augenblicklich geschehen kann und die Umwelt unvermittelt in einem völlig neuen Licht erscheinen läßt. Sie ist in Nichtbewußtsein getaucht, hat ihre Spannung, ihren Dualismus, ihr Schwarzweiß, ihr Gut und Böse verloren. Sie ist, um es buddhistisch zu sagen, nicht mehr Samsara. Dem Menschen ist sein inneres Auge aufgegangen. Dadurch heben sich die Gegensätze auf, die sein leidvolles Leben bestimmen. Suzuki nennt es »den Durchbruch zum absoluten Ich«, durch den man befähigt wird, sein relatives Ich zu erkennen und zu durchschauen.

Die Worte, die der Zen-Meister gebraucht, um diesen Weg zu öffnen, erscheinen uns fremd, oft paradox. Sie sind ohne erkennbaren Zusammenhang, ohne Logik, entbehren der Kausalität. Man nennt sie Koans. Das heißt wörtlich übersetzt »öffentlicher Aushang« und meint ursprünglich einen juristischen Fall.

Im Zen wird es zum Paradoxon an sich. Das zeigt sich besonders deutlich im Frage-und-Antwort-Spiel, dem wir in vielen Koans begegnen.

Es gibt fünf Arten von Koans, die sich sowohl in ihrer Absicht als auch im Schwierigkeitsgrad ihrer Durchschaubarkeit unterscheiden.

Ihr Ziel ist die Enthüllung der Fragwürdigkeit, ja der Sinnlosigkeit allen Sagens, allen Redens, das auf Verständigung aus ist.

In diesen Zusammenhang paßt das verbreitete Mißverständnis, Koans als Rätsel zu verstehen. Das Rätsel ist vielmehr der Mensch, der die Koans aufgrund seiner Samsara-Bindung nicht durchschauen kann. Am Koan-Begreifen ermißt der Zen-Meister den Reifegrad seines Schülers. Andererseits sind Koans für die meisten Nicht-Eingeweihten sinnlose Sprachspiele.

In den alten Zen-Klöstern aber konnte aus einem hingeworfenen Koan ein ganzer Kosmos aus Gedanken und ihren geheimnisvollen Beziehungen entstehen. Der Grad des Verständnisses bei den Mönchen war unterschiedlich. Viele erwiesen sich als wahre Meister tiefsinniger, beim ersten Hören oft unbegreiflicher Antworten.

Von Oryo Enan, einem berühmten Zen-Meister des 11. Jahrhunderts, stammt das Koan »Die drei Schranken des Oryo«, das so wie die berühmten achtundvierzig Koans des Meisters Mumon aus dem 13. Jahrhundert noch heute in den Zen-Klöstern Japans täglich zur Übung der Schüler benutzt wird.

Oryo liebte es, den Mönchen im Za-Zen sehr direkte, unerwartete Fragen in Form von Koans zu stellen. So etwa: »Jeder hat seinen eigenen Grund der Geburt. Welches ist der Grund deiner Geburt?« Oder: »Warum ist meine Hand wie die Hand Buddhas?« Und schließlich, am verwirrendsten: »Warum ist mein Bein wie ein Eselbein?«

Die Fragen erlangten unter den Zen-Meistern klassische Bedeutung. Und zu Mumons Zeiten, zweihundert Jahre nach Oryo, machte ein Bewunderer Mumons, Muryo Soju, aus Dankbarkeit für den großen Zen-Meister zu den Koans des Oryo das folgende, ganz im Koan-Geist verfaßte Gedicht:

»Warum ist meine Hand wie die Hand Buddhas?
Ich konnte das Kopfkissen im Rücken fühlen,
Und unwillkürlich mußte ich laut lachen.
Der ganze Leib ist in Wahrheit meine Hand.

Warum ist mein Bein wie ein Eselbein?
Ehe ich noch einen Schritt tue, bin ich schon angekommen.

Ganz wie ich will, bewege ich mich frei über die Meere.
Ich reite rückwärts auf dem dreibeinigen Esel des Yogi.

Jeder hat seine eigene Ursache der Geburt.
Jeder hat das verwirklicht, was ihm vorherbestimmt.
Nata brach seine Knochen und gab sie seinem Vater zurück.

Buddhas Hand, das Eselbein und die Ursache der Geburt:
Sie sind weder Buddha noch Tao, noch Zen.
Wundere dich nicht, daß torlose Schranken so schwierig sind.
Sie haben bei den Mönchen glühenden Haß hervorgerufen.«

Aus diesen Versen ist nicht nur deutlich zu erkennen, daß Koans Realität und Kausalität spielerisch ad absurdum führen. Sie zeigen auch den Zeiten und Räume überspannenden alogischen Beziehungszusammenhang, der die geistige Atmosphäre in den Zen-Klöstern charakterisiert, vielleicht auch etwas von der Faszination des Zen überhaupt vermittelt.

Durch die Koans, die sehr sparsam, zugleich aber überaus verblüffend im Ausdruck sind, wird, entsprechend dem Geist von Zen, Sprache in die Welt der Stille, des Verhaltens, des tiefen Nachdenkens zurückgenommen.

Zen wird dadurch für viele unzugänglich. Das führt auch zum Falschverstehen von Zen als einer Art esoterischen Gesellschaftsspiels, als Modeerscheinung unserer nach immer neuen Selbstdarstellungen suchenden Gesellschaft. Doch dazu ist Zen völlig ungeeignet.

Suzuki macht das deutlich, wenn er in seinem Buch *Leben aus Zen* schreibt: »Ganz gewöhnlich ist Zen und das Gegenteil davon ist nicht Zen. Wieviel Zen du auch haben magst, dein tägliches Leben darf sich nicht von dem deiner Nachbarn unterscheiden. Der einzige Unterschied muß in deinem inneren Leben liegen.«

Es ist nicht Schau, sondern der innere Lebensbegriff, auf den es bei Zen ankommt. Es geht nicht um Darstellung, sondern um Stillesein, um das Erkennen, das Innewerden der eigenen Buddha-Natur.

BUDDHA IN UNS

Hat der Mensch eine Buddha-Natur? Das heißt, ist Buddha in einem jeden von uns angelegt? Diese Frage beschäftigt heute viele, die sich der Lehre Buddhas zuwenden und sich mit ihr auseinanderzusetzen versuchen. Vielleicht ist es die schwierigste Frage, die man stellen kann. Es ist eine mystische Frage, die wir, auf Gott bezogen, im christlichen Bereich von Meister Eckehart und Jakob Böhme her kennen: eine abendländische Frage, die ein asiatischer Buddhist so wahrscheinlich nicht stellen würde. Ihm ist, ohne daß er das betonen müßte, Buddha eingeboren. Sonst wäre er nicht Buddhist.

Für den westlichen Menschen ist das anders. Für ihn gibt es von der christlichen Lehrtradition her einen Schöpfer- und Erlösergott, etwas Außerirdisches, das Glauben und Vertrauen fordert. Dadurch ist der abendländische Mensch dualistisch angelegt. Er steht Gott gegenüber. Und nur die Mystik, die es immer schwer hatte, sich im Bereich der christlichen Kirchen zu behaupten, spricht vom göttlichen Funken in uns.

Dieser göttliche Funke, eine Art Initialzündung zur Erkenntnis und Erleuchtung, ist das, was man im Buddhismus als Buddha-Natur bezeichnet. Sie ist natürlich mit Buddha in keiner Weise identisch, weist aber in uns auf ihn und seine Lehre hin, so wir nur darauf achten. Das heißt, in jedem Menschen ist die Fähigkeit vorhanden, die Lehre Buddhas anzunehmen und dadurch Leid zu überwinden, Heil zu erfahren.

Es ist eine Frage der Reife und der inneren Bereitschaft, ob ein Mensch der Stimme folgen will, die das Erwachen verheißt. Dabei ist es natürlich in einer geschlossenen buddhistischen Gesellschaft, wie wir sie von Sri Lanka, Birma und Thailand her, aber auch unter den Tibetern diesseits und jenseits der Landesgrenzen kennen, leichter, dieser Stimme zu folgen als in einer Umwelt, die sie als etwas Fremdes, für die meisten Exotisches betrachtet. Dürfen wir doch nicht vergessen, daß es kaum hundert Jahre her ist, seit die westliche Welt zum erstenmal Kenntnis von der Lehre Buddhas bekommen hat.

Erst nach dem Zweiten Weltkrieg, genaugenommen seit den siebziger Jahren, ist sie bei uns zu weiterer Verbreitung gelangt. Die seither zu beobachtende sprunghafte Zunahme des Interesses für die verschiedenen Lehrrichtungen – besonders auch des tibetischen Buddhismus – zeigt, daß die Bereitschaft, der Buddha-Natur im Menschen zum Durchbruch zu verhelfen, in der westlichen Welt wächst.

Dabei steht die Frage im Vordergrund: Wie kommt es zur Erweckung der Buddha-Natur in uns? Sie ist in den verschiedenen buddhistischen Gruppen und Kreisen, die in Europa wie in Amerika existieren, sehr unterschiedlich beantwortet worden.

Zwei Wege – Unterweisung und Praxis – zeichnen sich ab, die je nach Lehrtradition sehr unterschiedlich gewiesen und gegangen werden. Betrachtet man jedoch die Richtung, so führen sie alle zum gleichen Ziel. Dabei kann keine der Lehren auf Unterweisung verzichten. Bevor man praktiziert – etwa im Tantrismus oder im Zen – muß man wissen, worum es geht.

Zuweilen habe ich im Gespräch mit europäischen oder amerikanischen Buddhisten allerdings den Eindruck gewonnen, daß bei ihnen die Unterweisung zu kurz gekommen ist. Der Einstieg über sogenannte Selbsterfahrungsgruppen ist dabei besonders bedenklich. Denn es geht im Buddhismus nicht um emotionale Vorgänge, sondern um Geistiges: um Einsicht, um Erkenntnis.

Darum bemühen sich im allgemeinen die aus dem Theravada entstandenen Gruppen intensiver als die Mahayana-, Tantrayana- und Zen-Anhänger. Die Theravadin zeigen bei der Vermittlung der Lehre eine Gründlichkeit, die zu begrüßen ist, freilich manch einen, der auf spontanes Erleben aus ist, auch entmutigen mag.

Es bleibt eben doch die Frage, ob man im Buddhismus wirklich die in uns angelegte Erleuchtungsmöglichkeit sucht – und das ist, wie wir gesehen haben, ein langer, schwerer Weg –, oder ob man doch mehr an das ganz andere, an das Exotische denkt, mit dem die meisten bei uns ihre Vorstellungen von Asien, seinen Religionen und seinen Kulturen, immer noch verbinden.

Anstöße, Buddha in uns zu entdecken, gibt es heute genug. Ihn auch aus uns zu befreien, ist schon sehr viel schwieriger. Denn die Schriften Buddhas und seiner Nachfolger – der Arhats, Mahasiddhas und Gurus – sowie die Kommentare und Begleittexte sind zahlreich, aber für den Menschen unserer Zeit, besonders hier im Westen, recht schwer verständlich. Sie wollen nicht nur gelesen, sondern wirklich meditiert sein. Dabei ist die Frage des Zugangs genauso wichtig wie die nach weiterführenden Schriften, die helfen und nicht verwirren.

Schaut man sich die Fülle des angebotenen buddhistischen Schrifttums an, fällt eine Auswahl, eine Empfehlung gar nicht leicht. Muß man doch klar erkennen, daß der Zugang zum »Buddha in uns« nicht für jeden auf gleiche Weise erfolgen kann. Die Möglichkeiten der Berührung sind vielfältig.

Dabei werden es für die meisten nicht die Reden Buddhas selber sein, die den Schlüssel bieten. Zudem ist die einzige umfassende Ausgabe der Reden, die Karl Eugen Neumann übersetzt hat, seit langem eine Rarität der Antiquariate. Und es sieht trotz des zunehmenden Interesses am Buddhismus – gerade auch in Deutschland – nicht so aus, als ob eine Neuauflage des umfangreichen Werkes in absehbarer Zeit zu erwarten sei. Selbst eine hervorragend kommentierte Auswahl, die Hellmuth Hecker 1987 als Taschenbuch herausgebracht hat, ist vergriffen.

Man muß also, wo der »Buddha in uns« auf Nahrung hofft, sehr genau Umschau halten im Bereich der Anweisungen und Kommentare, die hilfreich sein können für rechtes Verständnis. Dabei kann es nicht um Werke gehen, die Buddha aus westlicher Sicht darstellen und kommentieren. Sie sind zahlreich und dienen dem Interessenten, nicht aber dem Suchenden. Sie geben im allgemeinen dem fragenden »Buddha in uns« keine Antwort. Die können wir eher von den Praktikern erwarten, von denen, die versuchen, buddhistischen Geist im Abendland zu verwirklichen –

seien sie nun Asiaten oder auch Westler, die das buddhistische Geisteserlebnis in sich erfahren und verwirklicht haben. Mit ihnen wollen wir in den letzten Kapiteln dieses Buches Zwiesprache halten.

Beginnen möchte ich sie mit den Worten eines Rinpoche, dem ich oft begegnet bin und dessen warme Menschlichkeit mich immer besonders berührt hat. Es ist der 1989 verstorbene Kalu Rinpoche, ein tibetischer Lama, der Erfahrungen während einer Klausur im amerikanische Oregon für eine Publikation zur Verfügung gestellt hat, die unter dem Titel *Den Pfad des Buddha gehen* auch auf Deutsch erschienen ist. Es handelt sich um eine Einführung in die meditative Praxis des tibetischen Buddhismus – des Vajrayana – für westliche Menschen.

In diesem Buch gibt Kalu Rinpoche einleitend eine klare Antwort auf die Frage nach unserer Buddha-Natur und ihrer Entfaltung. Er schreibt:

»Die Anlage und das Vermögen, Erleuchtung zu finden, ist die Natur des Geistes, also unserem Sein von Anfang an mitgegeben. Es fehlt uns jedoch an direkter Erfahrung dessen, und so haben sich ganze Schichten von Verwirrung und Verdunkelung gebildet. Wir sind mehr oder weniger in der Lage von Kleinkindern – von der Mutter abhängig und unfähig, irgend etwas selbständig zu tun. Wir haben uns im Grunde nicht selbst in der Hand. In dieser Hilflosigkeit und Machtlosigkeit können wir uns nicht selber eine Zuflucht sein oder uns auf dem Pfad zur Erleuchtung selber leiten. Der Geist hat die Herrschaft über seine eigenen Projektionen, über die ihm innewohnenden karmischen Tendenzen, über die Gedanken und Emotionen verloren, die ständig in ihm aufsteigen und ihn aufrühren. Deshalb können wir uns nicht selber eine Zuflucht sein oder uns selber Anleitung geben für die spirituelle Entwicklung.

Um den Pfad zur Erleuchtung gehen zu können, brauchen wir Hilfe; wir müssen uns irgendwo außerhalb unserer eigenen Begrenztheit nach einer Zuflucht umsehen. Deshalb nehmen wir zuerst und vor allem Zuflucht zum Buddha. Buddhaschaft erlangen – dazu gehört, daß wir alle Schichten der Verdunkelung und Verwirrung des Geistes abtragen und das unglaubliche Potential entfalten, das die Natur des Geistes ist. Auf dieser Stufe ist vollkommene Herrschaft und vollkommene Freiheit, vollkommene Macht über alle Vermögen. Der Buddha, als einer, der Allwissenheit erlangt hat, kann uns Zuflucht gewähren und uns bei der spirituellen Praxis anleiten.«

Kalu Rinpoche verweist den Suchenden auf Buddha als geistigen Führer. Er macht im weiteren Verlauf seines Textes aber auch klar, weshalb der einzelne den Weg nicht allein finden kann. Und er beschreibt die Meditationen des Vajrayana, für die es des kundigen Lehrers bedarf, als Visualisierungen einer Welt von Bildern und Vorstellungen, die es den Initianten leichter machen sollen, den Weg zu beschreiten, den die Theravadins wie auch die Zen-Adepten ganz ohne solche visuelle Hilfe gehen müssen.

Trotzdem liegen bei genauer Betrachtung Weg und Ziel der verschiedenen Lehrrichtungen dichter beisammen, als man das beim ersten Hinsehen vermuten möchte, wenngleich uns der bilderlose Weg natürlich nüchterner erscheint.

Im Theravada ist der Suchende mit seiner Befindlichkeit allein. Und die Anatta-Lehre mag ihm vorkommen wie ein riesiger, kaum zu bezwingender Berg. Ist er doch bei seinen Bemühungen nur auf die Kräfte seines Geistes angewiesen, die ihrer Natur nach eher auf Gegenkurs zur Durchschauung des Illusionszusammenhangs unseres Seins angelegt sind.

Die Tibeter haben diese Macht des Samsara auch über den Geist des Menschen wohl erkannt und mit ihrer Bilderwelt eine Art Gegenpol zum Samsara beschworen – einen bewußten Illusionskosmos des Allzusammenhangs der Erscheinungen, in dem der suchende Mensch sich so lange spiegeln kann, bis er alles durchschaut hat. Es ist ein langer Prozeß, für den der Mensch nach Buddhas Lehre bis zu sieben Leben braucht.

Für den Theravadin gibt es solche Hilfen nicht. Für ihn ist es ein reiner Geistweg zur Erkenntnis und Durchschauung des illusorischen Beziehungszusammenhangs, als der sich das Leben dem der Lehre Folgenden enthüllt. Dabei ist der Einstieg für den Anfänger sehr viel schwerer als im Vajrayana, wo der Lama die Stufen der Einweihung weist. Der Initiant, der hier an die Hand genommen wird und im Verein mit anderen, wie wir es bei der Beschreibung der Kalachakra-Initiation gesehen haben, seinen Weg gewiesen bekommt, ist mit dem Kleinen Fahrzeug wirklich allein. Er findet zwar Gesprächspartner in den buddhistischen Gruppen, Gesellschaften und Seminaren, aber den Pfad des Heils muß er als einzelner gehen, so er ihn findet und im Auge behält. Im Verständnis des Theravadin ist das allerdings auch die einzige Möglichkeit, wirklich Erleuchtung zu erlangen. Es ist der Weg, den nach seiner Auffassung seit Buddha alle gegangen sind – erfolgreich oder scheiternd, je nach Kraft, Anstrengung und Ausdauer. Wegzehrung können Buddhas Reden sein. Doch sie sind, wie wir wissen, vor zweitausendfünfhundert Jahren im fernen Indien verkündet worden. Und so umfassend und zeitlos gültig sie in ihrer Essenz auch sind, ihre Sprache und Form erleichtern das Verständnis nicht.

So habe ich mich seit Jahren in der einführenden Literatur unserer Zeit umgesehen nach Texten, die Weghilfen sein können, Anstöße zur Erweckung und Führung des »Buddha in uns«. Dabei fiel mir bei den meisten Texten eine spürbare Distanz zum Thema auf. Entweder lagen die Tausende von Kilometern zwischen Indien und dem Abendland sowie die zweitausendfünfhundert Jahre zwischen der Verkündung der Lehre Buddhas und uns, meist aber beides, wie eine Barriere vor der Möglichkeit wirklichen Verstehens. Andererseits steht oft auch eine abendländisch analytische oder erklärende Sprache dem Einfühlen und Einsehen im Wege.

Da stieß ich in den siebziger Jahren auf eine Zeitschrift – *Wissen und Wandel* –, die von diesen Fehlern so vieler buddhistischer Publikationen nicht behaftet schien. Es handelt sich um eine Zweimonatsschrift, die seit 1955 in einem von Paul Debes geleiteten »Buddhistischen Seminar« erscheint. Ihr Untertitel lautet »Anschauung und Lebensführung nach Wegweisung des Buddha«. Diesem Ziel dienen auch ein 1982 von Paul Debes veröffentlichtes zweibändiges Werk *Meisterung der Existenz durch die Lehre des Buddha* sowie der Band *Meditation nach dem Buddha*, denen ich tiefe Einblicke in buddhistisches Denken und seine Anwendung auf Probleme unserer Zeit sowie ihre Bewältigung mit Hilfe der Lehre Buddhas verdanke.

Hier ist ein Weg gewiesen, den der westliche Mensch im Sinne der Lehre Buddhas gehen kann. Es ist ein Weg des Verständlichmachens, der nicht allein von der Lehre, sondern auch von der Befindlichkeit des heutigen Menschen ausgeht, dem sie nahe gebracht werden soll. Das scheint mir das große Verdienst von Paul Debes und seinem Seminar: den Zugang zu öffnen zum »Buddha in uns«, wobei das ein Begriff ist, den Debes wahrscheinlich als zu anspruchsbelastet ablehnen würde. Auch eine Klassifizierung als Hinayana-Anhänger oder Theravadin paßt nicht ins Bild dieses Mannes, der sich wie wenige in unserer Zeit um die Vermittlung der buddhistischen Lehre nach den Reden des Buddha verdient gemacht hat.

BEDINGTHEIT UND VERSTRICKUNG – WAS UNS BUDDHA HEUTE ZU SAGEN HAT

Wir haben viel vom Leben und der Lehre Buddhas gehört, mehr, als ein Mensch, dem das Thema noch fremd ist, ohne Anstrengung verstehen kann. Für die meisten von uns ist es ein fremdes Denken, das sich da auftut, obwohl es, wie das letzte Kapitel gezeigt hat, als Möglichkeit in uns angelegt ist – als eine Möglichkeit zudem, die uns in der heutigen Zeit hilfreich sein kann bei der Daseinsbewältigung. Das kommt auch im Titel des großen Werkes von Paul Debes zum Ausdruck: *Meisterung der Existenz durch die Lehre des Buddha.*

Es ist ein Buch, das den Zugang zu dieser Lehre nicht im fernen Asien und nicht in der Zeit Buddhas, sondern in unserem heutigen Alltag sucht: in der Samsara-Welt des 20. Jahrhunderts. Dort setzt Debes mit seinen Betrachtungen ein. Gleich am Anfang bekennt er, daß er in der Lehre Buddhas eine mögliche Brücke zur Überwindung der großen Kluft sieht, »die hier im Westen zwischen der religiösen Aussage und der wissenschaftlichen Aussage besteht«.

Es ist die Kluft zwischen Christentum und Naturwissenschaften, eine Kluft, die im Buddhismus nicht existiert. Denn die moderne Naturwissenschaft nähert sich in ihren Erkenntnissen immer mehr den Einsichten Buddhas bei seiner Erleuchtung. Das wird deutlich, wenn Hans Peter Dürr, der Nachfolger Heisenbergs am Max-Planck-Institut für Physik in München, im Vorwort des von ihm herausgegebenen Bandes *Physik und Transzendenz* schreibt: »Eine konsistente, d.h. widerspruchsfreie Erklärung der Quantenphänomene kam zu der überraschenden Schlußfolgerung, daß es eine objektivierbare Welt, also eine gegenständliche Realität, wie wir sie bei unserer objektiven Betrachtung als selbstverständlich voraussetzen, gar nicht ›wirklich‹ gibt, sondern daß diese nur eine Konstruktion unseres Denkens ist, eine zweckmäßige Ansicht der Wirklichkeit, die uns hilft, die Tatsachen unserer unmittelbaren äußeren Erfahrung grob zu ordnen.«

Mit dieser Aussage, die eine Grundposition der heutigen Naturwissenschaften umreißt, gewinnt die Lehre Buddhas aus westlicher Sicht eine neue Dimension – die Dimension des wissenschaftlich Erfaßbaren. Das ist nicht nur eine überraschende Rechtfertigung der Lehre Buddhas nach zweitausendfünfhundert Jahren, sondern auch eine Bestätigung ihrer Bedeutung für uns Menschen in einer Zeit, die trotz solcher wissenschaftlicher Erkenntnis weit von notwendigen Schlußfolgerungen, wie etwa ethischen Zielen und der Forderung echter Menschlichkeit, entfernt ist. Das scheint mir ein Beweis dafür zu sein, daß Erkenntnis – die des Buddha vor zweitausendfünfhundert Jahren wie die der modernen Naturwissenschaften – zur Reife des Menschen, zur rechten Lebensführung bisher nur wenig beigetragen hat.

Diese Einsicht mag Paul Debes veranlaßt haben, seine *Meisterung der Existenz* zu schreiben. Denn noch immer oder gerade jetzt geht es darum, den Menschen einen Ausweg aus den Leiden des Samsara zu weisen. Dabei zeigt Debes einen ausschließlich auf das Buddha-Wort gegründeten, kompromißlosen Weg, wenn er schreibt: »›Die Lehre des Buddha‹ – darunter sind nicht die meisten der heutigen im Westen und im Osten ›buddhistisch‹ genannten, doch weit nach dem Buddha und ganz ohne ihn entstandenen Erscheinungen und Lehren zu verstehen, sondern die ursprüngliche Lehre des Gründers selbst, von welcher uns in den zentralen Schriften des Pali-Kanon die am meisten gesicherte und völlig ausreichende Substanz vorliegt. Es ist nur wenigen unterrichteten Menschen bekannt, daß diese überlieferten Aussagen des Erwachten wohl etwa das Mehrhundertfache der in den Evangelien überlieferten Worte Jesu ausmachen und daß sie einen ebenso umfangreichen wie in sich geschlossenen Komplex von sich gegenseitig bestätigenden und ergänzenden, nie aber widersprechenden Aussagen über den Erscheinungszusammenhang und den Bedingungszusammenhang innerhalb des Gesamtbereiches der Existenz bilden – jenes Bereiches, in welchem wir uns immer vorfinden.«

Das bedeutet, daß sich Debes von allen Nachfolgeerscheinungen des Buddhismus – wie Mahayana, Vajrayana, Tantrismus und Zen – ausdrücklich distanziert. Während sich deren Vertreter als Erweiterer, ja Vollender der Lehre begreifen, sind für Debes nur die Schriften des Pali-Kanon authentisch. Und sein Buch fußt allein auf diesen Texten. Insofern dürfen wir das Werk von Debes als eine Brücke nicht nur zwischen asiatisch-buddhistischem und modernem europäischem Geist, sondern vor allem auch zwischen der ursprünglichen Lehre Buddhas und lernwilligen, heilsuchenden westlichen Menschen der Gegenwart ansehen.

Debes geht es um die Darstellung der Weltbedingtheit, in die der Mensch samsarisch verstrickt ist, und um die Aufzeigung des Weges, der auch heute, wie zu Buddhas Zeiten, aus dieser Verstrickung herausführt. Dabei wird der Bedingungszusammenhang, dessen Darstellung die Bedingtheit und Verflechtung aller Erscheinungen durchschaubar macht, als »Grundgesetz der Existenz« gesehen und erläutert. Eingebunden in dieses fast ausweglose Bezugsgeflecht, das viele Menschen trotzdem als freies Leben empfinden, ist der Mensch ein vom geistgesteuerten Wirklichkeitswahn und Tendenzenzwang besessener Illusionist. Und so wird er von Debes auch dargestellt. Er schreibt dazu unter deutlichem Bezug auf die Anatta-Lehre des Buddha:

»Der Wahn besteht darin, daß die aus Wahrnehmung bestehende Welterscheinung samt dem darin miterscheinenden ›Ich‹ nicht als Wahrnehmung durchschaut und erkannt, sondern für letzte Wirklichkeit gehalten wird, so wie vom Träumenden die Traumbilder nicht als Träume erkannt, sondern für Wirklichkeit gehalten werden. Mit diesem Wahn ist keine Beherrschung der Erscheinung, des Daseins, ist keine Freiheit und Erlösung erreichbar.

Alle vom Erwachten nicht belehrten Menschen leben in dem wahnhaften Anblick: ›Dort ist die Welt, hier bin ich.‹ So sind sie mit den Banden des Wahns gebunden. Und da wir schon unser ganzes Leben und ungezählte frühere Leben in diesen Wahnbanden lebten, so ist der wahrhafte Anblick der Welt schon längst zu unserer Natur geworden, und wir haben uns mit unserem ganzen Herzen und Wesen in diese Welt verstrickt.«

Von dieser Position der Daseinsdurchleuchtung aus führt Debes im zweiten Band seines Werkes den Leser an die Lehre des Buddha und ihre Umsetzung im heutigen Leben heran. Das Ziel ist dabei allmähliches Erkennen der Wahrheit, Auflösung der vielfältigen Verstrickungen im Samsara und schließlich Erwachen aus dem Traum der Illusionen, die wir für unser Leben halten.

Wichtig für den Weg, den Buddha weist, ist heute wie zu seiner Zeit vor zweitausendfünfhundert Jahren, daß es sich nicht um einen Weg des Glaubens und des blinden Vertrauens, sondern um einen Weg der nachprüfbaren Stationen handelt. Es geht dabei um Selbstbefreiung aus der Zwangssituation, in der alle Samsaraverhafteten stecken und deren Leid sie erfahren müssen.

Zur Leidüberwindung will der von Debes nach dem Wort Buddhas gezeigte Weg führen. Dabei gibt es weder Gebote noch Verbote, sondern nur durch Erkenntnis nachvollziehbare Wegstrekken, die man im Einvernehmen mit sich selber, das heißt, Schritt für Schritt, ohne Zwang und ohne Bedrängnis geht. Da ist kein Dogma, dem man sich beugen muß, kein Kodex, der einzuhalten ist. Die Lehre ist eine Wegweisung zu wachsendem Wohlbefinden. Aus der Erkenntnis und zunehmender Durchschauung der Daseinszusammenhänge ergibt sich die Minderung des Wahns und seine völlige Auflösung. Vor Rückfällen ist bei soviel Freiheit, beim Fehlen allen äußeren Zwangs und Drangs, keiner sicher. Immer wieder werden Zweifel kommen. Denn die Macht und die Verführungen der Umwelt sind stark, meist und vor allem anfangs stärker als unser Wille, sie zu meiden. Und das zumal heute, wo das Leben so vielfältig determiniert und gesteuert wird, wo selbst die Freizeit des Menschen der Planung unterliegt und Stille, das Wichtigste für den, der den Weg des Buddha gehen will, fast zum Fremdwort geworden ist.

Trotzdem müssen die Umwelt und die verbreitete Verständnislosigkeit von Mitmenschen den Entschlossenen nicht entmutigen. Denn der Weg, den Buddha weist, verlangt keine Sprünge. Er läßt

Freiheit, auch im Gehen. Doch von Anfang an bringt er dem Suchenden mancherlei Hilfe durch Einsicht in die wahren Zusammenhänge der Existenz und ihrer Bedrohungen.

Der Erwachte selbst hat von seiner Lehre gesagt, daß sie dem Menschen am Anfang, in der Mitte, wie am Ende förderlich sei. Das bedeutet, daß es hier nicht um ein Entweder-Oder, auch nicht um bedingungslose Hinwendung geht. Der empfohlene Weg ist es, der nach Buddhas Wort und Erkenntnis zu immer größerer Klarheit und schließlich zum Erwachen führt. Es ist oft ein langes Mühen, das vom Wunsch nach der Heilsgewißheit schließlich zur Befreiung aus dem Daseinskreislauf und damit zur Freiheit, zur Erlösung führt.

Doch was ist diese Freiheit für Menschen unserer Zeit? Der erste Gedanke sollte Besinnung, der erste Schritt Distanzierung sein. Anhalten und schauen: Was umgibt mich, was geschieht da eigentlich, was mutet man mir als Leben zu? Oder richtiger: Was mute *ich* mir in diesem Leben zu?

Unsere Produktionswelt treibt den größten Aufwand für das Vergänglichste, ob wir an Gebrauchsgüter, an die Massenmedien oder an die Unterhaltungsindustrie denken. Man hat angesichts heutiger Weltbefindlichkeit den Eindruck, alles sei darauf ausgerichtet, den Menschen nicht zur Ruhe, nicht zum Nachdenken kommen zu lassen. Er wird verplant bis in die Nacht hinein. Samsara ist heute – denkt man ans Fernsehen oder die Vergnügungsstätten – pausenloses Vierundzwanzigstunden-Programm. Innehalten, Aussteigen ist für den Unbedachten unmöglich geworden. Hinzu kommt der gesteigerte Sinnenkitzel immer phantastischerer, hemmungsloserer und härterer Produkte – vom Kinderspielzeug bis zum Superfilm. Will man denen glauben, die aufwendig dafür werben, so müßten wir eine beglückte, zufriedene, sich aller nur möglichen Segnungen erfreuende Menschheit sein. Doch das Gegenteil ist der Fall. Nicht nur die weltweite Ausdehnung von militärischer Gewalt und Kriminalität, von Massenarbeitslosigkeit und sozialer Verelendung, von Hunger und Obdachlosigkeit macht viele, vor allem junge Menschen, dumpf und hoffnungslos. Ein großes Maß der inneren Verelendung geht gerade von den

Beglückungstendenzen einer hemmungslosen, alle ethischen Perspektiven entbehrenden Wirtschaft aus, die alles vermarktet, was sie aus dieser Erde und ihren Menschen herausholen kann. Sie wirkt unausgesetzt an der immer tieferen Verstrickung der Menschheit in das von ihr durch Werbung maßlos übersteigerte Wunschdenken, das, wie wir von Buddha wissen, schon immer bestand, nun aber geradezu Programm geworden ist in einer Welt, die immer neue Wünsche suggeriert und an der Schließung der damit von ihr selbst geschaffenen »Bedarfslücken« emsig arbeitet.

Es gibt auch weltanschauliche und religiöse Akteure, die in gleicher Weise und mit gleichem Ziel auf diese heutige Welt einwirken. Sie verheißen Hilfe, denken aber selbst nur an Gewinn. Das macht es für Suchende schwer, einen Weg zu finden, der sinnvoll ist und nicht in die Irre führt.

Auch mit dem Etikett »Buddhismus« stehen viele Verführer bereit. Deshalb sollte man überall dort Vorsicht walten lassen, wo schnelle Hilfe und spektakuläre Praktiken angeboten werden. Echte Gurus findet man nicht im Anzeigenteil der Gazetten. Und Meditation ist kein bezahlbarer Markenartikel, sondern einfach ein Stück Selbstbesinnung, das auch im Wirbel der Zeit erlernbar ist und geübt werden kann.

Was also hat uns Buddha angesichts dieser Gegenwart zu sagen und als Lebenshilfe anzubieten? Als Anfang sind es vor allem Beruhigung und Nachdenken.

Das, was er in seiner längsten Laienpredigt dem Bürgersohn Singalaka gesagt hat, gilt auch heute noch: Besonnenes Leben frei von Haß und Gier. Und

> »Wenn Zorn in deinem Herzen ist,
> dann soll deine Hand auf deinem Munde liegen.«

Das heißt: Zurückhaltung im Streit, Besinnung statt Ausbruch.

Sechs Genüsse untersagt Buddha dem jungen Mann: berauschende Getränke, sich zu unrechter Zeit auf der Straße herumtreiben, häufig Gemeinschaftsvergnügen besuchen, sich der

Spielleidenschaft hingeben, schlechte Freundschaften schließen und Müßiggang.

Höllenschlünde nennt der Buddha diese Genüsse. So unzeitgemäß solches Urteil heute erscheint – Quellen vieler Übel verbergen sich mehr denn je hinter ihnen. Und es zeigt sich, daß viele, besonders auch junge Menschen, bewußt davon Abstand nehmen.

»Ich sehe keinen Sinn in oberflächlichen Vergnügungen, in Diskomusik und Glücksspiel«, sagten mir schon oft junge Besucher meiner Vorträge, die offensichtlich nach Ansätzen einer die allgemeine Tendenz von heute meidenden Lebensführung suchten. Das waren keine Außenseiter, keine Sektierer, sondern Menschen, denen man ihren Widerwillen gegen das hemmungslose Treiben der Vielen anmerkte. Lebenssinn suchten sie. Den konnte ihnen oberflächlicher Zeitvertreib genausowenig bieten wie der Nervenkitzel spektakulärer Filme und Großveranstaltungen.

Wie oft höre ich: »Wir sehnen uns nach Ruhe. Wir wissen nur nicht, wie und wo wir sie finden können.« Ist das nicht eine Anklage gegen unsere Gesellschaft und ihre pervertierten Lebensgewohnheiten? Diese Frage kommt mir in solchen Gesprächen immer wieder. Es ist die Sinnfrage angesichts von Tempo, Lärm und dem Rausch von Massenveranstaltungen. Wer diese Zeiterscheinungen in ihrem Dahinfluten, einmal Abstand nehmend, bewußt betrachtet hat, der weiß, daß Anhalten und Stillesein im allgemeinen Gewühl eine starke beruhigende Wirkung auszuüben vermögen.

Solche Augenblicke der Besinnung können Ansatz sein der Hinwendung zu Buddhas Lehre. Man erkennt sich und seine Umwelt, man erfährt die Not, die sie dem Aufmerksamen, dem Bedachtsamen bereiten kann. Man begreift aber auch, daß hier eine Möglichkeit besteht, dem Ereignisstrom – dem Samsara – mehr und mehr zu entgehen.

Es gibt, soweit ich sehe, heute drei Formen der Begegnung mit Buddha. In jeder spricht der Erwachte in anderer Art, in allen aber im gleichen Ton. Es ist der Ton der Beruhigung in einer unruhigen Zeit. Von den drei Formen ist die von Paul Debes vertretene – ich möchte sie die Urform nennen – klar und zeitlos: eine Wegweisung, die für die Zukunft ungeahnte Bedeutung haben dürfte.

Die zweite Begegnung liegt im Za-Zen. Ihre Wirkung wird im wesentlichen vom Praktizierenden bestimmt. Sie ist zweifellos ein wichtiges Korrektiv zu den Aktivitäten und Bedrängnissen der Gesellschaft.

Große Bedeutung messe ich auch der dritten Begegnungsform – der tantrischen – zu. In ihrer kosmischen Allverwobenheit scheint sie mir besonders geeignet, Menschen in großer Zahl vom materialistisch bestimmten Irrweg der heutigen Menschheit abzubringen und eine karmische Gesamtverbesserung der Existenzen zu bewirken.

Der bewußte Ausstieg aus der Konsum- und Amüsiergesellschaft, das Abschiednehmen vom unbedachten Von-Tag-zu-Tag-, Von-Stunde-zu-Stunde-Leben, sind für alle drei Formen buddhistischer Besinnung und Heilssuche die Voraussetzung.

Da könnten die Schritte des Achtfachen Pfades beginnen, den Buddha den Mittleren nennt. Sie bedürfen der Anstrengung überlegten Gehens und einer geistigen Haltung, mit der man, als erstes Ziel, rechtes Denken und Handeln nicht mehr aus den Augen verlieren kann.

»DEN PFAD DES BUDDHA GEHEN«

Die drei Fahrzeuge der buddhistischen Lehre – Hinayana, Mahayana, Vajrayana – führen, wie wir sehen, auf verschiedenen Wegen und in verschiedenen Zeitspannen zum gleichen Ziel: zur Erleuchtung, zum Nirvana. Ihnen von vornherein unterschiedlichen Wert, unterschiedliche Bedeutung zuzusprechen, zeugt nach Auffassung der Mahayana- und Vajrayana-Anhänger von Begrenzung, von mangelnder Einsicht in das Buddha-Wesen, in die Ganzheit einer großartigen Lehre, die weder Grenzen noch Dogmen kennt.

Wahrscheinlich ist schon der Begriff Buddhismus, als einer von vielen Ismen, zu begrenzt für das, was Buddha gelehrt hat.

Die drei Fahrzeuge sind für Menschen unterschiedlicher Herkunft, unterschiedlichen Wesens und unterschiedlichen Denkens, das heißt, unterschiedlichen Geistes, bestimmt. Gemeinsam enthüllen sie jene kosmische Wahrheit des Anfang- und Endelosen, die in jedem der Buddha-Worte anklingt, ohne daß Buddha sie zum System gefügt hätte. Weil Buddhas Lehre und ihre Weiterführung durch die Jahrhunderte das Ganze sagt, bedarf sie nicht der Systematisierung. Sie erklärt das Weltsystem, das Buddha in seiner Lehre vom Grundgesetz der Existenz klar dargestellt hat.

Es geht bei Buddha nicht nur um eine Lehre für den Menschen, sondern um die Darlegung der Wahrheit über den Gesamtzusammenhang der Existenzen und ihres vermeintlichen Seins, das als Nichtsein, als fluktuierenden Bedingungszusammenhang entlarvt zu haben, Buddhas Verdienst ist.

Meinte man noch vor wenigen Jahrzehnten, Buddha habe vor allem eine umfassende Ethik verkündet, so wissen wir heute – dank jüngster naturwissenschaftlicher Erkenntnisse –, daß diese

Ethik nur die erkenntnisbedingte Schlußfolgerung aus der Durchschauung des Gesamtzusammenhangs unseres Bewußtseins ist. Die Schwierigkeit ihrer erkenntnismäßigen Durchsetzung liegt darin, daß Samsara als Grundgesetz der Existenzen den Menschen auf einem falschen, abseitigen Pfad verharren läßt, dem die meisten bedenkenlos folgen.

Deshalb setzen alle ernsthaft betriebenen Annäherungen an die buddhistische Lehre, die zu einem Ergebnis führen sollen, für die meisten von uns einen klaren Imperativ voraus: Du mußt dein Leben ändern.

Daran führt kein Weg vorbei. Doch ist es für viele gar nicht die Änderung der äußeren Lebensform, die notwendig ist, sondern vielmehr die der inneren: unser Verhältnis zu uns selber, unser Selbstverständnis, aber auch unsere Beziehungen zum Mitmenschen, zur Umwelt.

Sich ändern heißt, aus dem Daseinstraum erwachen, erkennen, das ist der Buddha-Weg. Doch der erfordert Wachheit.

Ich erinnere mich einer eindringlichen Begegnung mit diesen Problemen, die mich schon seit meiner Jugend beschäftigen. Ich hatte Anfang der siebziger Jahre in Indien einen bedeutenden tantrischen Guru kennengelernt, dem ich viele Einsichten in die Geheimnisse des tantrischen Buddhismus verdanke. Nach gemeinsamen Wochen in einem ladakhischen Kloster trafen wir uns noch einmal in Delhi. Welch ein Unterschied zur ladakhischen Bergeinsamkeit!

Schweigend gingen wir, unseren Gedanken nachhängend, nebeneinander durch die Großstadtstraßen.

Plötzlich sagte mein Begleiter leise, so daß ich es kaum verstand: »Die Menschheit liegt in tiefem Schlaf.«

Ich horchte auf. Wir wurden von Fußgängern umdrängt, Autos versuchten sich hupend weiterzuschieben, Radfahrer bahnten sich schrill klingelnd dazwischen mühsam ihren Weg.

»In tiefem Schlaf?« fragte ich erstaunt zurück, weil ich meinte, mich im Straßenlärm verhört zu haben.

»In tiefem Schlaf«, wiederholte er kopfnickend, wenngleich ihm ein schalkhaftes Lächeln in den Augen blitzte.

»Dafür bewegt sie sich aber recht lebhaft«, sagte ich und wies auf die uns umdrängenden Massen.

»Der Anblick trügt, wie alles, was wir sehen und für wirklich halten«, erwiderte er.

Wortlos schoben wir uns weiter durch die Straßen. Ich versuchte, in Gedanken eine Verbindung herzustellen zwischen der uns umgebenden Hektik und der Vorstellung, das seien alles Schlafende.

»Schlafwandler vielleicht?« fragte ich unvermittelt.

»Schlafverfallene eher«, meinte er. »Sie sind noch nicht erwacht.«

An einer der verkehrsreichsten Kreuzungen des alten Delhi verabschiedeten wir uns, er, um sein Quartier aufzusuchen, ich, um in eine Buchhandlung zu gehen.

Abends bei meinen Freunden erinnerte ich mich des kurzen Gesprächs. Es war wie so oft in Asien gewesen: In wenigen Worten, fast beiläufig, klingt ein großes Thema an.

Schlafen sie in Wirklichkeit, die hastenden Menschen unserer Zeit? Sind die meisten von ihnen blind unterwegs, ohne Sinn und Ziel? Betrachtet man das hektische Treiben mit kritischer Unvoreingenommenheit, muß man diese Fragen wohl mit Ja beantworten. Doch was soll daraus folgen: Resignation, Gleichgültigkeit, Verzweiflung?

Gibt es nicht viele, die den Ausweg suchen, das Erwachen? Und wie ist es bei meinen Freunden, wie ist es bei mir selbst mit dem Wachwerden? Fragen, nichts als Fragen. Und eine Umwelt, die es schwermacht, die Antworten zu verstehen, die Buddha auf alle Existenzfragen gegeben hat.

Wenn ich in diesem Buch versuche, etwas vom Sinn dieser Antworten und ihrer Bedeutung für den Menschen von heute zu vermitteln, so ging der Impuls dazu nicht zuletzt von dem soeben geschilderten kurzen Gespräch aus, dessen Aufzeichnung in meinen Notizen ich heraussuchte, als ich dieses Buch zu schreiben begann.

Ich habe mich seit der unvergeßlichen Begegnung mit diesem tantrischen Guru immer wieder mit dem Buddhismus als Lehre, aber auch als Frage aus mir selbst beschäftigt. Dabei ist mir klar geworden, daß es gerade für uns heute, trotz der Übermacht des Samsara, eine Reihe von guten Annäherungsmöglichkeiten an die buddhistische Lehre gibt, wobei allerdings das Verständnis für den westlichen Menschen durch die asiatische Weltsicht und ihre Ausdrucksformen erschwert wird.

Doch Wort und Bild erschließen Zugänge, die zum Teil, gerade durch ihre Fremdheit, nicht nur interessant, sondern für den wirklich Suchenden auch ergiebig sein können.

Wichtig ist dabei die richtige Einschätzung der Form und der Art, in der uns die buddhistische Lehre als Literatur und Bilderwelt entgegentritt. Buddhistische Literatur erfüllt ihren Lehrauftrag anders als etwa die Bibel oder der Koran, so wie auch Bilder und Skulpturen im Buddhismus eine andere Bedeutung haben als im Christentum.

Die buddhistischen Schriften sind, wie wir gesehen haben, Lehr- und Meditationsschriften, in denen die uns so wenig geläufige Technik des ständigen Wiederholens zum Wesen dieser Texte gehört. Der Lesende, und das ist in Asien meist der Rezitierende, soll mit dem Inhalt des Textes eins werden. Das geschriebene oder gedruckte Wort ist nicht nur Lebenshilfe, sondern auch Verhaltensanweisung. Aus seinem Geist, so will es Buddha, wandelt sich der Mensch, nicht allein im Bekenntnis, sondern in seinem ganzen Wesen. Deshalb nimmt er mit der Lektüre nicht ständig Neues, sondern immer wieder das ihm schon Vertraute auf. Es geht bei den Texten nicht nur um Information, auch nicht um Stil, sondern um Einfluß, um Wandlung des Geistes und des Herzens. Das ist ein langer Prozeß. Was hier Sprache bewirkt, gilt ebenso für die Bedeutung der Bilder. Sie sind für den Buddhisten, wie wir gesehen haben, keine Kunstwerke in unserem Sinne, auch keine Abbildungen einer vergangenen Wirklichkeit oder künftigen Möglichkeit. Sie sind Spiegelungen von Aspekten unseres Bewußtseins. Je nach ihrer spirituellen und ikonographischen Bedeutung werden sie – vor allem vom einfachen Volk – gefürchtet, aber auch verehrt. Solches Bildverständnis ist ein ganz anderes als bei uns im Abendland. Und auch den Texten kommt ein anderer Sinn, eine andere Bedeutung zu als unserer Literatur. Sie sind Wegbegleitung und können schließlich Wegführung werden.

In diesem Zusammenhang möchte ich noch einmal auf jene zwei Bücher zurückkommen, die, wie ich glaube, dem heute Suchenden auf sehr unterschiedliche Weise Wegbegleiter sein können. Ich meine die *Meisterung der Existenz durch die Lehre des Buddha* von Paul Debes und *Den Pfad des Buddha gehen* von Kalu Rinpoche.

Ein Deutscher und ein Tibeter sind die Verfasser. Es sind Bücher aus unserer Zeit für Menschen unserer Zeit: bedeutende Bücher, wie ich meine.

Debes zeigt dem Suchenden den Weg aus dem Samsara. In seinem Buch weist er auf die vom Buddha genannten »Vier Eigenschaften zur Gewinnung des Stromeintritts« hin, die den Zutritt zum Buddha-Pfad ermöglichen. Es sind dies:

»1. Umgang mit wahren Menschen,
2. die wahre, heilsentscheidende Lehre hören,
3. aufmerksame Betrachtung der Herkunft der Erscheinungen,
4. diesen Einsichten entsprechend sich wandeln und umbilden.«

Dabei ist die Frage nach »wahren« Menschen die entscheidende. Buddha steht hier für Debes an erster Stelle. Er ist für ihn Beispiel und Vorbild als Verkünder der Lehre. Von ihr geht seit Buddhas Erlöschen alles aus. Sie ist der Weg. So sieht es Debes, und so stellt er es in aller Entschiedenheit, aber auch in aller Ausschließlichkeit dar.

Anders Kalu Rinpoche. Im Verständnis der tibetischen Buddhisten ist er selber einer aus der langen Reihe der Buddhas und Bodhisattvas, die den Menschen im Laufe vieler Leben geholfen haben. Er öffnet den Zugang zum kosmischen System, zum Allzusammenhang, die dem Menschen in Wort, Symbol und Bild als tantrische Lehre erschlossen werden. Für Kalu Rinpoche ist das der Wahrheitspfad, der zur Erleuchtung führt.

Buddha hat den Weg zur Erleuchtung einmal mit dem Bau eines Hauses verglichen. Kalu Rinpoche folgt dem Erwachten in dieser Betrachtung und bringt in seinem Buch die Baumaterialien herbei, die zur Verwirklichung der den Weg begleitenden spirituellen Praxis nötig sind. Dazu gehören Gegenstände, Visualisierungen und geistige Aktivitäten, »die zur Verstärkung des Positiven durch Ansammeln von Verdienst und durch Vertiefung unseres Gewahrseins« führen.

Die Voraussetzung für das Betreten und das Beschreiten des Buddha-Pfades ist für Kalu Rinpoche die Begegnung mit einem geeigneten Guru. Das persönliche Verhältnis und das Vertrauen zu ihm sind entscheidend für den eigenen Reifeprozeß. Er soll zur Geisterfahrung und endlich zum Bodhisattva-Gelübde führen. Darin sieht Kalu Rinpoche für den, der sich heute dem Buddhismus nähert, das Ziel.

Es geht ihm darum, dem Übenden den Geist als wesenhaft leer und nicht an das Ich gebunden darzustellen. Wenn das gelingt, erreicht der Übende Erkenntnis und Erbarmen, Einsicht und Zuwendung an alle Kreaturen. Deshalb schreibt Kalu Rinpoche:

»Wenn wir die Leerheit des Geistes immer deutlicher erfassen, gelangen wir zu dem Schluß, daß wir nur aufgrund des Mangels an direkter Erfahrung weiterhin leiden und in Verwirrung befangen bleiben. Wir sehen jetzt, daß alle Lebewesen wie wir selbst in dem Wahn leben, es gebe reale Dinge und ein reales Ich und das sei die wahre Wirklichkeit. Aufgrund dieser falschen Vorstellung müssen die Lebewesen weiterhin in der Verwirrung leben. Dies ist der eigentliche Grund für das Leiden und die Verwirrung, die alle Wesen erfahren. Wenn wir anfangen, die Dinge so zu sehen, werden wir feststellen, daß unsere Liebe und unser Erbarmen gegenüber anderen Lebewesen ständig wachsen.«

Kalu Rinpoche sieht in dem von ihm genau interpretierten Bodhisattva-Gelübde und seiner Verwirklichung die beste Entscheidung, die ein Mensch heute treffen kann. Von hier führt der nächste Schritt zum tantrischen Erfassen – zum Vajrayana Samaya und der Selbstbefreiung durch Einsicht und Vermeidung der »vierzehn Wurzelvergehen«. Diese Vergehen betreffen unser Verhältnis zum Guru, zu unserer Spiritualität und zum Mitmenschen, wobei die Mißachtung des Vajra-Guru, ja schon mangelndes Vertrauen gegenüber dem tantrischen Lehrer, als schlimmstes, nicht mehr zu sühnendes Vergehen bezeichnet wird.

Im letzten Drittel seines Buches unterrichtet Kalu Rinpoche über Shamatha-Meditation und spirituelle Praxis: die Mahamudra. Shamatha ist eine in Tibet entwickelte Meditationstechnik zum Erreichen von »Stille und Stetigkeit des Geistes«. Dabei geht es um die Erfahrung des Geistes in seiner Raumhaftigkeit und seiner grenzenlosen unendlichen Ausdehnung, wobei der auf Erkenntnis bezogene Aspekt des Geistes die Form der fünf Körpersinne und des Bewußtseins annimmt, das als eine Art sechster Sinn Gedanken und Ideen hervorbringt, die von den fünf Sinnen des Menschen erzeugt werden.

Hier trifft sich Kalu Rinpoche in der Aussage mit Paul Debes. Beide sprechen im gleichen Zusammenhang von der Wahrnehmungssituation, die für die richtige Einschätzung unseres Bewußtseins von ausschlaggebender Wichtigkeit ist. Das Ziel heißt für beide Erkennen und Überwindung des Samsara. Die Schwierigkeit, dieses Ziel zu erreichen, liegt in unserer Einstellung zu dem, was wir Wirklichkeit nennen.

Kalu Rinpoche schreibt dazu: »Das Grundproblem besteht natürlich darin, daß wir als Lebewesen, als unerleuchtete Wesen im Kreislauf der Wiedergeburten, die Dinge so erfahren, und zwar mit vollkommener Überzeugung, als wären sie von letzter Wirklichkeit. Wir sind überzeugt, daß dieser Körper absolut wirklich ist, und aus dieser Überzeugung entstehen Leiden, Krankheit und Schmerz. Das gleiche gilt für die Rede, die ja ein Schall-Phänomen ist; wir sind überzeugt, daß die Rede etwas absolut Reales ist. Wenn Worte gesprochen werden, nehmen wir die Erfahrung des Hörens dieser Worte, diese Laute, als etwas, das an sich selbst wirklich ist. Nutzen und Schaden hängen ab von unserer Überzeugung. Worte können uns verletzen, weh tun und verstören, weil wir sie für etwas Reales nehmen. Das gleiche läßt sich für die Ebene des Geistes sagen. Was sich an Gedanken und Gefühlen im Geist bildet, wird für etwas an sich selbst Reales gehalten.«

Mit der Durchschauung dieser Situation des samsaraverhafteten Menschen beginnt für den Suchenden der Pfad zur Erlösung.

Debes beschreibt ihn als den Weg, wie ihn Siddharta Gautama mit dem Schritt in die Hauslosigkeit betreten und nach seiner Erleuchtung gewiesen hat.

Für Kalu Rinpoche dagegen ist Bodhisattvaschaft das Ziel, und er erläutert die zehn Stufen – Bhumis –, die dahin führen: »Auf der ersten Stufe der Bodhisattva-Verwirklichung gelangt man zu der direkten und bleibenden Erfahrung, daß der Geist seinem Wissen nach leer, klar und ohne Behinderung ist. Wenn das also keine zeitweilige Erfahrung mehr ist, sondern eine Erfahrung, die uns mehr oder weniger deutlich erhalten bleibt, so ist dies das erste Bhumi. Zum erstenmal gewinnen wir hier wirkliche Freiheit des Geistes und echte Kontrolle über unsere Erfahrung. Gewisse Anzeichen deuten auf diese neugewonnene Freiheit des Geistes hin. Wir können gegenwärtig nur jeweils einen Geisteszustand erfahren, aber ein Bodhisattva der ersten Stufe kann hundert Zustände meditativer Versunkenheit gleichzeitig erfahren, ohne daß für ihn irgendein Widerspruch entstünde. Texte sprechen von zwölf solchen Anzeichen oder Eigenschaften, die man als die Zwölf Hundert bezeichnet. Dazu gehören beispielsweise die Fähigkeit des Geistes, sich zum Wohl anderer Lebewesen in einem einzigen Augenblick hundertfältig in verschiedenen Bereichen der Erfahrung zu manifestieren; die Fähigkeit des Geistes, in einem einzigen Augenblick hundert Buddhas zu begegnen; die Fähigkeit, in einem einzigen Augenblick hundert reine Länder zu erleben; die Fähigkeit, hundert frühere Leben zu erinnern, und die Fähigkeit, die Umstände der nächsten hundert Geburten vorauszusehen. Es gibt zwölf solche Fähigkeiten, die traditionell als Kennzeichen dieser ersten Ebene der Freiheit des Geistes und der Kontrolle über die Erfahrung angesehen werden.

Von der ersten bis zur zehnten Stufe und darüber hinaus bis zur vollkommenen Erleuchtung entwickeln sich unsere Bemühungen um Läuterung, die wir als Ansammeln von Verdienst bezeichnen, und unsere Bemühungen um die meditative Praxis, die wir als Ansammeln von Weisheit bezeichnen, und werden allmählich reifer. Die auf der ersten Stufe gebildete Stabilität wird immer mehr ein Bestandteil unserer Erfahrung, und unsere negativen

Züge schwinden. Damit geht die Beseitigung jener begrenzenden und behindernden Faktoren einher, die früher diese Erfahrung verhindert hatten.

Alle Verwirrung und Verdunkelung, die wir jetzt erfahren – grundlegendes Nichtwissen, dualistisches Anhaften, emotionale Verwirrung und karmische Tendenzen –, hat grobe und feine Aspekte. Auf der ersten Stufe verschwinden die gröberen Aspekte der karmischen Schleier des Geistes, und das ist die gröbste aller vier Ebenen der Verwirrung. Auf der siebten Stufe der Bodhisattva-Verwirklichung verschwinden die gröberen Aspekte der emotionalen Verwirrung. Auf der achten Stufe werden die gröberen Aspekte des emotionalen Anhaftens beseitigt und mit der neunten und zehnten Stufe schließlich auch die subtileren Aspekte überwunden.

Wenn wir die zehnte Ebene der Bodhisattva-Verwirklichung erreicht haben, gibt es nur noch einen Faktor, der den Geist noch hindert und einschränkt, nämlich ein höchst subtiler Aspekt des grundlegenden Nichtwissens. Der muß noch ausgeräumt werden, bis man vollkommene Erleuchtung erlangen kann. Der tibetische Begriff Sangye definiert Buddhaschaft, die vollkommene Erleuchtung, als die Beseitigung auch der letzten Verdunkelung und des letzten behindernden Faktors – und damit kann sich das gesamte dem Geist innewohnende Potential manifestieren.«

Ich habe hier bewußt einige längere Zitate eingefügt, weil sie nicht nur in ihrer Aussage, sondern auch in ihrer Struktur etwas vom Geist Kalu Rinpoches – vom Guru-Geist – erkennen lassen. Kalus Buch ist auf Umkehr ausgerichtet. Es verstellt auf taktische Weise – wie ein Sackgassenschild – den Weg durch Samsara und veranlaßt damit zum Nachdenken: Welcher Weg ist für mich gangbar? So läßt er den Leser die Frage an sich selbst richten. Die äußerste Konsequenz heißt mit dem letzten Kapitel: Mahamudra.

Wieder geht es um den Geist, um die Frage seiner Existenz. Die Antwort im Mahamudra ist, daß er existiert und daß er nicht existiert. Denn Geist ist jenseits von Existenz und Nichtexistenz. Mit allen Ausdrücken, die ihn zu beschreiben versuchen, erreichen wir ihn nicht, weil er letztlich etwas Unbeschreibliches ist. Und doch leben wir mit ihm, von ihm. Er beherrscht unser Wissen wie unser Nichtwissen. Das ist Mahamudra-Erfahrung. Denn »die reine Natur des Geistes besteht schon immer«, lesen wir bei Kalu Rinpoche.

Hier sind wir den Ursprüngen des für die menschliche Geistesentwicklung so verhängnisvollen Dualismus auf der Spur. Ihm zu entkommen, die Einsehbarkeit des rechten Pfades zu zeigen, ist Kalu Rinpoches Anliegen: an die schwierigste, aber letztlich einfachste Form meditativen Erfassens der Wahrheit heranzuführen.

Betrachten wir von hier aus rückschauend Kalu Rinpoches Buch, so ist es eine Einführung, zugleich aber auch die letzte Vertiefung ins Mahamudra: dem Wissen um die Leere von Geist und Sein.

Kalu Rinpoche schreibt dazu in klarer Erkenntnis unserer heutigen Befindlichkeit: »Unsere gegenwärtige Lage als unerleuchtete Wesen ist auf den Sieg des Nichtwissens über das ursprüngliche Gewahrsein zurückzuführen. Mahamudra verhilft dem Gewahrsein zum Sieg über das Nichtwissen.«

MAITREYA – AUF EINEN BUDDHA DER ZUKUNFT HOFFEND

Vor zweitausendfünfhundert Jahren ging Buddha Shakyamuni ins endgültige Nirvana ein. Nach weiteren zweitausendfünfhundert Jahren soll, der Prophezeiung des Erleuchteten folgend, ein neuer Weisheitslehrer – Buddha Maitreya – erscheinen. Wir sind heute zeitlich von beiden gleich weit entfernt. Während uns, wie wir sehen, die Lehre des einen noch immer vielfältig erreicht und bewegt, richtet sich schon heute die Hoffnung vieler Menschen – vor allem in Asien – auf das Kommen des nächsten.

Idee und Verkündung dieses Buddhas der Zukunft liegen einem Orden – Arya Maitreya Mandala – zugrunde, der am 14. Oktober 1933 in Indien von Ernst Lothar Hoffmann aus Waldheim in Sachsen gegründet worden ist und sich über die ganze Welt ausgebreitet hat.

Hoffmann, der sich 1928 in Sri Lanka der deutschen Theravada-Mönchsgemeinde um Nyanatiloka angeschlossen hatte und dort als Brahmacari Govinda initiiert wurde, erwies sich nach wenigen Jahren als einer der besten Kenner des südlichen Buddhismus. Er wurde deshalb als Delegierter des damals unter britischer Herrschaft stehenden Ceylon 1931 zur All-Indischen Buddhistischen Konferenz nach Darjeeling in Nordostindien geschickt. Dort kam es zur Begegnung mit dem tibetischen Lama Ngawang Kalzang – bekannt als Tomo Geshe Rinpoche –, der Govinda in die Lehren des Mahayana und Vajrayana einweihte. Govindas schnelles und tiefes Eindringen in die Geheimnisse des nördlichen Buddhismus veranlaßten den über eine weltweite Verbreitung des Vajrayana nachdenkenden Rinpoche, den deutschen Mönch mit der Gründung eines buddhistischen Ordens zu beauftragen. So entstand Arya Maitreya Mandala, eine Gemeinschaft von Buddhisten, die im Geiste des Rinpoche und seines bedeutendsten Schülers, Govinda, die Lehre des Erleuchteten im Sinne des Vajrayana zu verstehen und zu leben sucht.

Durch eine Vierteljahresschrift, *Der Kreis,* halten der Orden und die ihm angeschlossene Laiengemeinde Verbindung zu allen deutschsprachigen Interessierten.

In seinem Werdegang verbindet der 1985 verstorbene Lama Govinda durch Lehre und Werk – er hat eine Anzahl bedeutender Bücher geschrieben – die drei Richtungen des Buddhismus: Hinayana, Mahayana und Vajrayana. Er zeigt das ihnen Gemeinsame deutlich auf und weist in diesem Sinne einen buddhistischen Weg in die Zukunft.

Das drückt sich schon im Namen des Ordens aus, der mit Buddha Maitreya die Richtung anzeigt, um die es Govinda in der Nachfolge seines tibetischen Gurus geht. Ist doch der Buddha Maitreya, der im Tusita-Himmel seiner letzten Wiedergeburt entgegenharrt, als einziger Bodhisattva schon von Buddha Shakyamuni genannt und als sein Nachfolger vorausgesagt worden.

Govinda vermittelt den »Buddhismus als lebendige Erfahrung«. Dies der Titel eines sehr wichtigen Kapitels in einem seiner frühen Bücher: *Grundlagen tibetischer Mystik.* Darin setzt Govinda schlüssig auseinander, weshalb die überlieferten Reden des Buddha nicht das ganze Erkennen und Wissen des Erleuchteten vermitteln.

Er schreibt dazu: »Selbst die vollkommenste Formulierung der Lehre durch den Buddha hätte seine Nachfolger nicht der Notwendigkeit neuer Formulierungen enthoben, denn selbst wenn seine Lehre vollkommen war, die Menschen, denen er sie verkündete, waren es nicht, und was sie auffassen und weitergeben konnten, war, wie alles Menschenwerk, unvollkommen.«

Diese Auffassung ist die Basis für Govindas Umgang mit der Lehre Buddhas. Damit setzt er sich ab von jeder Art von Dogmatismus. Er sagt darüber: »Diejenigen, die blind an Worte glauben, sowohl wie jene, denen historische Antiquität wichtiger ist als Wahrheit, sträuben sich begreiflicherweise gegen eine solche Erkenntnis, die ihre sauber abgegrenzte und für den Hausgebrauch fertig zugeschnittene Weltanschauung ihres Absolutismus und ihrer Eindeutigkeit beraubt. Sie glauben daher, daß spätere buddhistische Schulen über den Buddha hinausgegangen sind, während sie in Wahrheit nur hinausgingen über die begrenzten, zeitbedingten Begriffe der Zeitgenossen und Nachfolger des Buddha, die seine Lehre ein für allemal zu fixieren suchten.«

Es hat sich wohl kaum jemand ernsthafter und tiefer mit den geistigen Elementen des Buddhismus in all seinen Phasen auseinandergesetzt als Govinda. Die Quintessenz aus diesem lebenslangen Umgang mit der Lehre, ihren Wandlungen und ihren Konsequenzen steht in seinen nachgelassenen Schriften, die unter dem Titel *Lebendiger Buddhismus im Abendland* erschienen sind und als sein Vermächtnis gelten. Dort schreibt er in Fortsetzung seiner früheren Gedanken:

»Wir Buddhisten im Abendland müssen von den geschichtlichen Schulen des Ostens lernen, bis wir – ohne den wesentlichen Gehalt der Leere zu verändern – den uns gemäßen Ausdruck und Weg gefunden haben. Lehrkonzeptionen im Buddhismus haben immer nur die Bedeutung eines Fingers gehabt, der den Weg weist, und zwar einen Weg, der gegangen werden muß. Und so wie bisher jedes Land Wertvolles zur Entfaltung des Buddhismus beitrug, so müssen auch wir im Westen, wenn die Lehre des Erhabenen hier Wurzeln schlagen soll, zu einer weiteren Entfaltung unseren Beitrag liefern und ihn mit frischem Lebensblut durchdringen.«

Und weiter sagt er: »Wir zollen den in vergangenen Zeiten geschaffenen Formen unsere tiefe Ehrerbietung, und wir wissen, daß wir von ihnen lernen können. Aber wir würden unser eigenes Wachstum hemmen und den Buddhismus zum Tode verurteilen, würden wir den alten Formen verhaftet bleiben. Leben kennt keinen Stillstand, und was nicht wächst, muß sterben. Deshalb wollen wir von den Erfahrungen der Vergangenheit profitieren, ohne uns daran zu klammern, indem wir, von ihnen ausgehend, in die Zukunft bauen und das Essentielle aller Schulen des Buddhismus zu unserer Grundlage machen.«

Von da aus schaut Govinda auf Maitreya, den Buddha der Zukunft. Für ihn ist er eine Alternative, nicht zu Buddha Shakyamuni, dessen Geist er aufnehmen und weitertragen wird, wohl aber für die ins Samsara verflochtenen Menschen angesichts ihrer vielgestaltigen Beglücker, ob sie uns nun als Politiker, Wirtschaftler, Wissenschaftler, Kirchenleute oder selbsternannte Gurus und Heiler fragwürdigster Observanz entgegentreten.

Govinda war ein Gegner des Verkrusteten und des Falschen, ein echter Geistmensch auf dem Pfad des Erleuchteten. Er hatte begriffen, daß Buddhismus nicht, wie viele meinen, ein Ersatz für andere konventionelle Religionen ist. Er sah in ihm die Möglichkeit der Befreiung des menschlichen Geistes aus seiner Abhängigkeit, aus seiner heillosen Zerstreuung.

Für einen solchen, aus Selbstgefälligkeit und Dogmenzwang herausführenden Weg erschien ihm Maitreya als Verheißung, als Hoffnungsträger. In diesem Sinne formuliert er die Zielsetzung seines Ordens:

»So soll das Arya Maitreya Mandala keine Zufluchtsstätte für engstirnige Dogmatiker noch für müde Schöngeister werden, sondern soll der Gegenwart und Zukunft des Buddhismus dienen, die wir durch unsere allzeit wache, tätige gemeinsame Bemühung ständig neu erschaffen müssen. Denn wenn wir auch die großen Errungenschaften der Vergangenheit zu schätzen wissen, so glauben wir nicht, daß wir uns mit dem einst oder einmal Erreichten begnügen können: Wir müssen auf den Grundlagen der Vergangenheit weiterbauen, ohne uns in ständiger Wiederholung zu erschöpfen! So wie vergangene Generationen in unterschiedlichsten Kulturen dem Buddhismus ein immer neues Gesicht gegeben haben, ohne seine Grundlagen zu verändern, so müssen auch wir an dem Buddhismus unserer Zeit und Kultur arbeiten, um ihn dem Menschen unserer Zeit, der seiner bedarf, nahezubringen.«

Govinda ist den Weg von der ersten Begegnung mit Buddha und seiner seit zweitausendfünfhundert Jahren verbreiteten Lehre bis zur Begegnung mit dem neuen Verkünder des Maitreya – Tomo Geshe Rinpoche – nicht nur geistig, sondern auch als Pilger auf weiten Straßen Asiens zwischen Birma, Sri Lanka, Indien und Tibet gegangen – ein Suchender, der gefunden und seine Erkenntnis in seinen Schriften auf klare, eindringliche Art vermittelt hat.

Dabei ist ihm Maitreya wichtig als ein auch in Zukunft Erlösung verheißender Lehrer. In einer Welt der Verzweiflung und des Nihilismus, in der nur noch oberflächliche Vergnügungen und maßloser Konsum den Menschen kurzfristige Befriedigung zu schaffen vermögen, lehrt er uns den rechten Gebrauch unseres Geistes und die Durchschauung der so fragwürdigen Wirklichkeit, die ja nichts ist als das Ergebnis menschlichen Wirkens. Er zeigt, daß die Not und das Elend unserer Zeit, von den Menschen selbst erzeugt, doch eben darum kein Grund zur Verzweiflung sind.

So ist es ein Ausdruck von Hoffnung, wenn Govinda im Hinblick auf Maitreya schreibt: »Mit der Hinwendung zu Maitreya offenbart sich das immer stärker werdende Gegenwarts- und Zukunftsbewußtsein, das sich nicht mit einem Zurückblicken in die Vergangenheit begnügt, sondern die schöpferische Gegenwart als den wichtigsten, weil allein verwirklichungsfähigen und zukunftsformenden Zeitaspekt erkennt, in welchem das Vergangene – im gegenwärtigen Leben eingeschmolzen und zu neuem Leben erweckt – in neue Formen gegossen und verwandelt wird.«

Für Govinda ist Maitreya verpflichtendes Sinnbild der von ihm gelehrten Bodhisattvaschaft, die heute in wachsendem Maße zum Ziel vieler verantwortungsbewußter Menschen wird. Denn sie ist eine der entscheidenden Grundkonzeptionen gegen die Übel der Zeit, die offensichtlich von keinem etablierten Religionsvertreter erfolgreich angegangen werden können, da sich die Religionen mehr und mehr mit dem Geist der Zeit gemein machen.

Eine Ausnahme bildet der Dalai Lama. Er erscheint heute vielen als ein Bindeglied zum erwarteten Maitreya. Doch nur, wenn immer mehr Erkennende seinem beispielhaft wirkenden Weg folgen, kann das zum Wohl der Menschheit führen. Da ist der Entschluß zur Bodhisattvaschaft ein wichtiger Schritt, dessen Anforderungen allerdings gerade in unserer Zeit nicht unterschätzt werden dürfen. Govinda sagt das sehr deutlich:

»Wer heute den Weg der Bodhisattvaschaft gehen will, muß in der Nachfolge des Vorbildes des Buddha lernen, seinen Geist in der Übung ständiger Vergegenwärtigung offenzuhalten. Er muß sich schulen, durch Studium, durch sittliches Verhalten aus Eigenverantwortung, durch kultische Verehrung und Ritual und durch Meditation jede Einseitigkeit zu vermeiden und die innere Einswerdung und Verwandlung anzustreben, um auf diesem Wege eine Weltschau zu gewinnen, die weit genug ist, um die Gesamtheit menschlichen Wissens zunehmend zu umfassen. Er wird auf diesem Wege geistiger Vertiefung zum Wesen aller Erscheinungen vordringen, und seine Lebensführung wird ihn befähigen, jede Tätigkeit des Körpers und des Geistes als eine Hilfe auf dem Pfade zur Erleuchtung zu nutzen.«

Das klingt schwierig und ist wahrscheinlich für viele Gegenwartsmenschen in einzelnen Teilen unannehmbar. Dabei sollte man sich allerdings noch einmal der Buddha-Worte erinnern, nach denen jeder Schritt auf dem von ihm gewiesenen Weg Heil bringen kann. Kommt doch gerade der moderne Mensch, zu dessen Maximen Eifer und Tempo, Anstrengung und Höchstleistung gehören, aus der heillosen Hast, aus Terminnot und Streß kaum noch heraus. Da kann schon der Versuch des Innehaltens und Nachdenkens hilfreich sein. Nur einen Schritt abseits der breiten Einbahnstraße zum vermeintlichen Erfolg und zum erhofften, wenn auch kaum wirklich zu erreichenden Glück, kann der Blick frei werden auf die fragwürdige Wirklichkeit dessen, was wir erfülltes Leben nennen und was sich doch nur als ein Mitwirken am Elend der Gegenwart enthüllt. So sieht es Govinda. Und von daher rät er zum Bemühen, Samsara zu überwinden, in uns und um uns. Er fordert auf zu einem geistigen Experiment, das bei rechtem Einsatz zur Selbsterkenntnis und dadurch zur Selbstbefreiung – zur Auflösung der Ich-Verhaftung – führen kann.

Für Govinda ist das jedoch nicht der Weg des einzelnen. Es ist der Weg, den wir gemeinsam in Metta – der Liebe und Güte zu allen Lebewesen – gehen sollten. Dabei beruft er sich auf den Erleuchteten, der in der Aphorismensammlung *Itivuttaka* zum Thema mitmenschlicher Liebe sagt:

»Ein Mensch, der sich in Liebe übt,
in unbegrenzter, klarbewußt,
dem werden bald die Fesseln dünn,
der Haftung Schwinden spürt er gut.

Und liebt er so ein Wesen nur,
so rein von Bösem, bringt's schon Heil.
Doch wer voll Mitleid alle meint,
schafft unermeßlichen Gewinn.«

In diesem Sinne versteht Govinda Metta, jenes Gefühl unbegrenzter Hinwendung und Güte, durch dessen Verbreitung mehr und mehr Heil in unsere von Haß, Neid und Mißgunst erfüllte Menschenwelt kommen könnte, so wir es nur begriffen und wollten.

BUDDHIST SEIN IN UNSERER ZEIT

Der heutige Buddhismus drückt sich, wie wir gesehen haben, sowohl in Asien wie auch in Europa und Amerika in einer Fülle von Lehr- und Erscheinungsformen aus, die trotzdem eines gemeinsam haben: den Bezug auf Buddha und seine in den Reden überlieferte Lehre. Sie ist die Basis aller buddhistischen Bewegungen und Gemeinschaften. Das schwer zu erreichende Ziel – die Erleuchtung – ist ihnen gemeinsam. In den Wegen, die sie dahin wählen, unterscheiden sie sich. Das zeigt sich nicht nur in ihren Schriften mit der Auslegung der Lehre, sondern mehr noch in der Denkweise, den Zusammenkünften und den Praktiken ihrer Mitglieder. Auch zwischen denen, die als Künder und Gurus um die Verbreitung und Vertiefung der Lehre bemüht sind, erkennt man große Unterschiede in der Hinwendung und Intensität ihres Wirkens.

Mit Paul Debes, Kalu Rinpoche und Lama Govinda haben wir drei Große der Dharma-Verkündigung in unserer Zeit vorgestellt, von denen nur noch Paul Debes hochbetagt unter uns weilt. Viele ihrer Schüler sind von ihrem Geist beseelt und dürfen als vertrauenswürdige Lehrer gelten.

Aber es gibt, wie wir gesehen haben, heute auch so manchen, der die Verbreitung der Lehre als ein Geschäft betreibt. Vor denen muß man sich hüten. Wie wichtig sorgfältige Prüfung bei der Wahl eines Dharma-Lehrers ist, erkennt man am ersten der Wurzelübel, von denen Kalu Rinpoche spricht. Denn Vertrauen und volle Hinwendung sind das Wichtigste, wenn man erst einmal seinen Guru gefunden hat.

»Besser den Weg allein versuchen, als sich leichtfertig in falsche Abhängigkeit begeben«, das war der Rat, mit dem mein

Lama-Freund aus Ladakh vor vielen Jahren von mir Abschied nahm.

In der Tat steht der Suchende hier vor dem größten Problem. Es ist nicht nur eine Gewissens-, es ist eine Lebensfrage. Und jeder kann sie nur für sich allein lösen.

Auf alle Fälle sollte die Entscheidung für einen geistigen Lehrer nicht am Anfang stehen. Nur wer sich durch langes Studium der Lehrreden Buddhas und des reichen buddhistischen Schrifttums sowie durch Gespräche mit anderen Suchenden dem Buddhismus wirklich genähert und sich ein Bild gemacht hat von der Wirkung und Verbreitung des Dharma in unserer Zeit, sollte Ausschau nach einem geeigneten Helfer halten, der vielleicht zunächst nur ein tief in die Lehre eingedrungener Laie sein kann und noch kein Guru sein muß.

Oft habe ich unter interessierten Fragenden den Eindruck der Eile, der Hast gewonnen, mit denen sie in die Geheimnisse des Buddhismus einzudringen versuchen. Meist wählen sie dann auch noch am Anfang den schwierigsten Zugang, wie ihn etwa Kalu Rinpoche zeigt. Und das sehr oft, ohne von den einfachsten Grundformen buddhistischen Denkens hinreichend Kenntnis genommen zu haben.

Wenn jemand die Bibel oder den Koran liest und sie nicht versteht, so schadet das dem Leser nicht. Wenn sich aber einer, von unverstandenen buddhistischen Vorstellungen beherrscht, ohne genügende Kenntnisse den falschen Praktiken hingibt, kann ihm das unabsehbaren geistigen und seelischen Schaden bringen. Deshalb empfehle ich eine lange Zeit der eingehenden, wiederholten Lektüre vor dem Eintritt ins Praktizieren, besonders der höheren, von Kalu Rinpoche gezeigten Stufen. Den Zugang findet man dann zuweilen überraschend, ohne betonte Absicht und großen Willensaufwand, einfach, weil man inzwischen reif genug ist.

Wichtig ist es für jeden, der sich der buddhistischen Lehre ernsthaft zuwendet, von Anfang an zwischen Buddhas Lehren für Mönche, der sich daraus ergebenden Ordensregeln und seinen Reden für Laienanhänger genau zu unterscheiden, um nicht mit zu hohen Anforderungen an sich selbst zu beginnen. Denn für den

Mönch besteht gegenüber dem Laienanhänger ein ganz erheblicher Zuwachs an Pflichten. Auch die Orts- und Zeitdifferenz zwischen Buddhas Indien und unserer Welt der technischen Zivilisation sind zu bedenken, wenn man sich mit Buddhas Reden auseinandersetzt, obgleich, wie wir gesehen haben, die menschliche Grundbefindlichkeit zu allen Zeiten große Ähnlichkeit aufweist.

Samsara ist überall und die Verstrickung des Menschen in sein Wirksal auch. Allerdings ist die Befreiung daraus, folgt man den Quellen, heute ungleich schwieriger als zu Buddhas Zeiten.

Trotzdem kann eine aufmerksam und bedacht gelesene Rede des Buddha uns oft tiefer in die Lehre eindringen lassen als die Vorträge und Diskussionen eines ganzen Seminars. Auch können und sollen wir das Verständnis und die Wandlung in uns nicht erzwingen. Oft kommen sie, wenn wir sie am wenigsten erwarten. Dabei kann schon ein Nachdenken über die Grundlehre des Erleuchteten so hilfreich sein, daß wir an uns plötzlich Veränderungen zum Positiven feststellen.

Meist sind die kleinen Schritte mehr wert und in ihrer Wirkung bedeutsamer als krampfhaftes Bemühen um das große Erwachen, das sich viele an schnelle Erfolge gewöhnte Jetztmenschen nur vormachen.

Auf keinen Fall kann der Weg zur Erleuchtung als Marathon bewältigt werden. Auch ist es keine Sache des Nebenbei; sie fordert den Menschen ganz, wenn man auch deshalb Umwelt und Alltag nicht vernachlässigen sollte.

Im Gegenteil! Es ist wichtig, daß man seinen alltäglichen Pflichten nachkommt und seiner Umwelt nicht mit dem Hochmut des Abgesonderten, sondern vielmehr mit Zuwendung und Freundlichkeit begegnet. Wie überhaupt erstes Gebot für den buddhistisch Gesinnten Menschlichkeit, warmherziger Umgang mit anderen sein sollte, so wie es Buddha in seinen Worten über die Liebe ausgedrückt hat.

Wenn ein Suchender aber in sich und für sich eine Basis des rechten Verhaltens geschaffen hat und sie auch im Umgang mit anderen erfolgreich zu praktizieren bestrebt ist, mag er sich, so der Wunsch danach ihn nicht mehr losläßt, nach einem Guru umsehen. Er ist dann zum Cela – zum geeigneten Schüler – gereift.

Was eine solche Entscheidung und der nach der rechten Begegnung gefaßte Entschluß allerdings bedeutet, hat niemand klarer ausgesprochen als Lama Govinda. In *Lebendiger Buddhismus im Abendland* schreibt er dazu:

»Die Beziehung zwischen Guru und Cela gleicht einer intakten Vater-Sohn- beziehungsweise Vater-Tochter-Beziehung oder – da es auch weibliche Gurus in der Tradition des Vajrayana gibt – dem entsprechenden Verhältnis zwischen Mutter und Sohn beziehungsweise Mutter und Tochter. Grundlage einer solchen Guru-Cela-Beziehung ist immer eine sich auf geistige Wahlverwandtschaft gründende innere Begegnung zweier Menschen, die weit über alle Familienbande hinausgeht und ein ganzes Leben andauert. Sie ist weder ›annullierbar‹ noch ›aufkündbar‹, da es sich nicht um ein ›Lehrverhältnis‹ oder einen ›Ausbildungsvertrag‹ handelt, sondern um eine innere Verbindung, die – unabhängig von einem Willensentschluß – ebensowenig lösbar ist wie die Blutsverwandtschaft zwischen Vater und Sohn, selbst wenn der Sohn schon lange eigene Wege geht.«

Das alles muß man genau bedenken, bevor man diese Entscheidung erwägt und schließlich vollzieht. Nur wer sich ganz der Lehre hinzugeben gewillt ist, wer das Mönchsein anstrebt, sollte sie treffen.

Doch auch hier gilt, daß ein wohlbedachter, aus klarer Einsicht und in einem von Herzen kommendem Wollen getaner erster Schritt mehr bedeutet als der Versuch, den Pfad Buddhas im Eiltempo zurückzulegen. Nirvana ist nicht das Ziel eines Wettlaufs. Und wer es so angeht, verfehlt es gewiß.

Zwei Gesichtspunkte sollte, wer der Lehre Buddhas als einer Heilslehre für die Menschheit zustimmt, im Auge haben: die eigene Befreiung aus den Banden des Samsara, aber auch die mögliche Besserung der Weltbefindlichkeit, die Wegweisung für alle, die den Lebensrhythmus unserer schnellebigen Zeit nicht mehr ertragen und die denaturierten Lebensformen nicht mehr akzeptieren wollen. Je mehr Menschen dafür eintreten, um so größer wird nach buddhistischer Auffassung die Chance für eine Verbesserung der Gesamtsituation aller Lebewesen auf unserem Erdball.

Diese Idee vertritt auch der Dalai Lama, wenn er in solchem Sinne seine Kalachakra-Initiationen durchführt. Im gleichen Geist hat Kalu Rinpoche sein Buch *Den Pfad des Buddha gehen* abgeschlossen, wo es heißt:

»Die Ausbreitung des Buddhismus gibt sehr viel Grund zur Hoffnung, denn je mehr Menschen sich auf den Dharma einlassen – vielmehr: je mehr Menschen in ihrem Verhalten in Übereinstimmung mit dem Dharma sind –, desto besser wird die Gesamtlage. Der Buddha hat häufig gesagt, daß die Erfahrung der gesamten Menschheit dem Verhalten der gesamten Menschheit entspricht. Wenn sich eine Mehrheit unheilsamem, schädlichem und bösem Handeln hingibt, wird die Lage sich rapide verschlechtern; wenn eine Mehrheit sich der spirituellen Praxis widmet oder wenigstens in einer Weise handelt, die nicht im Widerspruch zur spirituellen Praxis steht, so wird die allgemeine Lage besser werden. Das individuelle Handeln der Menschen führt zu einem Gesamtresultat, und dieses bestimmt, ob die kollektive Erfahrung der Wesen im Menschenbereich sich zum Besseren oder zum Schlechteren wendet.«

LITERATURVERZEICHNIS

LITERATUR ZU BUDDHAS LEBEN, LEHRE UND WIRKUNG

Buddha und seine Lehre sind für Europa trotz einiger früherer Berichte eine Entdeckung des 19. Jahrhunderts. In Deutschland finden wir eine erste Bibliographie zum Buddhismus bei Arthur Schopenhauer (»Über den Willen in der Natur«, 1835. In: Großherzog Wilhelm Ernst Ausgabe Band III, Seite 332 ff.). In der Mitte des Jahrhunderts – 1857 – erschien der umfassende Versuch einer Gesamtdarstellung, »Die Religion des Buddha und ihre Entstehung«, von Carl Friedrich Koeppen, 1859 ergänzt durch den Band »Die Lamaische Hierarchie und Kirche«, in dem Koeppen den tibetischen und mongolischen Buddhismus behandelt. Es folgte 1881 ein Werk, das bis heute seine Gültigkeit bewahrt hat: »Buddha. Sein Leben – seine Lehre – seine Gemeinde« von Hermann Oldenberg, der sich auch um die Herausgabe sowie Übersetzung von Reden des Buddha ins Deutsche und Englische verdient gemacht hat.

ÜBERSETZUNGEN DER LEHRREDEN BUDDHAS

Die Reden des Buddha, in denen uns seine Lehre überliefert ist, hat der Erleuchtete in Magadha, einer nicht schriftlich fixierten nordindischen Sprache, gehalten. Sie wurden von den Mönchen mündlich über Jahrhunderte weitergegeben, bis sie in Sanskrit und Pali niedergeschrieben und schon bald danach ins Tibetische und Chinesische übersetzt wurden. Während die Sanskrit-Version nur in Bruchstücken überliefert und zum geringsten Teil in europäische Sprachen übersetzt worden ist, stellt der Pali-Kanon ein umfassendes Konvolut früher buddhistischer Texte dar. Dessen Zentrum bilden die Lehrreden des Buddha, von denen die Mehrzahl in deutschen Übersetzungen vorliegt.

Der überlieferte Pali-Kanon umfaßt drei Teile – Tipitaka –, die als Gruppen, wörtlich »Körbe«, bezeichnet werden. Es sind der Korb der Ordenszucht (Vinaya-pitaka), der Korb der Lehrreden (Sutta-pitaka) und der Korb der Scholastik (Abhidhamma-pitaka). Während es vom Korb der Ordenszucht nur eine fünfbändige Übersetzung ins Englische gibt und der Korb der Scholastik weitgehend unübersetzt ist, gibt es vom Korb der Lehrreden und einzelnen seiner Teile mehrere Übersetzungen. Diese sind bis auf wenige Ausnahmen vor 1930 erschienen.

Die umfassendste Ausgabe stammt

von Karl Eugen Neumann. In drei Bänden vereinigt sie die längere Sammlung (Digha-nikaya), die 34 lange Lehrreden aus der Tradition des Jüngers Ananda umfaßt, die mittlere Sammlung (Majjhima-nikaya) mit 152 mittellangen Lehrreden sowie Bruchstücken (Sutta nipato), die Lieder der Mönche und Nonnen (Theragata) und die 423 Verse des Wahrheitspfads (Dhammapadam). Letzterer ist die am häufigsten übersetzte Sammlung des Pali-Kanon. Die älteste von Albrecht Weber erschien bereits 1860; die Erstauflage der Neumann-Übertragung kam 1893 heraus. Unter dem Titel »Dhamma Worte« erschien 1923 eine Übersetzung R. Otto Frankes.

Die Systematische Sammlung (Samyutta-nikaya) enthält 7762 kurze Lehrreden in thematischer Gliederung. Es gibt eine vollständige englische Übersetzung von Rhys Davids und F. L. Woodwards. Die deutsche Übersetzung stammt von Wilhelm Geiger (Band 1 und 2), von Nyanaponika und Hellmuth Hecker, der die Übertragung des Werkes mit den Abschnitten 35–56 1993 abgeschlossen hat. Die Ausgabe ist in Kommission beim Octopus Verlag, Wien, erschienen.

Die sogenannte Angereihte Sammlung (Anguttara-nikaya) liegt in fünf Bänden in der Übersetzung von Nyanatiloka vor.

Von den Wiedergeburtsgeschichten (Jatakam) gibt es eine siebenbändige deutsche Ausgabe von Julius Dutoit. Teile davon finden sich in den von Else Lüders übersetzten »Buddhistischen Märchen aus dem alten Indien« und in den »Buddhistischen Märchen«, die Johannes Mehlig übertragen hat.

Aus der Kürzeren Sammlung (Khuddaka-nikaya), der auch der Wahrheitspfad angehört, hat Karl Seidenstücker 1910 die kurzen Texte (Khuddaka-patho) und das Buch der feierlichen Worte des Erhabenen (Udana) sowie die Aphorismen (Itivuttaka) übersetzt. Von den Bruchstücken (Sutta-nipata), die Karl Eugen Neumann seiner großen Ausgabe im dritten Band angegliedert hat, gibt es auch einen Einzelband in der Übertragung von Nyanaponika.

Das einzige Werk aus dem Korb der Scholastik, das auf Deutsch vorliegt, das Buch der Charaktere (Puggala Pannatti), wurde 1920 von Nyanatiloka übertragen.

WICHTIGE EINZELTEXTE UND TEXTAUSWAHLEN ZUM PALI-KANON

Dahlke, Paul: Buddha. Auswahl aus dem Palikanon. Berlin 1920/München 1960.

Dutoit, Julius: Das Leben des Buddha. Zusammenstellung alter Berichte aus den kanonischen Schriften des südlichen Buddhismus. Aus dem Pali übersetzt und erläutert. Leipzig 1906.

Glasenapp, Helmuth von: Buddha. Gedanken. Auswahl. Übersetzung und Erläuterung. Berlin 1942.

Glasenapp, Helmuth von: Der Pfad zur Erleuchtung. Grundtexte der buddhistischen Heilslehre. Düsseldorf 1956.

Gunser, Ilse-Lore: Reden des Buddha (Tripitaka). Stuttgart 1957.

Hecker, Hellmuth: Reden Gotama Buddhas aus der Mittleren Sammlung. Ausgewählt und erläutert. Übertragen von Karl Eugen Neumann. München 1987.

Kraus, Wolfgang: Buddha. Worte der Vollendung. Eine Auswahl aus dem Gesamtwerk. Wien, Stuttgart 1952.

Mylius, Klaus: Gautama Buddha. Die vier edlen Wahrheiten. Texte des ursprünglichen Buddhismus. München 1985.
Neumann, Karl Eugen: Buddhistische Anthologie. Texte aus dem Pali-Kanon. Leiden 1892.
Neumann, Karl Eugen: Die letzten Tage Gotamo Buddhas. München 1911.
Neumann, Karl Eugen: Also sprach der Erhabene. Aus den Reden Gotama Buddhas. Zürich 1962.
Nyanaponika: Satipattana. Der Heilsweg buddhistischer Geistesschulung. Text und Kommentar. Konstanz 1950.
Nyanaponika: Der einzige Weg. Buddhistische Texte zur Geistesschulung in rechter Achtsamkeit. Konstanz 1956.
Nyanaponika: Die Wurzeln von Gut und Böse. Buddhistische Texte. Konstanz 1981.
Nyanatiloka: Das Wort des Buddha. Eine systematische Übersicht der Lehre Buddhas in seinen eigenen Worten. Konstanz 1953.
Nyanatiloka: Der Weg zur Erlösung. In den Worten der buddhistischen Urschriften. Konstanz 1956.
Oldenberg, Hermann: Reden des Buddha. Lehre, Verse, Erzählungen. München 1922.
Schmidt, Kurt: Die Erlösung vom Leiden. Ausgewählte Reden des Buddha. München 1921.
Schmidt, Kurt: Worte des Erwachten. Vom Leben Buddhas und vom achtfachen Pfad. München 1951.
Schmidt, Kurt: Sprüche und Lieder. Auszüge aus Dhammapadam, Udana, Sutlanipatto, Theragata. Konstanz 1954.
Schmidt, Kurt: Buddhas Reden. Berlin 1978.
Seidenstücker, Karl: Pali-Buddhismus in Übersetzungen. Breslau 1911.
Waldschmidt, Ernst: Die Legende vom Leben des Buddha. In Auszügen aus den heiligen Texten. Graz 1982.
Winternitz, Max: Der ältere Buddhismus nach Texten des Tipitaka. Tübingen 1929.

SEKUNDÄRLITERATUR

Bibliographien, Enzyklopädien und Handbücher

Conze, Edward: Buddhist Scriptures. A Bibliography. New York 1982.
Grönbold, Günter: Der buddhistische Kanon. Eine Bibliographie. Wiesbaden 1984.
Hanayama, Sh.: Bibliography on Buddhism. (Verzeichnet 15073 Titel.) Tokyo 1961.
Hecker, Hellmuth: Der Pali-Kanon. Ein Wegweiser durch Aufbau und deutsche Übersetzungen der heiligen Schriften des Buddhismus. Hamburg 1965.
Malalasekera, G. P.: Encyclopaedia of Buddhism (bisher drei Bände: A bis Bo). Colombo 1961 ff.
Nyanatiloka: Buddhistisches Wörterbuch. Kurzgefaßtes Handbuch der buddhistischen Lehrer und Begriffe. Konstanz 1976.
Pfandt, P.: Mahayana Texts translated into Western Languages. A Biographical Guide. Köln 1986.
Schmidt, Kurt: Pali. Buddhas Sprache. (Anfänger-Lehrgang zum Selbstunterricht.) Konstanz 1951.

Biographien, alte Darstellungen

Abhiniskramana-Sutra (Nur in chinesischer Übersetzung erhalten. Die deutsche Übersetzung

aus dem Englischen nach Sir Edwin Arnold.)
1. Die Leuchte Asiens oder die große Entsagung. Übersetzt von A. Pfungst. Leipzig 1887.
2. Die Leuchte Asiens. Erzählung eines indischen Buddhisten. Übersetzt von K. Wernicke. Leipzig 1892.
3. Das Kleinod im Lotos. Frei übersetzt von A. Schaeffer. Leipzig 1923.

Asvagosa
Buddhacarita. Das Leben des Buddha.
1. Buddhas Leben. Ein altindisches Heldengedicht des 1. Jh. n. Chr. Aus dem Sanskrit übersetzt von R. Schmidt. Hannover 1923.
2. Buddhas Wandel. Frei übertragen von Carl Cappeller. Jena 1922.
3. Buddhas Leben und Wirken. A. d. Chinesischen von Th. Schulze. Leipzig 1895.
4. Das Leben des Buddha. Tibetisch und Deutsch von Friedrich Weller. 2 Bände. Leipzig 1926/1928.

Lalita-vistara
Teilübersetzung, 5 von 27 Kapiteln, von S. Lefmann. Berlin 1874.

Mahavastu
Übersetzung ins Deutsche von Sindo Siraisi. Kofu (Japan) 1951/1957.

Nidana-katha
Übersetzung aus dem Pali von Julius Dutoit in Band 7 der »Jatakam«. Leipzig 1921.

Moderne Darstellungen in deutscher Sprache

Beckh, Hermann: Buddha und seine Lehre. Stuttgart 1958.

Hecker, Hellmuth: Das Leben des Buddha. Hamburg 1973.

Ikeda, Daisaku: Der Buddha lebt. Eine interpretierende Biographie. München 1985.

Klimkeit, Hans-Joachim: Der Buddha. Leben und Lehre. Stuttgart 1990.

Lehmann, Johannes: Buddha – Leben, Lehre, Wirkung. München 1980.

Mitchell, Robert A.: Buddha. Prinz, Asket, Erleuchteter. München 1992.

Nandou, Jean: Buddha. Illustriert. Köln o. J.

Oldenberg, Hermann: Buddha. Sein Leben – Seine Lehre – Seine Gemeinde. 13. Aufl. Stuttgart 1959.

Percheron, M.: Das wunderbare Leben des Gautama Buddha. Stuttgart 1957.

Percheron, M.: Buddha in Selbstzeugnissen und Bilddokumenten. Reinbek bei Hamburg 1972.

Schumann, Hans Wolfgang: Der historische Buddha. Köln 1982.

Schumann, Hans Wolfgang: Auf den Spuren des Buddha Gotama. Illustriert. Olten, Freiburg im Breisgau 1992.

Walther, Fr.: Buddha. Ein Lebensbild in Legenden. Berlin 1932.

Zotz, Volker: Buddha. Hamburg 1991.

Die Lehre

Bareau, André: Der indische Buddhismus. Stuttgart 1962. (Die Religionen der Menschheit, Bd. 13.)

Birnbaum, Raoul: Der heilende Buddha. Heilung und Selbstheilung im Buddhismus. Bern 1982.

Butzenberger, Klaus: Identität, Kausalität und Konditionalismus als Grundprobleme der indischen Philosophie. Mit umfangreicher Bibliographie zu den Anfängen des Buddhismus. (Als Manuskript gedruckt.) Berlin 1993.

Conze, Edward: Der Buddhismus. Wesen und Entwicklung. Stuttgart 1953. 9. Aufl. 1990.

Conze, Edward: Buddhistisches Den-

ken – Drei Phasen buddhistischer Philosophie in Indien. Frankfurt am Main 1988.
Frauwallner, Erich: Die Philosophie des Buddhismus. Berlin 1969.
Gard, Richard A.: Der Buddhismus. Genf 1972.
Glasenapp, Helmuth von: Brahma und Buddha. Die Religionen Indiens in ihrer geschichtlichen Entwicklung. Berlin 1926.
Glasenapp, Helmuth von: Der Buddhismus in Indien und im fernen Osten. Berlin 1936.
Glasenapp, Helmuth von: Die Weisheit des Buddha. Baden-Baden 1946.
Glasenapp, Helmuth von: Der Buddhismus – eine atheistische Religion. München 1966.
Govinda, Lama Anagarika: Die psychologische Haltung der frühbuddhistischen Philosophie. Zürich 1962.
Hecker, Hellmuth: Das buddhistische Nirvana. Hamburg 1971.
Heiler, Friedrich: Die buddhistische Versenkung. München 1918.
Ikeda, Daisaku: Buddhismus. Das erste Jahrtausend. München 1986.
Krauskopf, Georg: Die Heilslehre des Buddha. Konstanz 1954.
Ladner, Max: Wirklichkeit und Erlösung. Eine Welt- und Inschau im Geiste des Buddha. Konstanz 1952.
Nyanaponika: Kommentar zur Lehrrede von den Grundlagen der Achtsamkeit. Konstanz 1973.
Nyanaponika: Geistestraining durch Achtsamkeit. Die buddhistische Satipatthana-Methode. Konstanz 1975.
Oldenberg, Hermann: Die Lehre der Upanishaden und die Anfänge des Buddhismus. Göttingen 1923.
Salé, Marino O.: Buddhismus. Lehre und Geschichte. Olten, Freiburg im Breisgau 1962.
Bhikshu Sangharakshita: Die Drei Kleinode. Eine Einführung in den Buddhismus. München 1971.
Schlingloff, Dieter: Die Religion des Buddhismus. 2 Bände. Berlin 1962/1963.
Schmidt, Karl: Buddhas Lehre. Konstanz 1946.
Schumann, Hans Wolfgang: Buddhismus. Stifter, Schulen und Systeme. Olten, Freiburg im Breisgau 1976.
Walleser, Max: Die philosophische Grundlage des älteren Buddhismus. Heidelberg 1904.
Walleser, Max: Die Sekten des alten Buddhismus. Heidelberg 1927.
Winternitz, Max: Der ältere Buddhismus. Nach Texten des Tipitaka. Tübingen 1929.

SCHRIFTEN ZUM MAHAYANA- UND VAJRAYANA-BUDDHISMUS

Auswahl übersetzter alter Texte

Borsig, Margareta von: Lotos Sutra. Sutra von der Lotosblume des wunderbaren Gesetzes nach dem chinesischen Text von Kumarajiva ins Deutsche übersetzt. Gerlingen 1992.
Buddhaghosa (Übers. Nyanatiloka): Visuddhi Magga. Der Weg zur Reinheit. Konstanz 1975.
Dahlke, Paul: Das Buch Pubbenivasa. Vier buddhistische Wiedergeburtsgeschichten. Berlin 1927.
Gampopa: Juwelenschmuck der geistigen Befreiung. Das Buch des tibetischen Buddhismus. Übersetzt von Herbert Guenther. München 1989.
Gäng, Peter: Das Tantra des Grausig-Groß-Schrecklichen. Berlin 1981.
Gäng, Peter: Das Tantra der verborgenen Vereinigung. Guhyasamaja-Tantra. Übersetzung aus dem Sanskrit. München 1988.

Lingwood, Dennis: Das Buddha-Wort. Das Schatzhaus der »heiligen Schriften« des Buddhismus. Eine Einführung in die kanonische Literatur. Bern 1992.
Mehlig, Johannes: Weisheit des alten Indien. Band 2: Buddhistische Texte. München 1987.
Mensching, Gustav: Buddhistische Geisteswelt. Vom historischen Buddha zum Lamaismus. Ausgewählte Texte. Baden-Baden o. J.
Muralt, Raoul von: Meditations-Sutras des Mahayana-Buddhismus. 2 Bde. Obernhain 1973.
Nagarjuna: Madhyamika-sastra. Die mittlere Lehre. Aus dem Tibetischen von Max Walleser. Heidelberg 1910.
Prajnaparamita: Die Vollkommenheit der Erkenntnis. (Nach indischen und chinesischen Quellen von Max Walleser.) Göttingen 1914.
Suvarnaprabhasa: Das Goldglanz-Sutra. Aus dem Uigurischen übersetzt von W. Radloff. Bibliotheca Buddhica, Band XXVII, 1930. Neudruck Osnabrück 1970.
Tharanatha: Edelsteinmine. Das Buch von den Vermittlern der Sieben Inspirationen. Aus dem Tibetischen von Albert Grünwedel. Bibliotheca Buddhica, Band XXVIII, 1914. Neudruck Osnabrück 1970.

Neues Schrifttum

Amipa, Lama Sherat Gyaltsen: Geistesschulung im tibetischen Buddhismus. Interlaken 1986.
Blofeld, John: Der Weg zur Macht. Praktischer Führer zur tantrischen Mystik Tibets. Weilheim/Obb. 1970.
Blofeld, John: Die Macht des heiligen Lautes. Die geheime Tradition des Mantra. Bern 1978.
Dalai Lama: Das Auge der Weisheit. Grundzüge der buddhistischen Lehre für den westlichen Leser. Bern 1975.
Dalai Lama: Yoga des Geistes. Hamburg 1989.
Dalai Lama: Das Buch der Freiheit. Die Autobiographie des Friedensnobelpreisträgers. Bergisch Gladbach 1990.
Dalai Lama: Einführung in den Buddhismus. Die Harvard Vorlesungen. Freiburg im Breisgau 1993.
Dalai Lama: Im Einklang mit der Welt. Der Friedensnobelpreisträger im Gespräch. Bergisch Gladbach 1993.
Dowman, Keith: Die Meister der Mahamudra. Leben, Legenden und Lieder der vierundachtzig Erleuchteten. München 1991.
Evans-Wentz, W. Y.: Yoga und Geheimlehren Tibets. München-Planegg 1937.
Evans-Wentz, W. Y. (Hg.): Das tibetanische Totenbuch. Zürich 1953.
Glasenapp, Helmuth von: Buddhistische Mysterien. Die geheimen Lehren des Diamant-Fahrzeugs. Stuttgart 1940.
Govinda, Lama Anagarika: Grundlagen tibetischer Mystik. Zürich 1966.
Guenther, Herbert V.: Tantra als Lebensanschauung. Bern 1974.
Guenther, Herbert V./Tschögyam Trungpa: Tantra im Licht der Wirklichkeit. Freiburg im Breisgau 1976.
Hinze, Oscar Marcel: Tantra Vidya. Wissenschaft des Tantra. Zürich 1976.
Hopkins, Jeffrey (Hg.): Tantra in Tibet. Düsseldorf 1980.
Hopkins, Jeffrey/Geshe Lhündub-Söpa: Der tibetische Buddhismus. Düsseldorf 1977.
Hopkins, Jeffrey/Khetsün Sangpo Rinpoche: Die Praxis des Tantra. München 1988.

Kirfel, Willibald: Symbolik des Buddhismus. Stuttgart 1959.
Kongtrul, Jamgon: Das Licht der Gewißheit. Freiburg im Breisgau 1979.
Schumann, Hans Wolfgang: Mahayana-Buddhismus. Die zweite Drehung des Dharma-Rades. München 1990.
Trungpa, Lama Tschögyam: Spiritueller Materialismus. Vom wahren geistigen Weg. Freiburg im Breisgau 1975.
Trungpa, Lama Tschögyam: Das Märchen von der Freiheit und der Weg der Meditation. Freiburg im Breisgau 1976.
Winternitz, Max: Der Mahayana-Buddhismus nach Sanskrit- und Prakrittexten. Tübingen 1930.

DAS BILD IM BUDDHISMUS

Auboyer, Jeannine: Buddha. Der Weg der Erleuchtung. Mit 129 Farbbildern von Jean-Louis Nou. Freiburg im Breisgau 1982.
Bachhofer, Ludwig: Die frühindische Plastik. 2 Bände. Leipzig 1929.
Cohn, William: Buddha in der Kunst des Ostens. Leipzig 1925.
Essen, Gerd-Wolfgang/Tsering Tashi Thingo: Die Götter des Himalaya. Buddhistische Kunst Tibets. München 1989.
Essen, Gerd-Wolfgang/Tsering Tashi Thingo: Padmasambhava. Leben und Wundertaten des großen tantrischen Meisters im Spiegel der tibetischen Bildkunst. Köln 1991.
Franz, Heinrich Gerhard: Buddhistische Kunst Indiens. Leipzig 1965.
Grünwedel, Albert: Buddhistische Kunst in Indien. Berlin 1900.
Grünwedel, Albert: Mythologie des Buddhismus in Tibet und der Mongolei. Neudruck Osnabrück 1970.
Härtel, Herbert: Indische und zentralasiatische Wandmalerei. Berlin 1959.
Härtel, Herbert: Indische Skulpturen. Teil I. Werke der frühindischen, klassischen und frühmittelalterlichen Zeit. Berlin 1960.
Olschak, Blanche Christine: Mystik und Kunst Alttibets. Bern, Stuttgart 1972.
Plaeschke, Herbert: Buddhistische Kunst. Das Erbe Indiens. Leipzig 1972.
Schroeder, Ulrich von: Indo-tibetan Bronzes. Hongkong 1981.
Schroeder, Ulrich von: Buddhist Sculptures of Sri Lanka. Hongkong 1990.
Schumann, Hans Wolfgang: Buddhistische Bilderwelt. Ein ikonographisches Handbuch des Mahayana- und Tantrayana-Buddhismus. Köln 1986.
Seckel, Dietrich: Kunst des Buddhismus. Werden, Wanderung und Wandlung. Baden-Baden 1962.
Silva-Vigier, Anil de: Das Leben des Buddha nach den alten Legenden und im Spiegel der Kunst. London 1956.
Tucci, Giuseppe: Tibetan painted Scrolls. 3 Bde. Rom 1949.
Uhlig, Helmut: Das Bild des Buddha. Berlin 1979.
Uhlig, Helmut: Himalaya. Reich der tausend Buddhas. Berlin 1980.
Uhlig, Helmut: Tantrische Kunst des Buddhismus. Berlin 1981.
Waldschmidt, Ernst: Gandhara, Kutscha, Turfan. Eine Einführung in die frühmittelalterliche Kunst Zentralasiens. Leipzig 1925.
Waldschmidt, Ernst: Nepal. Kunst aus dem Königreich im Himalaya. Recklinghausen 1967.
Waldschmidt, Ernst: Von Ceylon bis Turfan. Schriften zur Geschichte, Literatur, Religion und Kunst des indischen Kulturraums. Göttingen 1967.

GESCHICHTE, KULT UND MYSTERIEN

Bechert, Heinz: Buddhismus, Staat und Gesellschaft in den Ländern des Theravada Buddhismus. 3 Bände. Wiesbaden 1966–1973.

Bernbaum, Edwin: Der Weg nach Shambala. Auf der Suche nach dem sagenhaften Königreich im Himalaya. Hamburg 1982.

Bleichsteiner, Robert: Die gelbe Kirche. Mysterien der buddhistischen Klöster in Indien, Tibet, Mongolei und China. Wien 1937.

David-Neel, Alexandra: Heilige und Hexer. Glaube und Aberglaube im Land des Lamaismus. Leipzig 1932.

David-Neel, Alexandra: Meister und Schüler. Die Geheimnisse der lamaistischen Weihen. Leipzig 1934.

David-Neel, Alexandra: Der Weg zur Erleuchtung. Geheimlehren, Zeremonien und Riten in Tibet. Stuttgart 1960.

David-Neel, Alexandra: Unsterblichkeit und Wiedergeburt. Lehren und Bräuche in China, Tibet und Indien. Wiesbaden 1962.

Douglas, Nik / Meryl White: Karmapa. The black Hat Lama of Tibet. London 1976.

Eimer, Helmut: Berichte über das Leben des Atisa. Wiesbaden 1972.

Evans-Wentz, W. Y.: Milarepa. Tibets großer Yogi. Weilheim/Obb. 1971.

Evans-Wentz, W. Y.: Der geheime Pfad der großen Befreiung. (Mit Auszügen aus der Lebensbeschreibung des Padmasambhava.) Weilheim/Obb. 1972.

Govinda, Lama Anagarika: Der Weg der weißen Wolken. Erlebnisse eines buddhistischen Pilgers in Tibet. Zürich, Stuttgart 1969.

Grünwedel, Albert: Der Weg nach Shambala. München 1915.

Grünwedel, Albert: Die Geschichten der vierundachtzig Zauberer (Mahasiddhas). Leipzig 1916.

Henss, Michael: Kalachakra. Ein tibetisches Einweihungsritual. Ulm 1992.

Kalachakra Initiation. Rikon 1985.

Kalachakra Tantra: Rite of Initiation for the Stage of Generation. Tenzin Gyatso, the Dalai Lama. London 1985.

Kalu Rinpoche: Den Pfad des Buddha gehen. Eine Einführung in die meditative Praxis des tibetischen Buddhismus von den vorbereitenden Übungen bis zur höchsten Stufe der Meditation. Bern 1991.

Kaschewski, Rudolf: Das Leben des lamaistischen Heiligen Tsongkhapa Blo-Bzan-Grags-Pa (1357–1419). 2 Bände. Wiesbaden 1971.

Klaus, Christa: Der aus dem Lotos Entstandene. Ein Beitrag zur Ikonographie und Ikonologie des Padmasambhava. Wiesbaden 1982.

Padmasambhava: Die Lebensbeschreibung von Padmasambhava, dem Begründer des Lamaismus 747 n. Chr. 2 Teile. Aus dem Tibetischen von Emil Schlagintweit. München 1899/1903.

Schulemann, Günther: Geschichte der Dalai Lamas. Leipzig 1958.

Uhlig, Helmut: Tibet. Ein verbotenes Land öffnet seine Tore. Bergisch Gladbach 1986.

Uhlig, Helmut: Himalaya. Menschen und Kulturen in der Heimat des Schnees. Bergisch Gladbach 1987.

ZEN-BUDDHISMUS

Asahina, Sogen: Zen. Kamakura o. J.

Bi-Yän-Lu: Meister Yüan-wu's Niederschrift von der Smaragdenen Fels-

wand. Drei Bände. Verdeutscht und erläutert von Wilhelm Gundert. München 1960, 1967, 1973.
Deshimaru-Roshi, Taisen: Za-Zen. Die Praxis des Zen. Leimen 1991.
Dumoulin, Heinrich: Zen. Geschichte und Gestalt. Bern 1959.
Dürckheim, Karlfried Graf: Zen und wir. Weilheim/Obb. 1961.
Herrigel, Eugen: Zen in der Kunst des Bogenschießens. Konstanz 1948.
Herrigel, Eugen: Der Zen-Weg. Weilheim/Obb. 1958.
Kapleau, Philip: Die drei Pfeiler des Zen. Zürich 1969.
Ohasama, Schuej/August Faust: Zen. Der lebendige Buddhismus in Japan. Gotha, Stuttgart 1925.
Shibayama, Zenkei: Zu den Quellen des Zen. Bern 1976.
Suzuki, Daisetz Teitaro: Zen und die Kultur Japans. Stuttgart 1941.
Suzuki, Daisetz Teitaro: Die Zen-Lehre vom Nichtbewußtsein. München-Planegg 1957.
Suzuki, Daisetz Teitaro: Der westliche und der östliche Weg. Essays über christliche und buddhistische Mystik. Frankfurt am Main 1957.
Suzuki, Daisetz Teitaro: Die große Befreiung. Einführung in den Zen-Buddhismus. Zürich 1958.
Suzuki, Daisetz Teitaro: Der Weg zur Erleuchtung. Die Übung des Koan. Baden-Baden o.J.

BUDDHISMUS IM WESTEN

Anderson, Walt: Das offene Geheimnis. Der tibetische Buddhismus als Religion und Psychologie. Eine Einführung aus westlicher Sicht. Bern 1981.
Arnold, Paul: Unter tibetischen Lamas. Chronik einer geistigen Erfahrung. Berlin 1971.
Baumann, Martin: Deutsche Buddhisten. Geschichte und Gemeinschaften. Marburg 1993.
Dahlke, Paul: Buddhismus als Weltanschauung. Breslau 1912.
Dahlke, Paul: Buddhismus als Religion und Moral. Leipzig 1914.
Debes, Paul: Meisterung der Existenz durch die Lehre des Buddha. Bindlach 1982.
Debes, Paul: Meditation nach dem Buddha – warum und was. Bindlach 1987.
Govinda, Lama Anagarika: Schöpferische Meditation und multidimensionales Bewußtsein. Freiburg im Breisgau 1977.
Govinda, Lama Anagarika: Buddhistische Reflexionen. Die Bedeutung von Lehre und Methoden des Buddhismus für westliche Menschen. Bern 1983.
Govinda, Lama Anagarika: Lebendiger Buddhismus im Abendland. Vision und Vermächtnis des großen Mittlers zwischen Ost und West. Bern 1986.
Grimm, Georg: Die Lehre des Buddha. Die Religion der Vernunft. München 1915.
Hecker, Hellmuth: Die Lehre des Buddha und Karl Eugen Neumann. Konstanz 1955.
Hecker, Hellmuth: Die Ethik des Buddha. Ein Handbuch zu besonnener Lebensführung. Hamburg 1978.
Hecker, Hellmuth: Karl Eugen Neumann. Erstübersetzer der Reden des Buddha. Anreger zu abendländischer Spiritualität. Hamburg 1986.
Hecker, Hellmuth: Lebensbilder deutscher Buddhisten. Ein Bio-Bibliographisches Handbuch. 2 Bände. Konstanz 1990/1992.
Kruckenberg, Winfried: Wissen und Weisheit. Studien zur Synthese von

Naturwissenschaft und Buddhismus. Wien 1985.

Kruckenberg, Winfried: Die Naturwissenschaften und die Lehre Buddhas. Leverkusen 1990.

Notz, Klaus-Josef: Der Buddhismus in Deutschland in seinen Selbstdarstellungen. Eine religionswissenschaftliche Untersuchung zur religiösen Akkulturationsproblematik. Frankfurt am Main, Bern, New York 1984.

Nydahl, Ole: Der Diamantweg. Eine Einführung in die Lehren des Mahayana-Buddhismus nach den Worten des Ehrwürdigen Kalu Rinpoche. Wien 1975.

Nydahl, Ole: Die Buddhas vom Dach der Welt. Mein Weg zu den Lamas. Köln 1979.

Nydahl, Ole: Über alle Grenzen. Wie die Buddhas in den Westen kamen. Sulzberg 1990.

Schreiber, Max: Buddha und die Frauen. Tübingen 1903.

Schultze, Theodor: Der Buddhismus als Religion der Zukunft. Leipzig 1894.

REGISTER